解讖

王儷容
著

目次

自序

王儷容

學生時期的家變，讓我對人生產生困惑；為解決困惑，只好每天撥時間蹲在書局找答案，舉凡手相、面相、星座、紫微斗數……等與命理相關的書，都成了我找尋答案的線索；從不懂到心領神會，久之也培養出興趣。後來念碩士班要寫論文，心想寫什麼好呢？看著抽屜那張問教師甄試的籤，讓我想起過往……。

記得參加教師甄試時，徬徨無助，不知道自己的落腳點在哪兒？不知誰能給我答案？問天吧！於是前往廟裡求籤，經過誠心的祈求（我真的跪求好久），終於求得一籤，看著籤詩，心想「不過是一首詩，這幾行字能告訴我什麼？」於是跑去櫃檯問籤。解籤的阿伯說下個月的三、十三、二十三日再看看，我很好奇，為什麼這麼說呢？再碰到另一位解籤者，那種照字面翻譯的方式，根本說服不了我，當下乾脆自己跑去翻閱廟中的解籤書，一看，解法好籠統啊！有解等於沒解啊！作者似乎不敢替別人的困惑迷惘下註腳。又曾碰過另一位解籤者，那種斬釘截鐵，讓人絕望的解法，不但未能解我困惑，只徒增我的難過。後來考上教甄，母親拿了她為我求的籤詩，記得是第一百籤吧！籤詩詩文說「**此籤一百最難逢，氣象巍巍實不同。識得謙沖持滿意，萬人頭上逞英雄**」，當下的我傻在那兒，直呼太神奇了，因為我真的是中狀元啊！這些際遇讓我對籤詩產生了莫大的興趣。

基於這些原因，我的碩士論文決定以台灣廟宇信仰中不可缺少的籤詩作為研究的對象，並以〈六十甲子籤—日出便見風雲散〉系統為主軸，著手撰寫《台灣廟宇籤詩解籤方式及其內涵探究》；希望藉由分析解籤人的解籤方式及內涵，將解籤知識系統化，進而建立一套解籤系統，將解籤人的解籤經驗及結果保存下來，並喚起大眾對寺廟文化的重視。

後來在指導教授李金鴦博士的引薦下，得知高雄哈馬星代天宮總幹事洪文昌先生解籤很準；於是背著書包前往哈馬星代天宮向洪總幹事請益，請他教我解籤。在學解籤的過程中發現總幹事精通歷史典故，熟諳命理，尤其能用道地的台語唸四書五經；更重要的是，總幹事在替信徒解籤時，會鼓勵信徒，給予信徒勇往直前的信心與勇氣。為深入研究，我利用寒假，每天八點準時報到，上香後就坐在解籤師傅身旁學習，一邊錄音一邊做筆記，回家聽錄音帶再整理一遍，接著將手寫稿打成電子檔；一天大約只能解出兩三首籤詩，整整花了一個多月，才完成田野調查。接著著手歸納信眾常問的運勢、事業、感情、置產、健康、功名、訴訟、家運等問題，抽到哪一首籤詩該如何解，均統整在論文裡，讀者可以透過關鍵字、詞找到答案。這本書可說是一本解籤詩的工具書。記得論文口試當天，口試教授對此均有濃厚的興趣，整整花了四小時與我對談，並熱心地提出建議。

論文完成，對籤詩也有了進一步的認識，除佩服前人的智慧外，也更明瞭一件事：籤詩的內容就是一種再提醒；當你抽到上上籤時，固然可喜，因那是神明為你加持，要助你一臂之力；然而你要謹慎小心，更要懂得謙沖自牧，才能心想事成；但抽到下下籤，也不必難過，因天無絕人之路，一定會有解決的方法；此時就要轉念，要心存感激，因為那是神明藉著籤詩在提醒你，要防範未然，只要你肯努力、盡本份，改掉不好的習性，那下下籤不就變成上上籤了嗎？

學生知道我會解籤後，常會出現在我必經的路上，來個不期而遇；目的就是要我幫忙解籤。唉！這群不愛念書的小孩，平常要他們背首詩就像懲罰他們似的，今天竟會對籤詩感興趣；這時我通常會用國文的觀點切入，除解釋卦頭的歷史典故外，也教他們讀懂籤詩詩句；不過學生們最常問的是感情與考運，這時，我都會說，當你把國文學好一些，就能了解籤詩的微言大義，要多讀書啊！

記得曾有位學生抽到「丙子籤」問考運，籤詩詩文為「命內正逢羅孛關，用盡心機總未定。作福問神難得過，恰似行舟上高灘」，看到「難得過」、「行舟上高灘」，整個人像被潑了一桶冷水加冰塊，心都涼了！我對學生說：「別怕，轉個念吧！」你看詩中有「上」、「高」二字，代表榜上有名，只是學校未必理想，幾個月後果真應驗。

還有一首「甲午籤」，籤詩詩文為「風恬浪靜可行舟，恰似中秋月一輪。凡事不須多憂慮，福祿自有家門慶」，看似一首好籤，但如果行船人來問工作的話，那就要小心囉！因這首籤的卦頭為〈李太白升仙〉，因李白是醉後想在水中撈月，結果失足落水，所以求籤者行舟、玩水要小心。

解完籤詩，除佩服祖先流傳下來的智慧外，也許是自己已走過那段困惑的歲月，現在的我會覺得人生真奇妙；懂得正向看待每一件事情；更明瞭與其自憐自艾，不如轉換心境、改變習性。所以，我親愛的朋友，不必擔心抽到什麼籤，因為籤詩的內容只是提醒，最後走勢的決定者，還是掌控在抽籤者自己。籤詩內容僅作參考，不管抽到好籤、壞籤，努力過就將一切交給天吧！因能安然自在地過生活，才是此生最大的福氣。

解籤入門

籤詩的種類

廟宇是神與人互動的場所，而籤詩則是神明的旨意。由於人們信仰的神祇眾多，加上流傳地域的差異及使用目的不同，因此籤詩的種類也很多，根據不同用途，我們可將籤詩分為下列三大類：

一、運籤

運籤又名聖籤、靈籤，是一般人最常求的籤；人們在生活中碰到疑惑不解的事，往往會想要藉著求籤的方式向神明尋求解答，而所求出的籤就是運籤，運籤通常以五言或七言的四句式呈現，運籤之所以被冠上聖或靈，就在於它代表了上蒼全知全能的指示。

常聽到信徒問「籤的有效期限」有多久？通常，一首運籤代表了一年的運勢，當然也有例外，像屏東海豐三山國王廟的運籤則分上半年和下半年，求籤者若問運勢，則須求兩支籤。

二、年籤、四季籤

所謂年籤、四季籤，是指神明透過籤詩來預示整個村庄未來一年的運氣。有些年籤或四季籤會依春、夏、秋、冬四季，逐季求出；有些則是因應村中各行各業的需求，分為人口、雨水、稻穀（年冬）、生意（生理）、六畜等項目，逐項求出。因此，我們會在公廟的牆上或公告在看板上，看到年籤或四季籤。但這些籤要在何時抽出呢？大多是在年初或歲末時，由廟裡的住持、管委會的主委或當年的爐主，公開的場合，在神明面前，依擲筊所得結果，抽出籤詩。

三、藥籤

「病由天降」的思想在中國流傳已久。尤其在醫藥不發達的過去，藥籤是民間的治療法之一，是神明恩賜的靈藥。藥籤中記載了藥物名稱、用量及適應症狀；通常由病人或是病人的家屬前往宮廟或寺院求取，求籤者拿香向神明請願祈禱後，用手搖動藥籤筒，然後抽出最高的那一支籤，接著擲筊，連續三聖筊後，所得的籤就是神明賜予的藥方；為確定神意是否如此，求得藥籤後必須再擲筊，確認後便可拿著求得的藥籤到中藥店或青草店配藥、服用，治療疾病。據統計藥籤分布以台灣南部最多，此外，香港、新加坡等地亦可見。

籤詩的結構

解籤前先要對籤詩的結構有初步的瞭解。綜觀目前台灣廟宇所流傳的籤詩，內容大多由廟名、籤詩序、卦頭故事、籤詩詩句（籤詩文本）等所組成。然而有些廟宇的籤詩結構，除上述內容外，還會附上解曰、勸世警語、東坡解、碧仙注、風水卦、金錢卦、吉凶、捐贈者等。說明及結構如下：

一、廟名

每一首籤詩都會印上廟的名稱，這樣信徒才能知道籤詩的出處。此外，亦可從籤上的廟名得知這座廟宇供奉的神明及其採用的系統，例如〈百首籤詩〉、〈六十甲子籤〉……等系統，如此信徒在抽籤之餘，對廟的主神及特色有進一步的瞭解，且亦有助於寺廟文化的發展。

二、籤序

籤序就是籤詩的排列順序，也可說是籤詩的編號。根據籤序，求籤者很容易找到要求的籤詩，大致可分為下列五種類型：

(一)號碼序：又叫數目序，即從第一首到最後一首籤依數字順序排列，是目前最簡單也是最常見的類型；以台北艋舺龍山寺觀世音靈籤〈天開地闢結良緣〉為代表，該組籤詩屬於〈百首籤詩〉系統。

(二)八卦序：即用六十四卦來排列，一卦對一首，從乾卦開始，依次排到未濟卦，六十四卦剛好對應六十四首籤詩；以〈文王籤詩〉、新營〈太子宮籤詩〉為代表。

(三)天干序：所謂天干序是指用兩組天干排列組合而成，順序依次為甲甲、甲乙、甲丙……癸壬、癸癸，共一百支籤。以日月潭文武廟聖籤〈巍巍獨步向雲間〉籤詩為代表。

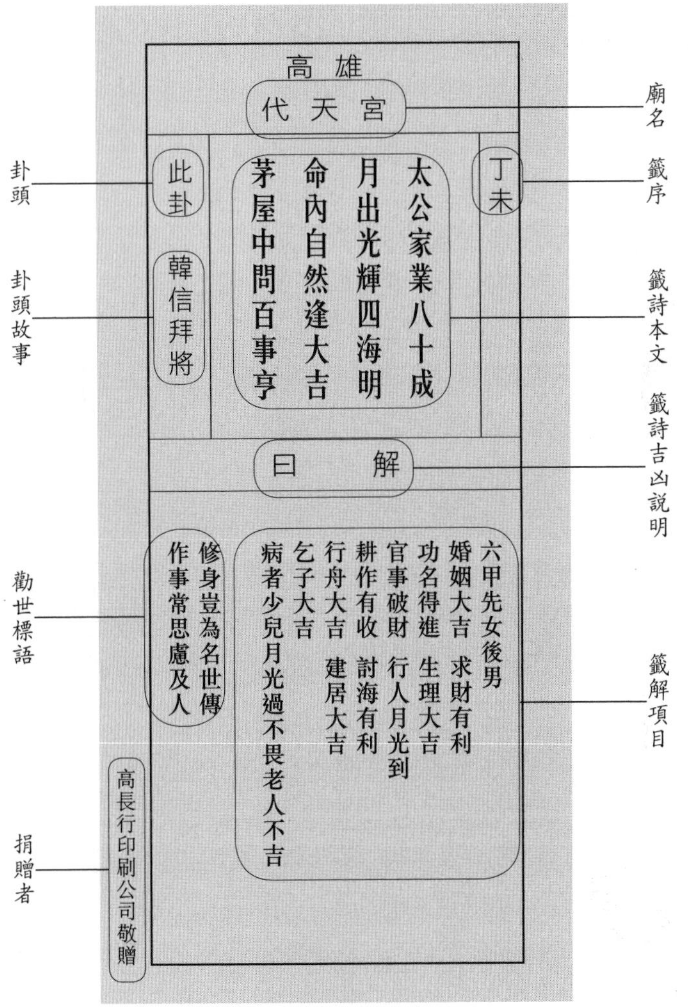
高雄
代天宮
廟名
丁未
籤序
此卦
卦頭
韓信拜將
卦頭故事
太公家業八十成
月出光輝四海明
命內自然逢大吉
茅屋中問百事亨
籤詩本文
曰 解
籤詩吉凶說明
修身豈為名世傳
作事常思慮及人
勸世標語
六甲先女後男
婚姻大吉 求財有利
功名得進 生理大吉
官事破財 行人月光到
耕作有收 討海有利
行舟大吉 建居大吉
乞子大吉
病者少兒月光過不畏老人不吉
籤解項目
高長行印刷公司敬贈
捐贈者

籤詩結構

（四）干支序：即以天干、地支排列組合而成，且陽天干要配陽地支，陰天干要配陰地支。陽天干：即甲、丙、戊、庚、壬，陰天干：即乙、丁、己、辛、癸；陽地支：即子、寅、辰、午、申、戌，陰地支：即丑、卯、巳、未、酉、亥。以高雄哈馬星代天宮〈六十甲子籤〉為例，其第一首籤為「甲子籤」，第二首籤為「甲寅籤」，一直到第六十首為「癸亥籤」；但不會出現「甲丑籤」或「乙子籤」，因陽天干配陽地支，陰天干配陰地支，十天干配十二地支，剛好轉成六十甲子；因此以六十甲子為籤序者，其籤詩則名之為〈六十甲子籤〉。

（五）星序：以二十八星宿順序排列。古代天文家將沿黃道、赤道附近的星空，劃分為二十八個區域，每一區域叫一宿。其中角、亢、氐、房、心、尾、箕，為東方蒼龍七宿；斗、牛、女、虛、危、室、壁，為北方玄武七宿；奎、婁、胃、昴、畢、觜、參，為西方白虎七宿；井、鬼、柳、星、張、翼、軫，為南方朱雀七宿。二十八星宿主要用於測定太陽、月亮在星空的位置而釐定季節、方位，據以製定曆法；而二十八首靈籤中，以彰化南瑤宮的〈東風得意好〉、竹山城隍廟的〈貴人扶持諸事有理〉系列靈籤為代表。

目前較常見且被廣為使用的籤序為號碼序、天干序、干支序，其他則較少使用；但一般而言，籤序並不具特別意義，只有在特殊狀況解籤時才會使用，例如：開刀看日子等。

三、卦頭故事

有些籤在籤詩中或此卦下會附加一則典故，我們稱為**卦頭故事**、**籤題**。解籤時卦頭故事人物之境遇可透露出籤的吉凶及求籤者的境遇；因此，卦頭故事可說是決定整首籤好壞的關鍵所在，這也是解籤時的重要參考依據。

至於卦頭故事的版本，大都選自正史、唐傳奇、戲曲、雜劇、章回小說、神話故事、佛教故事；而取材的年代，據統計以春秋戰國、漢朝、三國、唐朝最多；在書籍方面，又以《東周列國誌》、《封神演義》、《三國演義》、《隋唐演義》為主；正因這些小說、戲曲、人物、故事，是大眾耳熟能詳的，所以也就成為籤詩創作的題材。而解籤者就是從卦頭故事來解籤詩、說神意，根據故事情節的發展過程，斷言所問事情之吉、凶、禍、福，並予以提醒、建議。

四、籤詩本文

所謂籤詩本文就是籤詩中的詩句，亦是籤的主體之一；其形式類似絕句，但格律卻不如絕句嚴謹。其創作，乃集前人詩句、文人才子創作；創作者中也有佛道教徒，與一般中下階層人士；通常是四句式，每句或以五言、七言或八言為主，亦有憑靈感以神來之筆，援筆立就寫成。

籤詩詩文大都是卦頭故事的再延伸；意即將神明的旨意透過詩文，對信眾加以開示，也因此寓含玄妙的哲理，當然也成為解籤的依據。

五、解曰

問卜事項的名目，有些籤詩會用解曰來答覆求籤者；因此，解曰即籤解，別名聖意、東坡解、碧仙註或釋義。大約在明代，它已附屬在籤詩中，其中用散文或白話寫成的解曰會註明：像（婚姻）大吉、（求財）春好、（功名）有望、（建居）大吉、（討海）少利、（行舟）好、（病者）無慮、（六甲）先男後女……等，除了反映廟宇所在地的社會、歷史和地理背景外，其本身地位的重要性及香火鼎盛與否，亦涵蓋在其中。

六、勸世警句

有些籤詩中會出現勸世警語，例：「視他人所有之物，當如己物愛護之」、「修身豈為名世傳，作事常思慮及人」、「知多世事胸襟闊，閱盡人情眼界寬」……等語，而這些勸世警句放在籤詩中有發人深省的作用。

七、捐贈者

捐贈者就是閩南方言所說的「寄附者」；意即由信徒或公司行號捐贈或助印籤詩，除祈求神明保佑外，有可能是為了還願、宣傳廣告或誇耀成就。此外，從捐贈者的名稱中，除可以明瞭當時的社會狀況，亦可以探究該地區的歷史文化背景、名稱的遞變及其演進過程，甚至可知其信仰圈的範圍。

八、風水卦

在〈六十甲子籤—日出便見風雲散〉系統中，有時會看到這樣的文字組合：「屬金利在秋天宜其西方」；這是將五行金、木、水、火、土及四季春、夏、秋、冬，搭配適宜的方位東、南、西、北、中所組成。以「甲子籤」為例，甲子在五行中屬金，再從四季來看，金旺於秋；接著從方位來說，金利於西；因此，在〈甲子籤〉上的「屬金利在秋天宜其西方」就是這麼來的。

九、金錢卦

若沒有筊或籤條時，有人會用**銅錢**的正反面卜出上下卦來求籤，以作為取籤的依據；因此，有些籤中會出現「○」、「●」符號的組合，「○」代表陽爻，「●」代表陰爻，以〈六十甲子籤〉為例，第一籤「甲子籤」的排列方式為「○○○○○○」，而第六十籤「癸亥籤」的排列方式則為「●●●○●●」；而這六個圈圈的組合則代表了一個卦。因此，一支籤就代表了一個卦，以上述第一籤「甲子籤」而言，它是由六個「○」組成，若與八卦相對應的話，則稱**乾卦**；而第六十籤「癸亥籤」則由「○」、「●」組成，與八卦相對應的話，則稱**謙卦**；因它較常出現在〈六十甲子籤—日出便見風雲散〉系統，共有六十組；然八卦應為六十四組，因此會有四組無法與之對應。

十、吉凶

有些籤的籤條上會註明上上、上中、上下、中上、中中、中下、下上、下中、下下等九種吉凶狀況；其中最吉的籤稱之為上上籤，又叫籤王；最差的籤則稱之為下下籤。一般人在拿到籤條時都會先注意到這裡，這種將吉、平、凶附屬其中的方式，無非是要讓求籤者能很快地知道籤的好或壞；然而以這種方式決斷籤詩的好壞，並非通則，其準確度可議，因此，在解籤時，參考作用不大。

解籤須具備之涵養

求籤者求問神明的問題很多元，因此解籤時須具備相關的知識與涵養，才能正確解讀籤詩的意涵。

一、求籤前要請示神明是否允賜籤詩

求籤之前有一個很重要的步驟，就是先請示神明是否允賜籤詩。籤詩不是想抽就可自己拿來抽，一定要先請示神明是否允籤，且要連續三個聖筊，才代表神明答應了，方才可以開始求籤。步驟若錯了，籤詩的準確度也就有待商榷了。

二、須知籤詩特性

籤詩是中國特有的文化成就，它藉由詩的形式，深入大眾的生活，更撫慰了信眾困惑憂懼的心，可說是寺廟文學的另類展現。而它之所以能深植人心，必有其特殊性，其特性如下：

（一）象徵性

所謂象徵乃是藉著具體事物表達出某種特殊的意義，學者謝金良在〈《周易》與籤詩的關係初探〉中曾說：「籤詩的表現形式跟卦爻辭一樣，都是『假象喻意』，即擬取人們生活中習以為常的有意義的事例，通過韻律詩的語言形式抽象又具體地表述出來，使其中的象徵旨趣更為鮮明、生動。這就是籤詩中廣泛運用的象徵手法。」此外，又說：「詩的象徵意義既可以代表一種瞬間呈現出來的與求籤者有關的複雜經驗，又可以代表各種根本不同的觀念的聯合，甚至可以代表求籤者所卜之事的未來歷程。」可知，籤詩的象徵手法就是以大家熟悉的事例或共同經驗，將某種抽象概念表達出來，它可能是一個觀念的傳遞，也可能是數個觀念的結合，而求籤者就是透過假象喻意的方式，得知所問之事的未來發展。

以〈六十甲子籤—日出便見風雲散〉系列中的「戊寅籤」為例，籤詩首句為「選出牡丹第一枝」，此籤若問功名，必中。何以說？因「牡丹」象徵富貴，而求功名不就是在求富貴嗎？且又是選出「第一枝」，這第一枝就有高中的意涵。再以「丙子籤」為例，籤詩首句為「命內正逢羅孛關」，籤詩即藉「羅孛關」的意象來象徵生命中的關卡，亦提醒求籤者要謹慎小心。由此可知，籤詩詩句的意象，確實有其象徵性存在，而這也就是解籤時能藉由籤詩的意象來推測神明所暗喻之禍、福、吉、凶的原因所在。

（二）文學性

文學是一個大共名，之所以能以各種不同的形式展現，是受到地域、文化背景、風俗習慣、個人生活經驗等因素的影響，加上文人雅士的創作，而產生了多樣性。

籤詩可視為文學創作的一環，因它代表了來自民間的文學思考，其價值觀與表現手法堪稱雅俗共賞，自成一格。此外，籤詩多以韻語及詩的形式表達，多為四句式；而以四言、五言、七言獲八言的方式呈現。在中國文學史上，文學形式從歌謠發展到詩的體制，依時間先後大略可分為：《詩經》、《楚辭》、樂府詩、古詩、近體詩。就形式而言，從雜言體到四言，再從錯雜的騷體到整齊的五言、七言；至於句數也因唐代詩風大備而約定為四句，而今日我們所見到的籤詩格式，大多以五言四句或七言四句式為主，可見籤詩之格式是緊扣著詩的體制發展的。

至於唐詩，更是一種受歡迎又易為人所接受的文學，且大家輩出，知名作品市井小民大多能朗朗上口，因此傳播容易；而一些具有文學涵養的文士，便運用所學，以五言、七言四句的形式創作籤詩，並將之置於廟宇道觀中，隨著求籤問事者增加，具文學性的籤詩也就慢慢融入一般人的生活中。

再說到宋、元的講史話本，不僅影響了後來的章回小說，以歷史小說而言，大多是由文人在講史話本基礎上的再創造；雖已初備長篇小說的雛形，然其文字粗糙、敘事簡略，且未必忠於史實描述。在《三國演義》、《水滸傳》、《說唐後傳》、《東周列國誌》等書中，常可見講史話本確實為說書者提供了故事情節及架構，而其之所以會如此發展，是為因應文化發展與生活上的需要，更期望能被庶民所接受；而這也為文人雅士在籤詩創作的過程中提供了靈感與材料。綜上所言，籤詩的出現，不僅解答了求籤者的疑惑，其文學性更能與一般大眾的生活緊密結合；因此，籤詩也就成為民間特有的俗文學了。

（二）哲理性

籤詩語言的魅力，除了讀來韻律和諧，詞句帶有文學氣息外，更因它是上天的指示，也可視為**神明的化身**。許多人在面對人生難題時，會想透過到廟裡求籤說心事的方式，期盼能在困頓迷惘中找到生命的出口。而在籤詩的卦頭故事中，我們可以故事主人翁的境遇為借鏡，思索在生活中該如何修正自我，進而面對困境。

以〈六十甲子籤—日出便見風雲散〉系統中的「丁酉籤」為例，卦頭故事為〈姜太公在渭河釣魚〉，姜太公晚景遇文王，他的人生可說是八十才開始；籤詩除告訴求籤者須**候時機**外，亦提醒求籤者要**胸懷大志**，切記**凡事不言遲**，而**年齡絕非問題**；台灣俗諺不也說「戲棚下站久了就是自己的」？因人生在世，最怕失去鬥志，其實只要有夢想，就該勇敢去嘗試、去圓夢，因人生只有一次啊！一首籤可見人生百態，正因籤詩中所寄託的微言大義具哲理性，可為我們指點迷津。

三、須知卦頭故事：

每一首籤詩中會出現一則故事標題，稱之為**卦頭**；而每個卦頭都有一個故事，稱之為**卦頭故事**。要知道，卦頭故事就是解籤的重點所在。從解籤的觀點來看，求籤者就好比卦頭故事的主人翁一樣，神明會藉由卦頭故事主人翁的遭遇，進而提醒求籤者須注意的事情；因此，卦頭故事的來龍去脈及所隱含的意義，便是解籤的首要線索。

四、須知天干地支

十天干是太陽系的十大星體，分別是甲、乙、丙、丁、戊、己、庚、辛、壬、癸；其順序蘊含著萬物從萌芽、成長、興旺、衰退，乃至消失的過程。十二地支分別是子、丑、寅、卯、辰、巳、午、未、申、酉、戌、亥；順序亦蘊含著事物的發展變化過程。而中國古代以天干地支記年、月、日、時，即把十天干和十二地支組合，配成六十組，用來表示年、月、日的次序，周而復始，循環使用，稱之為「六十甲子」。

六十甲子籤既以此編排，解籤時當然要了解。然實際解籤時，十二地支較常被使用到，因為一首籤，籤詩詩句會出現關鍵字詞，如：「運未通」、「龍虎相爭」、「蘭桂」，這些字詞可說是神明的指示，更是解籤的線索；此外，一年有十二個月，生肖有十二個，一天有十二個時辰，十二個月又各有其代稱，十二地支的「十二」對應了月、時辰、生肖等，解籤時，當然就較常被使用囉！

五、須知五行三合

五行與三合是解籤時必須具備的知

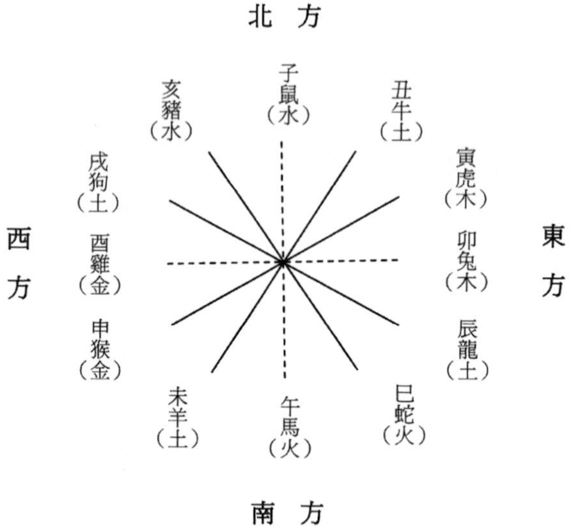

天干、地支、生肖、五行對照圖

識。因當中所蘊藏之相生相剋關係，也能作為解籤時的參考。以下就分別說明：

（一）五行

據《史記・天官書第五》云：「天有五星，地有五行」，五行分別為木、火、土、金、水。從右頁的圖中可以看到水、木、火、金兩兩並排，而四土則分別鑲嵌在水、木、火、金中。以水和水並排為例，這兩個水有陽水和陰水之別，何以如此？因十二地支中子、寅、辰、午、申、戌為陽支，屬陽；而丑、卯、巳、未、酉、亥為陰支，屬陰，故有陽水與陰水之別。

五行中又分為東（寅、卯、辰）、西（申、酉、戌）、南（未、午、巳）、北（亥、子、丑）、中等五個方位與四季相對應。其中東方屬木，對應的季節為春天，南方屬火，對應的季節為夏天，西方屬金，對應的季節為秋天，北方屬水，對應的季節為冬天；至於五行中稱土分四方，故將土鑲嵌在水、木、火、金之中，也就是一般俗稱的中土。

五行中有所謂相生相剋。相生可以看成助力；相剋就是一種阻力了。圖中的金、木它們在相對位置上，叫做對沖，對沖就是相剋；若要判斷相剋是否嚴重，那就要觀察金、木、水、火對沖後，剩下來的東西是什麼。要注意對沖後，最嚴重的狀況就是滅絕，因本質已不存在。以金剋木為例，金、木對沖，影響較小，因為怎麼剋，怎麼沖，它的本質還在；好比說木頭被剁碎了，雖已不成木形，但本質上它還是木頭，只是呈現的方式不同罷了。然而所有的沖剋中，就屬水火剋最嚴重。若大水遇小火，小火將會被滅絕，因水會將火覆蓋；若大火遇小水，那麼水就會乾掉（即蒸發，被滅絕）；因此，水火剋殺傷力很大。然而對沖（相剋）時，土的殺傷力和衝擊力最弱？因土分四方，它的殺傷力和衝擊力都被分散掉了，因此影響不大。

（二）三合

三個地支會構成一個等腰三角形，就叫三合。三合的運用大都是在生病臨急、急需知道時間的時候。十二地支中三合有四組；分別是申子辰、亥卯未、巳酉丑、寅午戌。

三合無所謂好或壞，它只是十二地支的組合，與五行相合；像申子辰合水，意即申、子、辰三地支合起來代表有水氣，屬於水性；而亥卯未合木，意即亥、卯、未三個合起來代表有木，屬於木性；而巳酉丑合金，意即巳、酉、丑三個合起來代表有金氣，屬於金性；而寅午戌合火，意即寅、午、戌三個合起來代表有火氣，屬於火性。又因為土在中間，所以三合合起來沒有土。

解籤時，可能會遇到這種狀況：求籤者照顧病患已有一段時間了，問何時才會有所改善？以抽到「癸丑籤」〈朱買臣負薪〉為例，籤詩中提到「未得全」、「還未變」；這個「未」字就是時間的指示；看到「未」字，就要聯想到亥卯未這組三合；未代表六月，卯代表二月，若籤是十二月抽的，從十二月到隔年的二月，有三個月；到正月、二月若能平順，還得再觀察到五、六月；若五、六月也能平順，才是真正的平安無事。

六、須知時令、月令

一天有十二個時辰：子、丑、寅、卯、辰、巳、午、未、申、酉、戌、亥，與十二地支有相對應關係。而一年十二個月，每個月都有一個代號，依次為：端、花、桐、梅、蒲、荔、瓜、桂、菊、陽、葭、臘。時令、月令、年格、生肖在解籤時常會用到，十二個月、十二地支的與十二生肖之對應關係如下：

地支	月份（農曆）	代號	生肖
子	十一月	葭月	鼠
丑	十二月	臘月	牛
寅	一月	端月	虎
卯	二月	花月	兔
辰	三月	桐月	龍
巳	四月	梅月	蛇
午	五月	蒲月	馬
未	六月	荔月	羊
申	七月	瓜月	猴
酉	八月	桂月	雞
戌	九月	菊月	狗
亥	十月（小陽春）	陽月	豬

七、須觀面相

古人以眉推測人的才氣，以目預測人的貴賤，法令則觀人之權威，論其富貴則觀鼻，以耳推測人的福祿，口則觀人之誠偽；甚或一斑一痣，氣色之明暗，聲音舉止等，都可以作為判斷的依據。《荀子．非相篇》中提到春秋時期的姑布子卿、戰國時期的唐舉等古代的相術家：「古者有姑布子卿，今之世梁有唐舉，相人之形狀顏色，而知其吉凶妖祥，世俗稱之。」荀子在此說明從人的外貌、氣色，可斷人的吉凶禍福。而人之所以會想來求籤、問神明，一定是遇到生命中的難關；當求籤者運勢不佳時，其五官例如：額頭、印堂、眉毛、鼻子、嘴巴、耳朵等地方，會呈現不同的氣色。

八、常懷希望

人之所以會去求籤，多半是因為生活上遇到困境或疑惑；為解決疑惑或困境，最簡單、最快速又最隱密的方式莫過於求助神明，這是人在徬徨無助下一種精神寄託與依靠；但人在運勢低落時，必定抽不到好籤，看到籤詩詩文時，自己心裡也會有數，但請求籤者持正念來解讀籤文，才會對人生有正面幫助。

九、須知禁忌

代抽的籤，準確度不高？因為代人求籤，有時並不能知道對方確切的狀況及當事者的問題核心所在。因此，最好是本人求籤。

不過有一種狀況倒可以代求籤，就是替至親求問。由問事者的雙親、先生、太太、子女或孫子女代求，譬如：老人家生病無法親自前來求籤，這時至親代替當事者求籤是可以的；因為是至親，彼此能心電感應。

求籤方式

一、稟神

求籤前須稟神。稟神就是稟告神明，即向神明說明來意。其程序為：先將金紙（兵將的車馬費）、供品（看自己的心意）擺在供桌上，然後算一算須點幾炷香（可詢問廟方人員），接著焚香，先拜天公爐、正殿、偏殿，程序如下：

（一）天公爐

求籤者要先拿香拜天公爐，此舉是要稟告玉皇大帝，玉皇大帝即閩南方言中的「天公伯」，向玉皇大帝及天地諸神佛稟告，說詞如下：

1.弟子（信女）是□□□，地址是□□□。
2.插香（一炷或三炷視廟方規定）。

（二）正殿

在天公爐上完香，接著要從右邊的門進入正殿，進入正殿後就可以開始向神明跪稟來意，說詞如下：

1.○○神明，弟子（信女）是□□□，地址是□□□，今天前來請求您的指示。
2.敘明所問所求（以自己習慣的語言爲主，慢慢說，說得越詳細越好）。
3.插香（一炷或三炷視廟方規定）。

（三）偏殿

正殿稟報完畢，接著廟裡供奉的每一尊神明也要拜過。說詞如下：

1.〇〇神明，弟子（信女）是□□□。
2.敘明所問所求。
3.插香（一炷）。

整座廟的神明都拜完且上香後，則到正殿靜候，時間約十多分鐘，讓神明去詳察求籤者的問題，之後才能準備擲筊求籤。

二、請示神明是否允賜籤詩

籤詩不能想抽就自己拿來抽，一定要先請示神明是否允籤，連續三個聖筊，神明答應了，才可以開始求籤。說詞如下：

1.〇〇神明，弟子（信女）是□□□，地址是□□□。
2.敘明所問所求。
3.請示〇〇神明是否允賜籤詩。

若神明允賜，就開始進行求籤；若神明不允許的話，可以詢求廟祝協助。

三、擲筊抽籤

約十分鐘過後，神明查完問題，並允賜籤詩後，接著就要進行擲筊，開始抽籤。擲筊前，要跟廟裡的主神請示，說詞如下：

1. 請問○○神明，事情已經查清楚了嗎？若是已經細查清楚要出籤了，請允弟子（信女）一聖筊。
2. 然後擲筊。

所謂筊，就是占卜吉凶的工具，而擲筊就是神明的回答；可分為聖筊、陰筊、笑筊三種情形，代表意義如下：

聖筊	一陰一陽	一平面一凸面	神明答應
笑筊	兩陽	兩平面向上	1.吉凶參半 2.神明認為沒問的必要
陰筊	兩陰	兩凸面向上	1.表凶 2.神明不答應

若是聖筊（即一正一反）的話，表示神明應允，求籤者就可以開始抽籤。這時先從籤筒抽出一支竹籤（將籤筒中的籤，整把籤抓起來，然後放下去，再把最高的那隻竹籤取

出），假如抽到的竹籤上頭寫的是甲子，那就要將寫有甲子的竹籤放在神桌上，然後請示神明，說詞如下：

1. 請問◯◯神明，您所指示的是否爲「甲子籤」？

2. 若是，請給予弟子或信女三聖筊（要連續三個聖筊才可，連三個聖筊，代表天、地、人三合，亦表示神明的指示是合乎天地之道及天理）。

有時會出現所謂「擲無筊」的狀況，就是整個籤筒都快抽完了，可是籤怎麼抽就是抽不到。這種狀況，有可能是所問之事，其實不需要抽籤；也或許是所問之事目前不可以進行，這時說詞如下：

若是弟子（信女）要問的事情不可進行的話，請◯◯神明允三聖筊。

上述狀況常發生於求籤者現在要買房子，但時機不對，那棟房子不適合現階段買，因神明無法開口說話，所以神明就會以擲無筊的方式來指示。

解籤方式

一、先自卦頭說起

卦頭是整個解籤的重心，一首籤詩的好壞與否，卦頭往往具有決定性的地位，因此解籤當然要從卦頭說起，分述如下：

（一）原卦頭故事解

在〈六十甲子籤〉中，每一首籤詩都有一則隱喻故事，稱之為卦頭故事，卦頭故事取自《史記》、《戰國策》、《三國演義》、《隋唐演義》、《東周列國誌》、《西漢演義》、《封神榜》、《今古奇觀》、元明雜劇、傳奇、戲曲等；而神明常藉古人的故事來作為求籤者的借鏡，因此，六十首籤詩就是神明對求籤者的六十種建議與提醒；而求籤者自身的境遇就好比故事中的主人翁一樣；因此，解籤時一定要熟悉卦頭故事，才能從故事情節發展的過程中斷言事情的吉凶禍福，並提供意見。

（二）卦頭故事借用

籤詩種類繁多，歷經時代遞嬗，後人增補，依附其中的典故也相當多變，部分〈六十甲子籤〉卦頭找不到故事內容，像「乙未籤」〈李干戈往五當山求嗣〉、「丙戌籤」〈邵良父子遇黃玉娘叫合〉、「己酉籤」〈乙貼金走路遇鬼〉、「庚子籤」〈蔡君謨作陳三詩〉等，這時就可以借用別的卦頭故事來解籤；以「己酉籤」〈乙貼金走路遇鬼〉為例，它有另一個卦頭為「吳漢殺妻」；這時就可借用「吳漢殺妻」之典故來解籤。

二、再從詩文涉入

看完卦頭，接著就要看籤詩詩文的部分，可從以下角度切入：

（一）詩句

短短的四句詩中涵蓋了卦頭故事與神明的指示；所以，解籤時，首先要將籤詩全文瀏覽一遍，因籤詩詩文可說是卦頭故事的延伸；而求籤者所問的問題，可以透過詩句的解析獲得建議。

（二）關鍵字

籤詩文句是看大方向，若問更進一步的細節，例如：時間點，關鍵字就是重要的線索了。例如：籤詩中出現「龍虎相爭」，「龍」、「虎」就有時間上的指示，若出現了「祿」、「福」等字，則不利於問老者健康；意即解籤時也要注意籤詩詩句中字詞所透露的玄機。

（三）地支

俗語說：「雞報寅、日出辰、日落申、點燈酉」，熟記一些俗語，對解籤也有助益；上述出現的「寅」、「辰」、「申」、「酉」等就是所謂的地支。這些在籤詩中經常出現，且與時令、月令、日柱、五行、三合相關，因此，要熟記其間的關聯性。

（四）月令

熟知月令，便能為求籤者提供更多的訊息；因此解籤必須熟悉月令。而月令與地支的對應關係，可參考二十七頁的表格說明。

（五）時令

將這些相對應關係熟記，才能更正確地解讀籤詩並提供建議。

一年有春、夏、秋、冬四季，又稱四時，四季又與四方（東、西、南、北）對應關係如下：春，東方屬木；夏，南方屬火；秋，西方屬金；冬，北方屬水，而中間則稱中土；此外，農曆的一、二、三月為春天，農曆的四、五、六月為夏天，農曆的七、八、九月為秋天，農曆的十、十一、十二月為冬天。

（六）日柱

日曆或農民曆中，月份底下會註記上天干地支，例如：今天是二月一日，在二月下會出現「丙寅」二字，稱為丙寅日，這就是日柱。何時會用到日柱呢？主要是在危急的時候。解籤時要用到日柱解，只需採用地支的部分，例如：老者生病，狀況危急；這時就要用日柱來解，若是在丙寅日抽得此籤，而籤詩中又有「運未通」這句，那就要從寅日到未日來觀，差不多觀察一個禮拜，並請家屬多注意一下。

（七）句義雙關

這是在一種機緣巧合的狀況下所得之籤詩。以〈六十甲子籤〉為例，曾經有求籤者為兒子要先當兵，還是去學做齒模煩惱不已，後來求得「辛丑籤」〈劉智遠邠洲投軍〉，神明已明確指示先當兵，何以說呢？因卦頭已提示得很清楚——「投軍」。籤詩有時會出現一些字詞，這些字詞除其本身的意涵外，正好又與求籤者所問之事相關，便可以此方法解籤。

三、輔以降駕示意

解籤時，可能會碰到需要神明降駕示意的狀況，例如：求籤者的運途卡到陰，若求籤者平時都很正常，但一到某個時辰就會難過或半夜不舒服，可是早上又沒事，身體不適的時間都在某特定時段，便代表被卡到的機率相當大，這種狀況求籤者就只能請教神明，請神明來化解。

四、或以籤序決之

籤序只是籤詩排列順序的代號，可以用阿拉伯數字1、2、3……、國字一、二、三……或甲、乙、丙……等來排列。因籤序不是解籤詩的線索，會用到籤序解，多半是在很急迫、想知道時間點的狀況下；且籤詩詩句中亦無任何天干、地支、時令或月令可供參考時。譬如：求籤者要問開刀，這時就要透過默禱的方式，請神明將開刀的日子出在籤序上，但這時候籤詩內容的好壞就不論了。

〈六十甲子籤〉籤詩詳解

詳解人生八大事

一般而言，跨入廟門不外燒香、擲筊、求籤詩。其中擲筊求籤就是將自己內心的疑惑、不安或猶豫不決的事，稟告神明，透過誠心祈禱，尋求神明的指示；而神明的指示則透過擲筊求籤的儀式呈現在籤詩中。

而求籤所問之事為何？根據李亦園教授研究統計，以問命運居首，占二九・四六%；其次為事業，為二六・六二%；第三為疾病占一七%；第四為婚姻占八・二一%；第五為遷居為五・五二%；第六為考試占三・二五%。而據高雄哈馬星代天宮總幹事洪文昌先生指出，一般人常問的問題有：運途、事業、感情、婚姻、姻緣、工作、做生意、買房子、置產、健康、功名、訴訟、家運等，偶而有問行船（因代天宮在高雄港附近，有人為了謀生，須上遠洋漁船當水手，所以來問平安與否）。但仔細看，工作或做生意可涵蓋在事業中；而婚姻、姻緣亦是感情的發展與延伸；此外，買房子也就是置產，本書為求便於分析進而建立系統，將問題性質相近的歸納為一類，以運途、事業、感情、置產、健康、功名、訴訟、家運等八項進行解籤。

籤首 ○○

首籤
誠心來到代天宮 抽出籤頭萬事成 添油添香添福壽 得財得利得功名

籤詩分析：

「籤首」詩中的每一句都是好話，代表一切都好。但若問事業，不能因籤首的詩句都是好話，就代表一切都好，還須看個別問題。

問健康，假如是青壯年人抽到「籤首」，表示狀況不錯，請添香油錢答謝神明；若是問老人家的健康，那就不以吉論了，請多注意一些；何以抽到「籤首」又問老人家健康不以吉論呢？因籤詩中出現「福」、「壽」二字，「福」、「壽」二字代表老人家福壽具備，此生功德已將圓滿，故不以吉論。

第一籤——甲子

第一籤
甲子 日出便見風雲散 光明清靜照世間 一向前途通大道 萬事清吉保平安 唐太宗坐享太平
解曰
六甲先男後女婚姻大吉 求財少利　耕作好收 功名後科　行舟大吉 討海平平　官事拖尾 致病少者無慮老者拖尾 建居大吉　乞男兒大吉

卦頭：唐太宗坐享太平

卦頭出處：《新唐書》

卦頭故事：

唐太宗藉玄武門之變取得天下，諸皇看到太宗奪嫡成功，也想仿效。太宗見諸皇野心勃勃，為使唐室長治久安，子孫能順利接位，於是預先為太子謀劃，好讓太子繼位後能安享成果。為剷除可能危害唐室的勢力，太宗殺了李勣、張亮等功臣；為了增強太子的能力，命人搜集史事作為教材，敦促太子須努力學習。至此，他仍不放心，更安排長孫無忌、褚遂良等賢臣輔佐太子。如此處心積慮，費心安排，無形中已為太宗穩定朝局，成就了唐朝的盛世——貞觀之治。

籤詩分析：

卦頭：卦頭為〈唐太宗坐享太平〉，「享太平」是解籤的重點；「坐享太平」代表無所事事。

詩文：須掌握的關鍵字、詞為「風雲散」、「通大道」、「清吉」；詩句中每一句都是好話，但一定好嗎？還得視情況而定。

籤詩籤解：

⊕運途

此籤若問運途，表示運氣不錯！詩句中出現像「日出便見風雲散」、「清靜」、「通大道」、「保平安」等佳句，沒有凶相，當然平安。

⊕事業

此籤若問做生意，表示千萬不可。因整個卦象並無富貴之象；再就「日出便見風雲散」這句話，可以做這樣的聯想：「風雲」代表顧客，「日」一出來，「風雲」就散了，代表客人都走光了，生意怎麼經營？不過，讓人清閒倒是真的，因為「享太平」。

但何以說此卦無富貴象？從「風雲散」得知，雲散不集氣，氣聚不住，怎會有財？再者，籤詩提示「光明清靜照世間」，「清靜」表示門可羅雀，「世間」則代表生意場，生意清閒，身為老闆也只能托著下巴東張西望了。而「萬事清吉」更是關鍵點，凡籤詩中出現「清吉」二字，都不可做生意。做生意就是要忙碌才有錢賺，但「清吉」二字暗示清閒，無事可忙，這樣當然賺不了錢。

若問工作，暗示求籤者無法在公司居要職，因籤詩指示「坐享太平」，既已「享太平」，代表權力已下放，無權可掌。若想換工作，到新公司也無發展性，充其量也只是個小職員；但求平安則暗示有，因籤詩說「萬事清吉保平安」。

⊕感情

此籤感情、婚姻同論，算好；但先決條件是雙方要以誠相待，不能有所隱瞞。籤詩提示「日出便見風雲散」，「日出」代表雙方要有誠心、彼此坦白，「風雲」則表猜忌、麻煩；能以誠相待，「風雲」才會散去，若刻意掩飾，就不以吉論了。至於姻緣，則無方位可看；若有長輩、朋友介紹，不妨多參考看看。

⊕置產

若問置產，一定要抽頭、尾籤；因頭籤看現狀，尾籤則是看未來的發展性。若「甲子籤」是頭籤，而尾籤又配得好，就買吧！若「甲子籤」是尾籤，那也只能算好而已。若「甲子籤」是頭籤，但尾籤配得不好，代表這房子剛開始居住時狀況會不錯，但住一段時間後，就不理想。

但有另一種狀況，若「甲子籤」為頭籤，「壬申籤」為尾籤，表示這房子光線不錯，因籤詩說「光明清靜照世間」；但只能住，住了保證平安，千萬不可做生意，做生意絕對賠錢，為什麼？因「壬申籤」的卦頭為〈劉元譜雙生貴子〉，從卦頭聯想：卦頭主人翁劉元譜一直到七十歲才得雙生子，若延伸到做生意，籤詩暗示生意要做到尾好運方至，而做生意總有些風險，到時年紀都一大把了，若有風險又怎承受得起？再從「日出便見風雲散」、「光明清靜」觀之，這樣的房子實不宜做生意。

⊕健康

若問健康，基本上應無大礙，因「甲子籤」本身就是一支平安籤。籤詩中的「風雲」，可解釋成毒害或病毒，病毒散了，健康當然無礙；而末句又是「萬事清吉保平安」，代表平安無事。但要注意，若老者抽到好籤，又問健康的話，通常不以吉論。

老者問健康，只能說順利平安；但若已經住進加護病房，又另當別論，此時都在做生死門了，又抽到此籤，老實說，代表將不久於人世了；再加上卦頭的「享太平」可解成太平間，那怎麼會好？請多注意，也請醫護人員多關照一下。

⊕功名

此籤雖是好籤，但問考試、功名時，因首句和尾句並無天干、地支指示。若是考前抽到此籤，求籤者要保持清靜心，不可怯場，若能以平常心去應考，應該會中。

若考完試才抽中此籤，考中的機會是有的。一般而言考試代表要高陞，而籤詩暗示「一向前途通大道」，「通大道」代表求籤者有機會再往上提陞。但這時要反問自己，若真的是以平常心去應考，準備充足，那考上的機率就大；若自己覺得好像不怎麼理想，那就不以吉論了。

⊕訴訟

問訴訟，最好以和為貴。因籤詩提示「風雲散」、「清靜」，而卦頭又是〈唐太宗坐享太平〉，既然是「享太平」就代表沒有訴訟，若要沒有訴訟，雙方就該以「和」為貴。

⊕家運

問家運，尚可。但既然會來求籤，即表示家中不平靜；若抽中此籤，則暗示求籤者在做任何事之前，要先和家人商量；至於為人父母者，對待子女別用專制手段，因籤詩已暗示「坐享太平」，「享太平」是提醒為人父母者要尊重孩子，既然籤詩已提示，而你又非干涉不可，家中怎會平靜？轉個念吧！孩子大了有自己的想法，為人父母落得清閒，不也是一種福氣嗎？

第二籤——甲寅

第二籤		
甲寅	于今此景正當時 看看欲吐百花開 若能遇得春色到 一洒清吉脱塵埃	唐太宗令武媚娘賞花
解曰		
婚姻大吉　求財春好 冬平平　生理少利 功名無望　官事早完局 耕作平平　討海少利 行舟少吉　病者少遇 春不要老者不吉 移居大吉 六甲先男後女高貴		

卦頭：唐太宗令武媚娘賞花

卦頭出處：查無典故，借用《三國演義》〈趙子龍長坂坡救阿斗〉

卦頭故事：

曹操、劉備大戰長坂坡。劉備兵敗，蜀漢人民大舉南遷避難。當時劉備妻妾甘、糜夫人與幼子阿斗在人群中走散，趙子龍發現阿斗走失，心急如焚。於是單槍匹馬深入曹操大軍中尋找阿斗，結果發現三人身陷敵營，趙子龍奮不顧身衝入敵營搭救，糜夫人因傷勢嚴重不願拖累大家而投井自盡。眼見曹軍逼近，當趙子龍找到阿斗，一面將阿斗擁在懷裏，一面奮不顧身殺敵，後體力不支，幸好張飛及時出現，化解危機，趙子龍得以救回阿斗。

籤詩分析：

卦頭：卦頭為〈唐太宗令武媚娘賞花〉，解籤著重在「令」字及人物意象。此卦中「賞花」二字，透露春天之象，春天才有百花綻放的景象。

詩文：關鍵字、詞為「若能遇得春色到」、「清吉」、「一洒清吉脫塵埃」。從籤詩中，可以看出這是一支屬於春天的籤，代表在春天時運勢較好。

籤詩籤解：

⊕運途

過年的時段會不錯，因籤詩提示「若能遇得春色到」，「春色」即代表過年時段；而過年即逢春，代表到那時候就能「一洒清吉脫塵埃」，運勢當然不錯！

⊕事業

問事業，須抽頭、尾籤。就此籤而言，卦象中春天的意象居多；在四季中，若問「只選一季」來做生意，那選在春天會不錯，因籤詩暗示「若能遇得春色到」。然而真正要做生意，不見得只能選在春天，若是最近準備要做生意，且又是在冬天抽到此籤；意即指示求籤者現在就可先籌備，而不必非等到春天。做生意講究的是搶先機，冬天過後就是春天，不妨趁冬天時先籌劃好，等春天一到，就可大展鴻圖了。

⊕感情

此籤感情與婚姻同論。若問感情，先看卦頭的〈唐太宗令武媚娘賞花〉，代表求籤者的感情世界中，主導者會是較有權勢的人，但主導者不見得一定是男性。而此籤另有一相對應的卦頭為〈趙子龍長坂坡救阿斗〉；這兩卦頭有一共同現象，就是主導者都是有權勢的人（前者為唐太宗；後者為曹操）。若是問夫妻感情的話，因卦頭已指示，男女雙方必有一方擁有主導權；然而有些夫妻，主導權是在妻子身上，所以遇事一定要找妻子商量，此種情況下，不可解釋為夫妻感情不睦，因這正是兩人的相處模式。若問姻緣，過年後機會較好，因籤詩提示「若能遇得春色到」，「春色」代表春天狀況會好轉，時間約在過年後。

⊕置產

問置產，是可以的，因為籤詩中都是好話，但前提是頭籤、尾籤要搭配得好。若此籤為頭籤，那尾籤就很重要了，因尾籤是看未來的延展性；若這支是尾籤的話，要切記，頭籤的卦頭中最好不要有「亡」、「死」、「孤」……等字眼出現，否則就不以吉論了。

㊉健康

一般而言，老者問健康，抽到此籤都不太好；老者抽到的籤中最怕籤詩內有「祿」這個字了，這意謂老人家已得到祿位，表示此生已功德圓滿，準備要回去列仙班了。再說直白一點，遇籤詩中有「祿」字的，老者問健康，又抽到這首籤的話，保證會離世的。例如問老者病體，抽到「甲寅籤」：

求籤者：是腸癌，目前不太好，已住加護病房了。

解籤者：他幾歲了？

求籤者：已六、七十歲了。

若根據上述問病體語句解說，籤詩表示「於今此景正當時」，是指生病這件事；再者「看看欲吐百花開」中的「百花開」可解釋成蔓延、擴散，暗示求籤者可能會有併發症，所以只能請醫生多注意一下；而籤詩又說「若能遇得春色到，一洒清及脫塵埃」，此處的「塵埃」，指的是娑婆世界，「脫塵」的「塵」字乃指紅塵俗世，所以「脫塵」就表示要脫離紅塵俗世，準備去仙班排列了。在此不可解成求籤者的病都好了，因為求籤者得的是絕症；若是中年人或年輕人，還可以嘗試看看，把病灶割掉就好了；但因求籤者是老者，且籤詩又提示「百花開」、「脫塵埃」，便不以吉論了。

若是中年人重病住院，求問健康抽到此籤：

求籤者：車禍，被撞到，已不醒人事了。
解籤者：抽到這支籤照理來說，應不會死，那他怎會不省人事？
求籤者：飲酒過量，現在肝又有問題。

籤詩上說「若能遇得春色到，一洒清吉脫塵埃」，誠如求籤者說的，酒喝多了，傷肝，住院了，那就可以跟他解釋說：明年三月過後若沒關係，就沒關係了，為什麼？因籤詩提示「春色」，這時的「春色」不可解釋成正月，因為正月、二月、三月都是春天，所以在此情況下要斟酌，一個人若真的得肝癌的話，要拖四、五個月，恐怕有些困難，若過了三個月後，還能順利、平安，就比較沒關係。但不代表一定會好，因病灶還在那兒，籤詩給的只是時間上的提示。

⊕ 功名

問功名，從卦頭的「賞花」可知，若是在春天應考，考運會較好；若是在秋天應考，較不理想；因秋天充滿了肅殺之氣，不可能百花開，武媚娘也沒地方賞花，所以秋天應考，不以吉論。

⊕ 訴訟

問訴訟，別貿然進行，若非要訴訟也得等到春天，卦頭為〈唐太宗令嫵媚娘賞花〉，代表這是一支春天運氣會較好的籤。若是農曆二月要出庭的話，那勝訴的機率很大；但在秋天抽到的話就不太妙，因為相剋，此時的法官若與卦頭人物相對應，法官就等於「唐太宗」；而求籤者就等於「武媚娘」，卦頭〈唐太宗令嫵媚娘賞花〉，表示春天才有花可賞，才有戲可唱！

⊕家運

問家運就和春天無關了。從借用卦頭〈趙子龍救阿斗〉觀之，有詩曰：「曹操軍中飛虎出，趙雲懷內小龍眠。無由撫慰忠臣意，故把親兒擲馬前。」就劉備而言，一邊是國家亟慮的大將，一邊是自己的兒子；這時劉備也只能捧子收人心了。所以可解釋成：為人父母者，要注意自己對孩子的教育是否有落差（標準不一或違常理）。譬如求籤者說：我兒子以前很乖，所以我也有求必應；但最近不知怎麼搞的，都跟我唱反調。那當然囉！因為父母已把子女寵壞了，現在要糾正，不抱怨才怪呢！且孩子已有自己的想法，所以雙方要好好溝通。為人父母者，不妨多多參考年輕人的意見，別自認為自己是家長，就有無上的權威，要子女都聽我的，若能改正這種觀念的話，才能「一洒清吉脫塵埃」啊！

第三籤——甲辰

第三籤		
沈萬山姤寶與正德君作法	勸君把定心莫虛 天註衣祿自有餘 和合重重常吉慶 時來終遇得明珠	甲辰
解曰		
婚姻大吉　求財有利 功名有望　生理好 官事延緩　耕作有收 討海有財　乞男兒好 行舟大吉　建居大吉 病者不要平安 六甲先男後女		

卦頭：沈萬山姤寶與正德君作法

卦頭出處：《明史》、明傳奇、《吳江縣誌》

卦頭故事：

沈萬三，元末明初商人，本名沈富，字仲榮，俗稱萬三，是位大富翁。大明王朝剛建立時，沈萬三極力討好朱元璋，用糯米蓋了南京城。但他不懂得藏拙，還不時地在朱元璋面前炫富，有一天，他對朱元璋說：「皇上，我沈萬三可以出錢犒勞士兵。」朱元璋心想：「朕有百萬雄兵，你能出得起嗎？」這個沈萬三竟說：「我可以犒勞每位士兵一兩。」此語惹毛了朱元璋。

於是朱元璋初一召見他，給他一文錢要他生利，以一月為期，就從初二日當天開始，一文取兩文，初三日取四文，初四日取八文，每天翻一倍，亦即按等比級數算。沈萬三不明就裡，竟欣然接受。哪知回家一算，一月之後，該付給朱元璋利息竟高達五億三千六百八十七萬九百十二文。按，洪武錢每一百六十文重一斤，則共計三千三百五十五萬四千四百三十二斤。沈氏雖富，但哪裡經得起這樣的盤剝？最後，被抄了家產，並發配到嶺南。

籤詩分析：

卦頭：卦頭為〈沈萬山姤寶與正德君作法〉，求籤者可與卦頭中的「沈萬山」相對應，卦象顯示有競爭的對象。

詩文：關鍵字、詞為「天註衣祿自有餘」、「勸君把定心莫虛」。

籤詩籤解：

⊕ 運途

這是一支好籤，若問運途還不錯。但儘量別和他人爭執、賭氣，因卦頭故事說得很明白，沈萬山和正德皇帝打賭，最後當然是皇帝贏。所以這支籤提示和別人賭氣必輸，切記凡事適可而止，不可每件事都想占上風。

⊕事業

問事業，原則上是好籤，但卦頭為〈沈萬山妬寶與正德君作法〉，求籤者可與沈萬山相對應，所以唯恐有競爭的對手。若是合夥，那還沒關係；但切記自身不可太驕傲，否則合夥關係不會長久，因為沈萬山就是太囂張而害苦了自己。此外，這支籤指示當事者要低調，說明白一點，只需負責投資，分紅要公平，帳目弄清楚，不要有太多意見，如此一來，求籤者就沒有競爭對手了，若能這樣，做生意當然沒問題。

若獨資，籤詩提示「勸君把定心莫虛」，又說「天註衣祿自有餘」，「有餘」可解釋成有剩餘可存下來，但求籤者別瞻前顧後想太多，要放手去做，但切記！因卦頭故事顯示有競爭的對手，所以，要注意商品的要能提供消費者多樣的選擇，才會有贏面。

⊕感情

問感情，這支籤原則上是支好籤，但就是有競爭對手，然情況不會太壞。問婚姻，不管是婚前或婚後，也代表有競爭對手。譬如：

解籤者：你的先生很守規矩嗎？

求籤者：我先生很守規矩呀！

解籤者：那很好呀！

求籤者：不過最近不知怎麼了？怪怪的。

雖然求籤者這麼說，但實際狀況應該不是很嚴重，然而有些女性（求問感情以女性居多）卻喜歡一遇事就吵鬧，這樣反而不好，就卦頭的卦象顯示，求籤者為沈萬山，代表弱者；而求籤者所問之人（丈夫或男友），是正德君，其身分是皇帝，握有權勢；這種狀況對應到感情上，若和對方吵鬧，求籤者不一定會占上風，何況卦頭故事中的正德君要犒賞三軍，沈萬山要和皇帝比富有，堂堂一位皇帝怎由得你囂張呢？所以求籤者若是已婚就要多觀察、多溝通，別扯破臉，態度不妨放軟一些；只要多多注意對方的行動就好。

⊕置產

問置產，若是尾籤，可。若是頭籤呢？那一定有競爭對手。因此要評估自己的財力，才能與對手競爭這棟房子，譬如：

求籤者：這棟房子我打算用五百萬買，而對方想用八百萬買。

解籤者：那你的財力有超過三百萬嗎？若有，就和對方拼；但這棟房子值得和對方拼成這樣嗎？難道沒有別間房子了嗎？但若眞的喜歡，愛不釋手，又有財力，寧可讓建商多賺一些，就買吧！

若這支籤是尾籤呢？那就不能說是有競爭對手了。原因「尾籤」是代表入住此屋以後的延展性，這房子都已經是你的了，怎會有競爭對手？若有競爭對手，也頂多解釋成夫妻吵架、打架而已，所以若為「尾籤」則不解為有競爭對手，反而表示這房子會越住越好，因籤詩提示「天註衣祿自有餘」。

⊕健康

問老者的健康，不以吉論，但其他人較沒關係；為什麼老者抽到這支籤保證不好，因為「祿」字，且不僅如此，後面還有一個「自有餘」，因為「餘」，就像俗話說的餘過面去了（台語），餘過面，還能留著嗎？恐怕留不住了。

若問開刀，就不管是老年人、中年人還是其他年齡的人，以前若是有開過刀，現在還要再開，而又不是很嚴重的話，那還可以，何以說呢？因籤詩第二句的「自有餘」，這個「有餘」，在此要解成「後遺症」；若是求籤者以前未開過刀，則表示可能還要再開第二次，可能是醫生或其他的問題，都有可能會導致要再動刀。

⊕功名

問功名，籤詩提示「天註衣祿自有餘」、「常吉慶」、「得明珠」，代表一定會中。

⊕訴訟

問訴訟，那就得看卦頭了。誰的勢力大，誰的贏面就大，原因在於卦頭已提示，至於誰有勢力，求籤者自己要去打聽清楚。

⊕家運

問家運，要配合卦象來看，若不和他人競爭，當然會「自有餘」！

第四籤——甲午

第四籤

甲午

風恬浪靜可行舟
恰是中秋月一輪
凡事不須多憂慮
福祿自有慶家門

李太白升仙

解曰

六甲先男高貴
婚姻少吉　求財好
功名有望　生理有利
官事有貴人　耕作有收
行舟大吉　討海大吉
乞男兒少吉
行人月光至
致病小兒不畏老者拖尾
建居大吉

卦頭：李太白升仙

卦頭出處：《警世通言》

卦頭故事：

李白字太白，一生以遨遊名山勝景、嘗盡天下美酒為志。適逢玄宗為番使捎來的國書所苦，在賀知章引薦下，李白替玄宗草答番書，後作〈清平調〉三首，深得玄宗賞識。但李白不求仕進，也知宮中非立足之地，屢求去；玄宗雖愛才，但自知留不住李白，也只好放行。離開後，李白仍流連山水，之後經歷永王璘事件，雖死裡逃生，但感慨宦海浮沉，遂泛舟遊洞庭湖。某夜船停靠於采石江邊時，看見月明如晝，這時，江中突然狂風大作，竄起一條鯨魚，有仙童二人對著李白說：「上帝奉迎星主還位」。不久，只見李白飄然騰空而去，留下驚愕不已的同舟人。

籤詩分析：

卦頭：卦頭為〈李太白升仙〉，若依民間傳說，李白為水中撈月，失足落水而死，不論其真實性為何，卦頭中最要命的是「升仙」二字，老者抽到就不妙！但還有另一種狀況，求籤者抽到此籤，又要去行船的話，最好別去，雖然籤詩中都是好句，且解曰又說「行舟大吉」，但還是不可，因為「升仙」呀！

詩文：關鍵字、詞為「恰似中秋月一輪」、「福」、「祿」。從「恰似中秋月一輪」中可知這首籤是屬於秋天的籤，所以要注意五行相生相剋的狀況。

籤詩籤解：

⊕ **運途**

卦頭為〈李太白升仙〉，代表平安無事；而籤詩提示「風恬浪靜可行舟」，可以划船，就代表會很悠閒；但還是少去水邊，因為李白是失足落水而死的。若命中注定，那也沒法子了，這種情況有可能連洗臉都會被水嗆死。此外，老人家抽到這支籤不太好，因有「福」、「祿」還有「升仙」等字，故不以吉論。

⊕事業

此籤詩中幾乎每一句都是好話，不過神明指示會有時令上的相剋。因此解這支籤時，除了看卦頭、籤詩詩文外，還要考慮時令。

此籤問事業，原則上來說不太好；若是在夏天抽到的話不好，因籤詩提示「風恬浪靜可行舟」、「恰似中秋月一輪」，且最要命的是第二句「恰似中秋月一輪」，因「中秋」屬金月，若是在夏天抽到的話，夏天是火當令，而五行中火會剋金，因此，若是在夏天抽到此籤，又是尾籤的話，最好不要投資。投資要配合時令，若時令合的話，則沒有關係；若時令不合的話，那就要注意。

⊕感情

若是夏天抽到此籤，又問感情，籤詩指示感情會有刑剋，但較沒關係，畢竟人是可以改變的；況且卦頭為〈李太白升仙〉，「升仙」意即成仙，成仙的話，就表示沒什麼罣礙。此外，籤詩中又提示「凡事不須多憂慮」、「福祿自有慶家門」，意即雙方若沒什麼顧慮，沒什麼隱瞞的話，這段感情便能維持下去。

若求問「婚姻」是在夏季抽到此籤的話，必須考慮刑剋。如前面提到的，若是夏天得此籤，夏天屬火，火會剋金；在春季抽到也不好，因為春天屬木，結果不是求問者剋人，不然就是被剋。人與人相處本應用真誠之心，不該有所隱瞞，相敬如冰；若是雙方已同居或已婚，還是順其自然，好好經營吧！

⊕ **置產**

若是在秋天或冬天抽到此籤，求問買房子，還可以；但若是在夏天或春天抽到，特別是此籤為尾籤時，因有刑剋，則不太好。此外，要注意若是在午年、午月、午日、午時抽到此籤的話，絕對不好，因午年、午月、午日、午時，都是火，而「中秋月」不能承受這麼大的火，故在此情況下若要問買房子的話，也不以吉論。

⊕ **健康**

若老者抽到此籤求問健康，籤詩中出現「祿」，本來就不以吉論，又出現最要命的「升仙」；因「升仙」是保證死的，請順其自然。

⊕ **功名**

若考試是在秋天，且在秋天時抽到這支籤，結果應該不錯。

⊕ **訴訟**

最好能講和，別一定要告到底。因卦頭為〈李太白升仙〉，代表應該都沒事了，既然都沒事了，能講和就講和吧！若執意要告到底，兩敗俱傷，何必呢！

⊕家運

問家運，卦頭為〈李太白升仙〉應該會沒事才對，不過既然沒事的話，又怎會抽到這支籤呢？這時就要考慮時令了；時令若相剋的話，那就是運勢的關係，這個運若過了，狀況就會不同了，因為運每年都不同。

若是秋天或冬天抽到，又問家運的話，因籤詩提示「凡事不須多憂慮」，所以不要小題大作，牽腸掛肚，既然來問事求籤又抽到此籤，求籤者就要思索一下，想想所問的事情是剛發生的呢？還是以前所累積的？若是以前所累積下來的話，那表示累積的事情都不是大事情，若是大事的話，神明就不會出這支籤給你，「升仙」表示已無憂無慮了，若有憂慮的話，那還成什麼仙？所以家運就是如此，都無憂無慮了，又何必拿以前的事來自尋煩惱呢！

第五籤——甲申

第五籤
甲申
只恐前途明有變 勸君作急可宜先 且守長江無大事 命逢太白守身機
龐涓害孫臏
解曰
六男頭胎女二胎亦女 婚姻不吉　求財少利 功名無望 生理合夥不吉 自營平平　耕作半收 討海少利　行人緩到 行舟少吉　移居不吉 乞男兒不吉 病者拖尾不畏

卦頭：龐涓害孫臏

卦頭出處：《史記．孫子吳起列傳》

卦頭故事：

孫臏和龐涓同拜鬼谷子為師。龐涓自認學成，因此提早下山，並受到魏惠王的重用。

已有進一步的關係，就讓對方糟蹋自己一輩子。

若婚姻出現問題，又抽到這支籤，縱使不理想，也請求籤者自己看破；決定權還是在自己身上。

⊕ **置產**

問買房子，這支籤為尾籤的話，並不理想，因這支籤沒有一樣好的。若現在房子是向人租來的，那就先租著，等明年再作打算。因一支籤代表一年運，所以房子先別急著現在買。

⊕ **健康**

老者問健康，不理想，只能點香求神明；因籤詩提示「命逢太白守身機」，這個「太白」可視為神明。所以，老者生病的話，請求佛祖、五王、觀世音菩薩幫忙，看能不能過關。一段時間過後，若能平安就好，但在觀察的這段時間中，家人要多關心、多注意，再請神明多保佑，因走到沒步只好求仙渡，不然怎麼辦呢？

問開刀的話，不可以。曾有人問腳要開刀，抽到此籤，那更不可開，卦頭為〈龐涓害孫臏〉，孫臏的腳就是被龐涓剁掉的，手術後可能會無法走路；所以此籤不利於開刀。

⊕ **功名**

此籤不利於考試，從卦頭的〈龐涓害孫臏〉及籤詩提示「且守長江無大事」便可得知。這個「大事」必定是求籤者很在意的事，求籤者要守，能守的話，就沒事；若不守的話，可能前途有變卦。

至於問考試會不會中，難度比較高，且以觀摩的心態去應試吧！當作累積經驗，先別管會不會上，因為經驗是很重要的。若已經考過很多次了依然沒上榜，那或許是求籤者沒有從考試中學到經驗，本身不夠關心、沒有決心，不然都考好幾次了，照理講，考取的機會很大才是；所以求籤者要檢討原因，更要下定決心，若再加上一點運氣的話，說不定有中的機會。若已應試多次，並有經濟上的問題時，或許應以經濟層面作為優先考量。

⊕訴訟

問訴訟，萬萬不可，若有訴訟的話，一定會兩敗俱傷。卦頭為〈龐涓害孫臏〉，「孫臏」代表求籤者，且神明又指示「且守長江無大事」，就是在提醒求籤者不可為之；再者，若訴訟沒完沒了，說不定自己會吃大虧。

⊕家運

問家運，神明提示「且守長江無大事」，一家人和和氣氣的不是很好嗎？不必為了小事而爭執。此外，「且守長江無大事」亦是提醒，做任何事之前要先考慮一下，因神明提示要「守」才會沒事。譬如：向父母要錢，或是父母要你做什麼；有可能會出現意見相左的狀況。在這種情形下，雙方就各退一步吧！對於要進行的事，先暫緩一下，過一段時間或過完年再說。因為運勢每年不同，舉例來說，丙戌年之後是丁亥年，兩年的五行完全不同；以丙戌年為例，五行是火土（黃曆上會註明各年的五行），而丁亥年則是火水；丙戌本身沒有刑剋，而丁亥則有，因為亥為水，丁是火（參見第三十一頁：天干、地支、生肖、五行對照圖），所以說它的天干地支本身就有刑剋，可是每個人的八字不同，有些人會受影響，有些人則不會；所以這時籤詩提示的「且守長江無大事」就可解成：你們的事先暫且擱下吧！等到過年後再看看，再來抽籤。

第六籤——甲戌

第六籤

甲戌

風雲致雨落洋洋
天災時氣必有傷
命內此事難和合
更逢一足出外鄉

陸遜誤入石頭陣

解曰

婚姻不吉　求財有失
功名無望　生理大吉
官事大凶　耕作無收
討海不吉　移居不吉
乞子不吉　建居不可
致病老人危險過平安

卦頭：陸遜誤入石頭陣

卦頭出處：《三國演義》

卦頭故事：

劉備伐吳，被吳國大將陸遜以火攻燒營，死傷慘重。陸遜繼續追擊蜀兵，直到魚腹浦江邊，發現有八、九十堆石頭，且亂石中殺氣沖天。陸遜不以為意，認為以自己的能力，任何狀況都難不倒他，於是帶兵進入石陣中一探究竟。待陸遜將出石陣，突然飛沙走石，各種奇景、怪聲不斷，轉眼間竟然無路可走。驚駭中，只見一位老者，迅速將陸遜帶離石陣，原來這石頭陣就是諸葛亮十多年前早就安排好的八卦陣，目的就是要引陸遜落入陷阱，後來陸遜為諸葛亮岳父黃承彥所救。

籤詩分析：

卦頭：卦頭為〈陸遜誤入石頭陣〉，當時陸遜誤判，所以怎麼走都是死門，而求籤者就代表了陸遜；因此提醒求籤者凡事要守，別因衝動、驕傲而誤事。

詩文：關鍵字、詞為「風雲致雨落洋洋」、「更逢一足出外鄉」；「風雲致雨落洋洋」代表求籤者會很辛苦。在房宅方面，代表房子水氣重，下雨天會滲水；而這個「更逢一足出外鄉」則是指示往外拓展。

籤詩籤解：

⊕ 運途

問運途，有可能會因為判斷錯誤導致「走路（台語）」！因卦頭說得很明白〈陸遜誤入石頭陣〉，陸遜因誤判形勢才會誤入石頭陣；此外，再從「更逢一足出外鄉」亦可得知求籤者會走路！

若求籤者是年初時抽到這支籤，那麼或許代表想做的事尚未進行，求籤者尚不必走路。不過，卦頭為〈陸遜誤入石頭陣〉，若年初就抽到，表示神明要提醒你，做任何事情之前務必謹慎小心。

⊕事業

問「事業」的話，籤詩說「更逢一足出外鄉」；這裡有兩種說法，第一是說求籤者會走路；第二種說法則可能是求籤者剛開始經營，但最近狀況不理想，或許可以試著將業務範圍擴大一些，因籤詩提示「出外鄉」！

⊕感情

問感情，有遭人設計之虞，因卦頭為〈陸遜誤入石頭陣〉。若是求籤者尚未結婚，對象可能在較遠的外地，何以說呢？因籤詩提示「更逢一足出外鄉」。以此籤而言，如果是問姻緣、感情的話，請求籤者要多努力一下，如果是為了找結婚對象，找到汗流浹背，不也正是籤詩中的「風雲致雨落洋洋」，但何以如此辛苦呢？就是因為在附近找不到啊！籤詩中的「更逢一足出外鄉」便是神明指示你要到外地找尋！

若婚姻出狀況呢？要先看求籤者夫妻有沒有住在一起，因神明提示「更逢一足出外鄉」；夫妻若在一起應是「雙足」，怎可能是「一足」呢？此處的「一足」解為一個人，代表求籤者夫妻最好能住在一起，感情才不易生變。

⊕ 置產

若這支籤是尾籤的話，代表整間屋子水氣很重，且會漏雨；不然就是水電方面有問題。因神明指示「風雲致雨落洋洋」，代表房子就是會有漏水問題；此外，又提示「更逢一足出外鄉」，代表這是外面進來的水。求籤者若想買這房子的話，就要等到下大雨且是正在下或大雨過後，再跑去看看會不會漏水。因籤詩「風雲致雨落洋洋」已經提示得很清楚了，又說「天災時氣必有傷」。像這樣的房子，第一「腳路（台語）」不好，整個房子都濕漉漉的；第二遇颱風時屋子會滲水、漏水，且卦頭又是〈陸遜誤入石頭陣〉，搬進去後就會像進入石頭陣般亂糟糟，因為這房子不是出入的地方不好，就是到處泥濘不堪，看了就不舒服；只要稍微下點雨，整個房子都濕漉漉的，這樣的房子還住得下去嗎？請務必三思。

⊕ 健康

問健康，若求得此籤，身體一定不太好。或許醫生也看過好多個了，但就是不見好轉，現在該去哪邊看醫生呢？因籤詩提示「更逢一足出鄉」，這個「外鄉」是要求籤者別怕麻煩，到離家遠一點的地方去看病，說不定醫生緣就在那裡！

⊕ 功名

問「考試」，不是不好，像這種情形必須先問求籤者是要在本地讀書？還是要到外地讀書？若在外地讀書的話，會很辛苦，因神明提示了「風雲致雨落洋洋」，又說「天災時氣必有傷」，就表示在外面的生活會較辛苦。但求籤者若考中的話，千萬不要怕辛苦，要把吃苦當進補。若問考試會不會中？因籤詩提示「更逢一足出外鄉」，代表求籤者較有機會考上離家遠的學校；且因卦頭是〈陸遜誤入石頭陣〉，有「入」，代表榜上有名，只是學校不理想，不過這也是因為目前的運就是如此。

⊕訴訟

這支籤，訴訟不好，所以求籤者還是放棄，以和為貴吧！反之，若是對方提告，那求籤者可能會走路！因神明提示了「更逢一足出外鄉」。更何況，訴訟一定跟錢、事業或土地糾紛有關；還是以和為貴，若不和解的話，其中一定有一個人要走路，為什麼？除了籤詩提示的「更逢一足出外鄉」外，卦頭的〈陸遜誤入石頭陣〉也是線索。

⊕家運

問家運，這支籤本身就不好；若神明出壞籤，就是在提醒求籤者，別做會變成壞籤的事，一家人和氣過日不是很好嗎？若再鬧下去，籤詩提示「必有傷」意指大家都會受到傷害；又指示「出外鄉」，表示這樣下去家就會散了。因為神明關心，更要提醒，所以才出這支籤，求籤者要好好想想。

遇到這種狀況可以反推給神明，因籤本身就是神明的指示與提醒，祂用出壞籤的方式說：若繼續執迷不悟，雙方將會各自成一路。因神明就是看得到，知道若繼續如此，便會照著這個壞籤走，所以，求籤者自己要好好檢討。

第七籤——乙丑

第七籤

乙丑

雲開月出見分明
不須進退問前途
婚姻皆由天註定
和合清吉萬事成

昭君困冷宮遇漢王叫合

解曰

婚姻少吉　求財平和
官事完局　功名後科
耕作平平　行舟平平
行人緩到　討海少利
病者月光無慮
乞男兒好　六甲先男

卦頭：昭君困冷宮遇漢王叫合

卦頭出處：《漢宮秋》

卦頭故事：

毛延壽奉命至越州尋找皇帝夢中的「昭君」，而昭君不願賄賂毛延壽，因此毛延壽故意將她醜化，並傳假旨令，將她打入冷宮。在冷宮裡，昭君悲傷不已，終日與琵琶為伴。適逢林皇后至望月樓，循著琵琶聲，聽出昭君心中的悲苦，答應向皇帝稟明事情真相。知道實情後的皇帝，趕到冷宮會見昭君，她知漢王來到，向漢王哭訴冷宮的悽涼及漢王的無情，之後昭君雖被正式立為西宮娘娘。但不久便替漢朝和番，獨留惆悵不已的漢王。

籤詩分析：

卦頭：卦頭為〈昭君困冷宮遇漢王叫合〉，凡卦頭中出現「叫合」二字，代表需要他人幫助。卦象顯示冬天的機會比較好。而「困冷宮」則是提醒求籤者，做事要冷靜處理；此外，也提醒求籤者要給自已和別人機會。

詩文：關鍵字、詞為「雲開月出見分明」、「和合清吉萬事成」。這裡的「雲開」、「月出」有三種解釋；可指農曆初四、初五，也可指農曆正月十五（元宵節）或農曆八月十五（中秋節）；而「見分明」即知輸贏；此外，「清吉」則提醒你要以平常心面對挑戰，如此才能「萬事成」。

籤詩籤解：

⊕運途

運途在冬天會比較好，卦頭為〈昭君困冷宮遇漢王叫合〉，代表差不多從農曆八、九月開始，一直到十月過後，就會變得比較順，為什麼？因為農曆八、九月代表時序已進入秋天，即所謂秋金，從五行的相生相剋來看，秋金生冬水，而籤詩中有「雲開月出見分明」，在此「雲開月出」指的是農曆八月十五，而非正月十五，因為卦頭中的「困冷宮」是指較寒冷的地方，不是在冷氣房，因古代沒有冷氣，而一年中寒冷的時節就是冬天，這些都表示十月過後就會順了。

⊕事業

問事業，冬天會比較好，卦頭故事中的昭君先「困冷宮」，才會遭遇「漢王叫合」；要注意，只要卦頭出現「叫合」，就代表需要他人協助。舉實例來說，曾有求籤者經營機車行，生意不好前來廟裡，抽到此籤；因求籤者住在較偏遠的地方，所以店也開在較偏僻的地方，而地點偏僻的話一定會較冷場；所以，雖然房租會較貴，建議求籤者還是找一個較有人潮的地方，一步一步慢慢經營。不然，就要靠技術，若技藝超群，縱使在偏遠地區，客人也會專程前來修車。

也許有求籤者會問，籤詩中說的「雲開月出見分明」指的是什麼？其中「月出」一般是指初四、初五。因初一為朔日看不到月亮，想看到月亮，至少要等到初四、初五。若求籤者的事業已經做了一段時間，但最近生意不太好；這時，就等正月過後或八月過後再看；因「雲開」、「月出」、「四海明」都有兩種解釋，基本上可解成正月十五或八月十五，不過除了時間上的提醒，這裡也要提醒求籤者，要設法突破自己技術層面的問題。

⊕感情

此籤原則上不是壞籤，但問感情，代表不會太熱烈，因為「困冷宮」的關係！譬如：

一對夫妻結婚多年，始終相敬如冰。這時求籤者要想法子培養感情，何以說呢？卦頭指示「昭君困冷宮」，王昭君因不肯賄賂毛延壽而遭設計，漢元帝才不知有昭君。若以正常狀況來說，夫妻間若沒有第三者介入，又抽到這支籤的話，如不好好培養感情，有可能會變成各過各的，家只是吃飯、睡覺的地方，生活缺乏樂趣和品質；如此，夫妻的感情只會越來越糟，奉勸求籤者寧可少賺一點錢，利用假日與全家出遊，多培養一下夫妻間的感情。

至於問姻緣，冬天的機會較好，為什麼？因「冷」字。假如求籤者的年紀也老大不小了，尚未結婚，但都找不到對象，又抽到這支籤。這時就有兩種解釋：第一、在冬天的機會比較好；第二、之前看不中意的人，也許以後對你的幫助很大！換句話說，求籤者越是遇到覺得不怎麼樣的人，越要注意，也許那個才是能幫助你的人！為什麼？因「昭君困冷宮」，漢王不知有昭君，但昭君最後卻替漢朝和番，幫了漢王！總之，別一見面就排斥對方，要試著和對方交往，因拒絕對方也等於是拒絕自己；再者，你嫌棄對方，說不定人家也嫌棄你，求籤者應三思。

⊕置產

問買房子，若這是尾籤的話，建議求籤者不要買，為什麼？雖然籤詩中每一句都是好話，但卦頭中的「冷宮」顯示這間房子一定較陰森；而較陰森的房子，通常不鼓勵買，基本上這間房子不以吉論。

若此籤為首籤，也不鼓勵求籤者購買嗎？倒也未必，還要看尾籤；若尾籤是好籤，那就要再問買這間房子是不是要做生意？原則上這支籤不好也不壞，只是比較陰森而已；若求到的尾籤不錯，因房子較陰森，牆壁可以採暖色系，以補「冷」的不足。此外，轉角處的燈則要用較喜氣的顏色，但別全都用粉紅色的，那樣看起來也不自然。

若首籤抽到這支籤，而神明沒有再出尾籤的話，則由首籤決定一切。那建議再看看其他房子，也許會找到更好的。

⊕健康

老者問健康的話，冬天的狀況會比較好。雖然是「困冷宮」但有「漢王叫合」。老人家雖然生病住院了，若是冬天的話，就比較沒關係。譬如：七十多歲的長者，患重感冒住院；這時就該想成，重感冒又不是禽流感，冬天時老人家的氣管本來就容易出狀況，生命上應無立即的危險。又籤詩提示「雲開月出見分明」，假如今天是農曆十一月二十三日，那要等到農曆正月初四、初五情況才會比較明朗，這一個半月內要稍微注意一下，因神明指示了「見分明」，「見分明」就是知輸贏。老者重感冒，本就不太可能馬上好，縱使馬上好也要將身體調養好才行。

問開刀，要看看是什麼樣的手術。假如肝有問題，那就要看病多久了；若才開始發病，那最快便在過完年的正月十五，若能順順地過，就會較平順了；若要再穩定些，就要等到明年八月十五。

為何如此？因為解籤時會有時間上的彈性。肝有問題的話，頂多拖個半年，若半年捱得過去，就比較沒關係了。想要長保健康的話，要將熬夜、喝酒等壞習慣改掉。

問開刀還有一種狀況，有些人很迷信，無論大小手術，一定要問神明。以這支乙丑籤為例，若求籤者是年輕人或中年人，膽結石要開刀，雖然現在開膽結石是輕而易舉的事，但解籤者不是醫生，不能判斷病情；不過這支籤提示了「不會馬上好」；所以原則上開刀可以，但一定要配合醫生。

⊕功名

問考試的話，因卦頭為〈昭君困冷宮遇漢王叫合〉；所以，冬天機會比較好。至於會不會中呢？中的機會很大。但只有冬天才會中嗎？以籤詩提示「雲開月出見分明」來說，若是在平時，「見分明」的意思並不代表一定會中，只是輸贏揭曉而已。而籤詩第三句「皆由天註定」，代表結果就要看求籤者的運氣了！若求籤者想考上的話，因神明交代「和合清吉萬事成」，所以心情要放輕鬆，這個「清吉」是提醒求籤者別給自己太大的壓力，以平常心去應試的話，機會是很好的，搞不好就會考上了！

⊕訴訟

問訴訟，和氣才能生財，籤詩末句提示「和合清吉萬事成」，但要怎樣才能得「清吉」呢？那就是要以和為貴，所以別再爭鬥了。

⊕家運

問家運，在此不可解成冬天會較好，而是要解成求籤者家庭氣氛冰冷。求籤者的家人應多努力、多付出，對家庭有認同感，別排斥家人，無論做什麼事，大家都要和和氣氣，遇事要冷靜處理；因神明提示「困冷宮」，這個「困冷宮」是提醒求籤者做任何事都要冷靜處理，這樣才能合！既然是一家人，就別大呼小叫，好好溝通，如此才能「和合清吉萬事成」。

第八籤——乙卯

第八籤		
乙卯	禾稻看看結成完 此事必定兩相全 回到家中寬心坐 妻兒鼓腹樂團圓	諸葛亮隴西割麥

解曰	
婚姻大吉	求財在家好
外出不可	功名後科
官事調和	耕作有收
行舟少吉	討海無利
乞子大吉	病者不安
建居大吉	
六甲先男後女	

卦頭：諸葛亮隴西割麥

卦頭出處：《三國演義》

卦頭故事：

諸葛亮率兵北伐，攻打曹魏時，後方李嚴的糧草，遲遲未到，使得缺糧草成了他的困擾。他心想，兩軍對峙，卻無糧草，對方又是司馬懿，這樣下去不是辦法，加上遠水救不了近火，於是他決定攻下鹵城，再割麥解決糧草的問題。不過另一方面，司馬懿也算準了會這樣想，早就嚴陣以待。而諸葛亮便讓姜維等三人，喬裝成他率兵前進的模樣，他自己另派士兵三萬人等候聽令割麥；趁著雨天視線不佳，諸葛亮事先安排自己的分身，從四面進攻；魏軍分不清蜀軍的虛實，士氣大受影響，而蜀軍則趁魏軍自亂陣腳之際，把隴西的麥子割完，且運回鹵城打曬。

籤詩分析：

卦頭：是首好籤，但非秋天籤。卦頭為〈諸葛亮隴西割麥〉，代表已經可以收成，且如諸葛亮割麥的任務那樣會成功；此外，亦提示做事要動腦筋；而問功名、開刀都好。

詩文：關鍵字、詞為「禾稻看看結成完」、「回到家中寬心坐」、「妻兒鼓腹樂團圓」。「禾稻看看結成完」，代表時機成熟，但對於老人家問健康則不以吉論。

籤詩籤解：

⊕運途

問運途，應該不錯，但不能離家。因神明交代「回到家中寬心坐」、「妻兒鼓腹樂團圓」。如有時非外出工作不可，就要和家人商量一下，這個「團圓」，不是說大家一定要聚在一起，而是說凡事要商量、打圓、撮合，能如此事情才能圓滿。

⊕事業

問事業，因卦頭為〈諸葛亮隴西割麥〉，卦象顯示在事業上可能有競爭對手。若去應徵工作，正在等候通知，又抽到這支籤，會被錄取，因籤詩提示「禾稻看看結成完」，這個「結成完」代表已經可以收割了；而籤詩又說「兩相全」，錄取的機率當然很大，可說是百分之百了。

⊕感情

若尚未結婚，抽到這支籤，從卦頭的「隴西割麥」來看，原則上是好的；但是剛開始時，會有一些困難，因對方不容易追。而從卦象顯示感情上有競爭對手；而腦筋好，較能變通者，勝算機會大。因此，求籤者若遇到心儀的對象，對方又不好追的時候，就要想一些法子，用較迂迴的方式追求，因這支籤就是這樣。卦頭故事中，在兩軍對峙時，諸葛亮並沒有當面和司馬懿起衝突，而是用迂迴戰術才把麥子割回來。所以，抽到此籤是提示感情要動腦筋，雖然這是一支好籤，但你喜歡，說不定別人也喜歡，彼此競爭，當然會動腦筋的贏面大，但不可以用不正當的手段贏，不擇手段是失德的，籤詩只是提醒求籤者要動腦筋，而不是「動歪腦筋」。

問婚姻，這支籤原則上是支好籤，但因有事才會來求籤，若問家運，而夫妻間又有事的話，神明會出壞籤才對，怎會是出好籤呢？這時便要將重點放在「隴西割麥」這句話；

剛說過了，諸葛亮和司馬懿對峙時，誰也不讓誰，而求籤者可視為「諸葛亮」；這就是神明在提醒求籤者，做任何事前，要互相溝通，別各執己見，大家各退一步，和和氣氣不就得了，實在沒什麼過不去的事，所以，要心平氣和，互相溝通，求得圓滿，這樣才能「回到家中寬心坐」、「妻兒鼓腹樂團圓」；籤詩已經說得那麼清楚了，若再執意如此，那就是人為因素與運勢無關，請好好思考。

若問姻緣呢？要先問求籤者有無對象？若有對象的話，那這個對象可以考慮；若沒有對象的話，那往「北方」較有機會，從卦頭得知，方位上屬東北方或北方。卦頭故事中，諸葛亮在蜀國，蜀為四川，要去漢中便是要往北邊去，諸葛亮六出稽山，雖未成功，但就這支籤而言，諸葛亮最後是成功，因他割到了麥子。所以，若問姻緣的方位，建議往北邊去。

⊕ 置產

問買房子，而此籤為尾籤，一定是好的，因籤詩提示「回到家中寬心坐」、「妻兒鼓腹樂團圓」，一定很好，不需再考慮了，買吧！

⊕ 健康

若老者抽到此籤問健康，不太好，因卦頭為〈諸葛亮隴西割麥〉。此外，籤詩提示「禾稻看看結成完」，這裡可以解成差不多了，時間到了，為什麼？因「結成完」了，可以收割回去了。年紀大了，就多注意一點，若住院的話，就請醫生、護士多幫忙照顧。至於一般年輕人、中年人問健康的話，較沒關係。若問開刀，年輕人較沒關係，因「割」代表要動刀，而卦頭指示「割麥」會成功。

⊕ 功名

會中，因「割麥」成功了，且此籤無時令上的問題。

⊕ 訴訟

若真的要訴訟的話，會贏，會勝訴，因卦頭的「割」字，且卦頭提示割麥成功，而籤詩又說「回到家中寬心坐」、「妻兒鼓腹樂團圓」，想想訴訟後若能「寬心坐」、「樂團圓」的話，那一定是贏的；否則，就要操心淚流了。

⊕ 家運

問家運純為人為因素，與運勢無關。家中有問題，神明還出好籤給你，代表家庭不和的原因，應是人為因素，而非運勢。因為運是要等的，運和氣數都是慢慢生成，慢慢往前推的，但若是人為因素的話，則隨時可以改善。

第九籤——乙巳

第九籤	
乙巳	龍虎相隨在深山 君爾何須背後看 不知此去相愛悞 他日與我卻無干
宋太祖遇歐延讚	
解曰	
六甲子息虛 婚姻不吉　求財得失 功名有望　生理不吉 耕作半收　行舟不好 行人未到 官事破財得失 移居不吉 病者要問神平安 乞男兒不吉	

卦頭：宋太祖遇歐延讚

卦頭出處：《楊家將演義》

卦頭故事：

宋太祖攻打北漢，希望收服燕雲十六州，但北漢強大，不好收服，結果太祖兵敗，在回程途中遇到了楊令公、歐延讚（應為呼延贊）等人，問題是太祖因先前的兵敗，已無力與之對抗，於是歐延讚趁機向太祖提出要求，要借糧草，宋太祖雖知這是有借無還，但為了減少損失，也只好咬緊牙根借了，不過在回來後，太祖告訴其弟（即後來的宋太宗）要設法收服楊令公、歐延讚的勢力。雖然兩人之後被收服，但那時太祖已不在人世了。

籤詩分析：

卦頭：這支籤表示有節外生枝的狀況；求籤者可視為宋太祖。從卦頭故事可知宋太祖遇歐延讚，註定要吃虧，因其的目的是攻打北漢而非歐延讚；卻偏偏在歷經一場敗仗後，遇上了這位山賊王，當然只能自認倒楣，寧可花錢消災，只求別再受傷就好。這支籤對求籤者很不利，若求籤者求得此籤，做事前要先衡量，明知會賠，也要想辦法將損失減到最低。這支籤也提示，有些事情是多餘的，不需要去做。

詩文：關鍵字、詞為「龍虎相隨在深山」、「君爾何須背後看」。「龍虎」有時間上的指示；而「君爾何須背後看」是提醒求籤者，往事不必再提，要向前看。

籤詩籤解：

⊕運途

問運途，吃一點小虧沒關係，因為卦頭為〈宋太祖遇歐延讚〉，宋太祖攻打北漢已先吃了敗仗，卻屋漏偏逢連夜雨，又遇上歐延讚，哪有氣力再戰，只好自認倒楣，花錢消災，只求把傷害減到最低。所以，抽到這支籤也不必鬱悶，若吃一點小虧就能換來平安，不也很值得嗎！

⊕ 事業

問事業，抽到這支籤，不可進行。若是目前已在進行的事業，那就繼續維持，但不要再做其他的事。

⊕ 感情

假如才剛認識，並未深入交往，又抽到這支籤，最好先別投注感情，要多觀察。問姻緣，不好，沒什麼姻緣，因是多出來的意外，沒什麼作用。

若問婚姻，表示求籤者的婚姻狀況一定有問題，但也只能順其自然，多忍耐了。從卦頭為〈宋太祖遇歐延讚〉來看，宋太祖代表求籤者，卦象顯示求籤者是付出較多的那一方。

⊕ 置產

若這支籤為尾籤，而求籤者的經濟許可的話，是可以考慮；但要注意可能會先損失一些產業或賠一些錢；因卦頭已提示，宋太祖是在無奈的情況下被歐延讚占便宜的，但一般人聽到這樣的話，可能就不會買了，因要賠到何時不得而知。而籤詩又指示「龍虎相隨在深山」，「龍虎」二字有時間上的指示；假設今年是豬年，籤詩說「龍虎相隨在深山」，而買這房子的目的又是想賺一些錢，可能就要想想，若買下去的話應該會先賠一段時間，求籤者要先評估大環境對房地產是否有利；若以年來解釋，假設今年是豬年，算一算，從豬年到龍年，會有五、六年的時間，這樣應該划不來！單單賠利息錢就賠不完。所以，要買的話，要先衡量自己的經濟狀況。

⊕健康

若老者問健康且臨急的話，就要以日來看。所謂日就是指日曆上的小字，例如：今天是乙亥日，那就要看乙（天干）亥（地支）日中的地支「亥」。

有時求籤者會想試試看其他藥物，看看能不能救起來；因籤詩有指示龍虎日，所以要替求籤者看日子。若今天是農曆十八，小字是壬子日，那就以壬子日中的地支「子」開始，到籤詩中提示「龍虎」（「龍」代表「辰」，「虎」代表「寅」）為止，約為五日；請求籤者在這五日內多注意，儘量試試看！但務必要跟醫生配合。

若問開刀，不理想，不能開。因籤詩提示「君爾何須背後看」、「不知此去相愛悞」、「他日與我卻無干」；這個「相愛悞」是指所問的事，而「他日與我卻無干」意思是說這件事若有差錯、失誤的話，別怪我沒告訴你；所以，求籤者問開刀這件事本身就是多餘的；這支籤的意思總括一句話便是：不必要做的事就別做了，否則只是徒增辛勞，白忙一場。

⊕ 功名

問功名，不會中。從哪一句看呢？籤詩說「龍虎相隨在深山」，「龍虎」在此當作日來解作用不大。不過若是考完試才問，意思又不一樣了，要注意是何時考的？若求籤者剛好是在龍虎日考的話，或許有機會；此話怎講呢？也許求籤者會覺得奇怪，怎麼一下說好，一下又說不好？以卦頭故事來分析，因宋太祖與歐延讚確實會相遇；而籤詩亦指示「龍虎相隨在深山」，若真的是龍日或虎日去考，那反而考得上；但之後可能不會想去念。為什麼？從卦象觀之，因宋太祖遇歐延讚本來就吃虧，歐延讚是武將，可視為籤詩中的「虎」，而宋太祖那時已當皇帝，可視為籤詩中的「龍」，這可延伸解釋成求籤者和那所學校的關係，雖會相遇，不過多半會覺得不甚理想，不太想去，。

⊕ 訴訟

問訴訟，不好，因籤詩第二句提示「君爾何須背後看」，求籤者就是不甘心以前所吃的虧才會和對方互告，但這支籤指示，告到最後也沒用，因卦頭的宋太祖與歐延讚最後是沒有結局的，等到有結果時，宋太祖已經過世了。所以建議還是和解吧！因為告到最後對事情並沒有幫助，何必呢！

⊕ 家運

若問家運，做任何事，大家要心平氣和，別做無謂的爭吵，有事好好溝通，凡事以和為貴。因卦頭為〈宋太祖遇歐延讚〉，便是指示求籤者要以和為貴。既然問家運，大家又是一家人，一定知道問題在哪兒，不如就好好溝通，別各執己見；此外，籤詩又指示「君爾何須背後看」，是告訴求籤者往事不必再提起，如此家庭氣氛才會有所改善。

第十籤——乙未

第十籤		
乙未	花開結子一半枯 可惜今年爾虛度 漸漸日落西山去 勸君不用向前途	李干戈往武當山求嗣
解曰		
六甲子息難求 婚姻不吉 求財無利 功名無望　官事莫向前 生理不吉　討海無利 耕作半收　行人緩到 行舟不吉　建居不居 乞子不吉　失物難找 病者老人大凶少者拖尾		

卦頭：李干戈往武當山求嗣

卦頭出處：尚未查到，借用另一卦頭〈岳飛掠秦檜〉

卦頭故事：

南宋高宗登帝位，北方金人兵分三路南下，想奪取中原；高宗從揚州撤退到浙江永春；正當國勢岌岌可危之際，岳飛統帥大軍，大敗金兵進軍朱仙鎮欲收復山河，此時軍心大振，岳飛正想渡過黃河直搗黃龍（遼北吉林），不料竟被秦檜連下十二道假金牌召回，並扣上「莫須有」的罪名，將岳飛父子囚禁大牢，後屈死於風波亭。傳說岳飛死後，化為冤魂，一日，秦檜遊西湖，忽見岳飛顯靈，驚嚇過度而病死。

籤詩分析：

卦頭：此籤是下下籤。卦頭為〈李干戈往武當山求嗣〉，因李干戈膝下無子，所以前往張三豐那裡求子嗣，結果是失望的。例一卦頭〈岳飛掠秦檜〉，以岳飛故事喻徒勞無功，須防小人陷害，「掠」台語音同抓，有索命之意。

詩文：關鍵字詞為「花開結子一半枯」、「日落西山」、「勸君不用向前途」。籤詩首句即說「花開結子一半枯」，事情都還沒開始，就已經「一半枯」了；後面又說「可惜今年爾虛度」、「日落西山」、「勸君不用向前途」，在在都顯示不理想。所以宜守不宜動，凡事要多忍耐，一支籤只有一年運，最好期待來年。

籤詩籤解：

㊉運途

若問運途的話，別要求太多，沒事就好；籤詩提示「花開結子一半枯」，一年才剛開始，就遇到一半枯的狀況，還有戲唱嗎？雖說如此，求籤者也別太沮喪，就老實些，別和他人唱反調、起衝突，把分內的工作做好即可，切記，凡事「守」就對了。投資、合夥等，絕對不可以，只需工作，其他的事都別管，忍耐些，一年很快就過了。

⊕ 事業

問換工作，籤詩提示「漸漸日落西山去」，表示今年無望了。求籤者最好再忍耐一下，就委屈一陣子吧！要換工作的話，明年再說吧！雖然籤詩提示暫且忍耐，但這樣並不代表吃虧，若能遵照神明指示，這支下下籤對求籤者而言，反而是上上籤；反之，若執意要做，就會演變成依下下籤的指示進行了。

⊕ 感情

問感情，抽到這支籤的話，先看是否已婚？若尚未結婚的話，答案是別在一起！因這支籤對求籤者絕對不利，卦頭〈李千戈往武當山求嗣〉，最後結果令人失望，所以若尚未結婚，就趁早分了吧！若已有婚姻，請自己決定！

問姻緣，一看就知道不好，因籤詩中有「一半枯」！代表什麼姻緣都不好。但今年還是多少看一下，也許機會少一些，但並不代表沒有！因「花開結子一半枯」，是到一半才不見了，不代表完全沒有，還有後半段呀！所以仍然是有機會的。

⊕ 置產

問買房子，若這支籤是尾籤，不可以買。若頭、尾籤都是這支籤，也不可以買；因這房子對求籤者而言沒什麼好處，為什麼？除了卦頭〈李干戈往武當山求嗣〉，求無嗣外，籤詩更提示「花開結子一半枯」，表示還沒住就已經「一半枯」了，又顯示「勸君不用向前途」，表示買了根本沒有好處，故不以吉論。

此外，要注意在解業產籤時，指是就求籤者所問的這間房子，並不是指每年購買房子的運不同，若你真的很喜歡這間房子，想說今年不能買，那就明年再買，這是不可以的；切記，買房子求籤，只要抽到「乙未籤」，就放棄吧！別買。

再者，置產有很多種，但大部分是指買房子，當求問能否購買之餘，還要注意：房子內部都看仔細了嗎？有看外面嗎？所謂外面是指這房子有無對到別人的屋角？是不是無尾巷？這些在籤詩裡面很少提示，但還是要留意。

⊕健康

問健康，不好。因籤詩指示「花開結子一半枯」，又說「漸漸日落西山去」、「勸君不用向前途」，而卦頭又是〈李干戈往武當山求嗣〉，李干戈求無嗣，便是代表無望。

⊕功名

問功名，就不用看了！為什麼？都「一半枯」了，還有什麼指望呢。

⊕訴訟

問訴訟，連拿錢打通關節都不必了，因籤詩提示「花開結子一半枯」、「可惜今年爾虛度」、「勸君不用向前途」，已提示什麼都不必做了，為什麼？因為會白忙一場啊！

⊕家運

問家運，有些夫妻才新婚，還在磨合階段，常起爭執；若抽到此籤表示神明在告訴求籤者，做事情要有分寸；籤詩提示「花開結子一半枯」，表示求籤者正在做的事有一半都不對，何以說？因為夫妻雙方都不商量。接著又說「可惜今年爾虛度」，這個「今年」不是說今年什麼事都不能做，而是要針對重點做。譬如：現在拿二十萬元投資，二十萬元對一個小家庭來說，可能不是一筆小數目，且卦頭又是〈李干戈往武當山求嗣〉；若這二十萬拿出去的話，恐怕是有去無回！求籤者可能會不顧另一半的意見，一意孤行，認為這投資一定「妥當（台語）」的；但妥當有兩種解釋：一種是穩死的；一種是穩賺的，而這支籤卻是穩死的，籤詩「勸君不用向前途」，都指示別再投資了，那還堅持什麼？所以投資這件事不能做，結果必定會令你失望。

有時會碰到這種狀況，家人反對求籤者投資，但求籤者卻認為家人是錯的。於是求籤請示神明，求到「乙未籤」。求籤者問事，代表這支籤是針對求籤者本人，而神明提示「花開結子一半枯」，表示求籤者的想法、行為有一半是錯的；因這支籤是壞籤，投資的話保證失敗，意思就是要讓求籤者不敢去做投資的事。若求籤者不投資，對家人來說反而是減少損失；也許求籤者抽到此籤心情不悅，對求籤者而言是抽到壞籤，但若因此減少損失，對其家人而言便是支好籤。

第十一籤——乙酉

第十一籤
乙酉 靈雞漸漸見分明 凡事且看子丑寅 雲開月出照天下 郎君即便見太平 大鵬鳥亂宋朝
解曰
六甲子息缺過繼可也 婚姻不吉　求財少利 功名無望　生理不吉 官事不吉　耕作少收 討海少利 行人子丑寅日到 行舟不吉　乞子不吉 移居不吉 病者子丑寅日過不要

卦頭：大鵬鳥亂宋朝

卦頭出處：《說岳全傳》

卦頭故事：

相傳宋朝紛亂的朝政，肇因於一段因果報應。大鵬金翅明王，在一次如來講法時，起殺心啄死星官女士蝠，因而被貶入塵世遭受苦楚，投胎為岳飛。這女士蝠不甘心，也下界投胎成為秦檜的妻子劉氏。秦檜是黃河裡的鐵背虯王所投胎。經八百多年的苦修，卻被大鵬鳥啄瞎了左眼而前功盡棄。牠憤懣與悲恨，一心想要報復，投胎凡間後，便處心積慮不擇手段陷害岳飛。至於害岳飛屈死風波亭上的萬俟卨則是團魚精所投胎，他見鐵背虯王被大鵬鳥啄瞎了眼睛，辱罵大鵬鳥是妖怪，大鵬鳥怒而將他啄死。雖說秦檜、萬俟卨及秦檜之妻是為報前世仇，但害死岳飛，卻使得北宋朝政大亂，積弱不振。

籤詩分析：

卦頭：卦頭為〈大鵬鳥亂宋朝〉，這個「大鵬鳥」指外來的干擾；而「宋朝」就是求籤者。所以，求籤者要心定，不要自亂陣腳。

詩文：關鍵字、詞為「靈雞漸漸見分明」、「凡是且看子丑寅」、「雲開月出」、「見太平」。這個「靈雞」、「子丑寅」均有時間上的指示；因「雞」為八月，「子丑寅」為十一月、十二月、來年的一月；至於「子丑寅」要作年解、月解或日解，則視問題來決定；至於「雲開月出」則有正月十五、八月十五兩種解法。而「見太平」則有死及心中無罣礙兩種解法。

籤詩籤解：

⊕ **運途**

問運途，若是農曆十二月抽得此籤，要過完年才會比較順，籤詩「凡事且看子丑寅」，「子丑寅」為地支，可代表年、月、日、時；這裡作為月來解，會比較恰當。若以年解，「子」為鼠年，「丑」為牛年，「寅」為虎年，在解籤時，不可能那麼剛好都遇到鼠、牛、虎年；此外，運途在變化時，也不可能一、兩日就改變，所以用月來解比較順。所以這裡是說只要過完年，就能「見太平」了。

⊕事業

問事業，卦頭為〈大鵬鳥亂宋朝〉，照理來講不理想，再看籤詩首句的「靈雞漸漸見分明」，假如說現在是農曆九月，詩文中的「雞」依地支來排是八月，代表現在的九月要注意，但十月時更要小心，暫且別投資，最好再觀察一陣子；若觀察一陣子之後，覺得還不錯，可以再回來覆籤，點香跟神明說：

弟子（或信女）當時因想投資來抽籤，籤詩說最好再觀察一陣子，現已觀察一陣子了。依弟子（或信女）的觀察，是可以投資的，但請神明查看弟子（或信女）的運是好？是壞？是否可以投資？請神明給予指示，好出好籤；壞出壞籤。

經過一段時間的觀察，能不能經營求籤者自己心裡應該有數，最後再請神明裁奪，是因求籤者看不出來運，所以，就請神明幫忙看吧！

⊕感情

問感情，求籤者要多觀察。因籤詩指示「凡事且看子丑寅」，這個「子丑寅」表示一段時間，就是要觀察一陣子。譬如：求籤者是在六月抽的，就可以過完年再看看。從認識到過完年這段時間便是所謂的觀察期，要仔細觀察；再者，卦頭為〈大鵬鳥亂宋朝〉，可解成求籤者對感情存在著不確定感，心頭亂糟糟的，最好先觀察，別急著投入感情。

若已婚又抽到此籤呢？譬如：

解籤者：你要問什麼事？

求籤者：我先生常出去外面，不知在做什麼？

解籤者：你說他在外面亂來，有證據嗎？

求籤者：我是聽人家說的。

解籤者：聽人家說的不準啦！

卦頭為〈大鵬鳥亂宋朝〉，「宋朝」代表求籤者，「大鵬鳥」代表有外來因素擾亂內心，所以道聽塗說不準！要有真憑實據才可，不要沒有證據，就上演一哭二鬧三上吊的戲碼。夫妻間要誠心以對，不妨先觀察一陣子。若是在農曆五、六月抽到此籤，那八、九月或十月再看看，不然就等過完年的這段時間，用半年的時間去觀察。若沒有證據的話，那些聽說可能都只是謠言；若真有，大家再來談談，別讓整個家庭亂糟糟。因卦頭已指示得很明白，〈大鵬鳥亂宋朝〉，代表一定會亂；所以，不可以因一點風聲讓整個家庭變調。

若問姻緣，在何方，只問方位的話，差不多在東北方，籤詩說「靈雞漸漸見分明」，「雞」雖代表西方；不過籤詩又提示「凡事且看子丑寅」，此句較具決定性，因「子丑」在北方，「寅」在東方，合在一起即產生東北方的意思，「雞」在此就沒有作用了，所以，求籤者不妨從東北方去尋找姻緣。

⊕置產

問買房子，若這是尾籤；因籤詩提示「凡事且看子丑寅」，不妨過完年正月、二月再看看。這支籤不管問什麼，大致都可直接用月來解。但這裡並不是指過完年的正月、二月就可以買，若有中意的房子，還是要擲筊問神明，若買到不好的房子，住進去也會有問題。

⊕健康

問健康，若老者抽到此籤，那就要用日來看，不過撐不下去的機率很大，何以說？因籤詩說「見太平」，代表到太平間去了。老者只要抽到籤詩中有出現「祿」、「福」、「太平」字樣，均不以吉論。

年輕人或中年人抽到呢？若不是很重的病，譬如：腳被撞到，問開刀可否？這時當然要開，若不開刀的話，那豈不會痛死；像這樣的狀況連籤都不必看，本就該開刀。若求籤者不是有急迫性，而是要看日開刀呢？若要看日子，也沒關係，但此籤若問開刀的話，會有後遺症，但最後還是會變好；雖然卦頭為〈大鵬鳥亂宋朝〉，但籤詩又說「郎君即便見太平」，「太平」代表沒事。

之所以說開刀會有後遺症，是因為「靈雞漸漸見分明」，後一句為「凡事且看子丑寅」，代表可能會有一個時段較不理想。不過開完刀總須經過一段調養期，所以年輕人比較沒關係。至於老者，剛說過，「見太平」，不吉，就順其自然吧！

⊕ 功名

問功名，較不理想。因為求籤者的心情應該很不穩定，平常雖然老神在在，但一進考場就開始發抖。何以說呢？因卦頭的〈大鵬鳥亂宋朝〉，這個「宋朝」就是指求籤者，若不夠鎮定怎麼考得上呢？所以求籤者要調適自己的心情。但說實在的，這支籤要上榜的機率不大，因為籤詩說「見太平」，表示沒什麼事，意即沒什麼事可以讓你做，所以，要上榜的機率不大。

⊕ 訴訟

若抽到此籤問官司，那要過了年才會知道結果；要誠心誠意溝通，過了年才會好轉。籤詩說「雲開月出照天下」、「郎君即便見太平」，表示沒什麼事。但訴訟是雙方的事，所以雙方要展現溝通的誠意才行。再者，若求籤者問何時才能擺脫官司呢？因神明提示「雲開月出照天下」，代表大概是農曆的正月十五或農曆的八月十五，何以說呢？若求籤者是在農曆一月十八日抽到此籤，那最快是八月十五日；但還要看已出庭幾次？若已兩、三次，就表示沒那麼快有結果。

㊉家運

問家運，籤詩說「靈雞漸漸見分明」、「凡事且看子丑寅」，表示家人間意見太多了，何以說呢？因卦頭為〈大鵬鳥亂宋朝〉，是指外來的因素居多；所以，若要家庭和睦，說話就要三思，要衡量事情是否有說出口的必要。有時不該說的話說出口後，只會徒增困擾。而籤中的「靈雞」，在家運中不是指月令，是指求籤者本身要有判斷力，要能夠判斷事情是否有說出口的必要性？多思考一下，這樣才能平靜，才能「見太平」。

第十二籤——乙亥

第十二籤
乙亥
長江風浪漸漸靜 于今得進可安寧 必有貴人相扶助 凶事脫出見太平
梅良玉與陳春生仝落難得救
解曰
六甲先女後男 婚姻大吉　求財平平 功名後科　耕作平平 生理先無後有好 官事莫向前　行人緩到 行舟少吉　移居大吉 乞子大吉 病者先險後來平安

卦頭：梅良玉與陳春生仝落難得救

卦頭出處：《二度梅》

卦頭故事：

梅良玉和陳春生隨黨進護送陳杏元入關和番，豈知方入關，皇上聖旨隨到，欲將梅良玉、陳春生二人送入地牢。黨進有惻隱之心，送上盤纏要兩人速速逃命。不料，路上遇搶賊，兩人窮苦潦倒。後來到一間古廟休息，又被誤認為小偷，慌亂中，兩人遂往不同的方向逃難。梅良玉被營兵送到官船，後因才思敏捷，獲得廉官相惜，將其留在身邊，處理一些文書工作。陳春生則跳河自盡，得漁婆相救，拾回一命並娶得玉姐。之後，兩人分別當上大官，洗雪不白冤屈，全家慶團圓。

籤詩分析：

卦頭：卦頭為〈梅良玉與陳春生仝落難得救〉，若做生意的話，不要單打獨鬥，有可能會被設計，卦頭的「梅良玉」就是被設計的。因此，一定要有長輩幫忙才行；雖遇麻煩事，最後還是會「得救」。

詩文：須掌握的關鍵字、詞為「必有貴人相扶助」、「凶事脫出見太平」，這個「貴人」涵義很多，可指長輩、有經驗的人等，就看求籤者所問何事。而「凶事」於此不解成不好的事，而是指麻煩；但此處的「見太平」，因有「脫出」之象，老者抽到也不至於有生命危險。

籤詩籤解：

㊉運途

問運途，這支籤原則上是要防小人，但會有貴人相助；因籤詩說「必有貴人相扶持」。而從卦頭故事得知梅良玉是被人設計陷害，然後遇到陳春生相救，而陳春生又向陳東初求助，所以，這個「貴人」是男性且是一位長者。但「乙亥籤」和「丙午籤」的〈潘安中狀元〉不同，因「丙午籤」較沒有貴人，但要注意籤詩中的凶事，不可解成很壞的事，而是指求籤者會惹上麻煩，因求籤者即卦頭中的梅良玉，被人設計陷害，當然就會麻煩上身！

⊕事業

問事業，一定要有人幫忙，若是自己單打獨鬥，一定完蛋，還有可能被人設計。卦頭故事的主人翁就是被人設計才會逃亡，不過籤詩又提示「貴人」，因卦頭故事中的貴人為陳東初，因此，事業上的「貴人」也應為長輩。

⊕感情

問感情，容易被人挑撥離間，至於被人設計，倒是不會。因感情不好，大多是被挑撥離間，和被設計無關。一般而言，被設計大多指錢財損失方面，因別人就是覬覦你的錢財才會設計你，所以，設計和挑撥離間，不能等同而論。

若是婚姻出狀況，抽到此籤呢？籤詩指示要有長輩出來排解；因卦頭為〈梅良玉與陳春生仝落難得救〉，這裡的「貴人」多半為長輩而非年輕人。

至於姻緣，也要請長輩介紹。

⊕**置產**

問買房子，若這支籤是尾籤，就是指示要找個較有經驗的人陪同看房子。若求籤者本身就懂看房子的「眉角（台語）」的話，應不會抽到這支籤。而籤詩指示「必有貴人相扶助」，這個「貴人」在此解成有經驗的人而不是長輩；因長輩也不見得會看房子，所以，這間房子的好壞，要請一位較有經驗的人來看看。

⊕**健康**

問健康，雖然籤詩中有「見太平」，但因有「得救」、「凶事脫出」，所以沒關係。此外，籤詩指示「凶事脫出」；所以「凶事」在此不能說一定是壞事或不好的事，而是解為麻煩。再者，這支籤表示有貴人，若老者問健康，因籤詩指示「長江風浪漸漸靜」、「于今得進可安寧」、「必有貴人相扶助」、「凶事脫出見太平」，且卦頭說「得救」，表示不至於死掉。譬如：老者問結石，現在結石開刀的技術十分進步，像這樣的小手術其實不會有什麼問題，不過最好要去打聽一下，找一個醫術高明、經驗老到的醫生來動手術。不能說只要是老者都完蛋，這樣就會變成解死籤了。

⊕**功名**

問「功名」，會中。因籤詩說「于今得進」，但志願可能不理想，為什麼？因卦頭為〈梅良玉與陳春生仝落難得救〉，有「落難」怎麼會好，且籤詩亦提示「凶事」，代表可能有麻煩的事。

⊕ 訴訟

問訴訟，籤詩指示「必有貴人相扶助」，代表一定要有人幫忙，但不一定是律師；這個「貴人」或可解成有誠心、講義氣的人。

⊕ 家運

問家運，若求籤者與子女間意見不合；籤詩說「必有貴人相扶助」，提示要請「貴人」相助，而這個「貴人」可能是其他的長輩或朋友，因求籤者的子女可能聽得進去其他長輩或朋友的話。

第十三籤——丙子

第十三籤	
丙子	命內正逢羅孛關 用盡心機總未安 作福問神難得過 恰是行舟上高灘
漢李廣父子陣亡	
解曰	
婚姻不吉　功名無望 官事破財　耕作無收 行舟大凶　生理無利 討海不吉 致病少者未日過不畏 老者不吉 六甲先男高貴	

卦頭：漢李廣父子陣亡

卦頭出處：《前漢演義》

卦頭故事：

漢武帝時，派大將軍衛青、霍去病率領騎兵五萬人，突擊匈奴。當時李廣自請效力，但武帝嫌他年老，不願意讓他出征。後來禁不起李廣一再請求，武帝遂命他為前將軍，北征匈奴。私底下武帝則告訴衛青，不要讓年老的李廣當前鋒。於是衛青命令李廣先領兵東行，限期相會。結果李廣延遲到達，理應論罪，李廣氣憤之下自刎。李廣三子李敢，知道父親受冤自殺，出拳擊傷衛青，衛青不以為意，但衛青外甥霍去病打抱不平，就利用李敢陪武帝打獵時，借射野獸為名，一箭將李敢射死。

籤詩分析：

卦頭：卦頭為〈漢李廣父子陣亡〉，有「陣亡」，故不以吉論。

詩文：須掌握的關鍵字、詞為「命內正逢羅孛關」、「總未安」、「福」、「上高灘」，這個「羅孛關」是指一個關卡，而「未」則有時間上的指示，指六月、半年。此外，因有「羅孛關」、「福」、「上高灘」，若老人家問健康求得此籤的話，不以吉論。

籤詩籤解：

⊕ **運 途**

問運途，上半年運勢較不順、較坎坷；但後半年會變得較為順利，狀況會有所改善。因籤詩中說「命內正逢羅孛關」，又說「用盡心機總未安」；前半年的不順，是因為「羅孛關」；而後半年的改善是因為「總未安」；這個「未」字代表六月、一年的中間，表示後半年會有所改善。

⊕事業

問事業，若要長久經營，不宜；不過，短時間或臨時性的倒是可以。譬如：現在正在收成的東西想拿去賣，若抽中此籤的話，可以的，會賺；但若要做長期性的，則不宜。

⊕感情

問感情，憑心而論不好。但若求籤者有誠意跟對方在一起的話，是可以的，不過會有些失落。因卦頭為「父子陣亡」，這個「父子陣亡」可以解成：走到最後，白頭偕老。但原則上若真的抽到此籤，並不鼓勵在一起；籤詩提示「命內正逢羅孛關」，「羅孛關」代表關卡；又說「用盡心機總未安」、「作福問神難得過」，這些都表示這個婚姻和神、福無關；又提示「恰是行舟上高灘」，代表船擱淺了，動不了，這樣的婚姻怎會理想呢？求籤者還是自己決定吧！若問姻緣，不理想，再看看有沒有別的機會，現在別勉強。

⊕置產

曾經有人要買房子抽到此籤，是父親的抽到的。求籤者說：「這樣好呀！我們父子都會死在同一個地方。」求籤者應該是認為，這間房子是他們的，會一代傳一代；但最後卻不是父親先死，而是兒子先死。此籤卦頭為〈漢李廣父子陣亡〉；問買房子，不以吉論。

以這個例子來說，一般而言，應該要順死，意思是說公，父，子，孫的順序才正常；但若是逆死、反服，那就不好了，但因這支籤會順死或逆死都不得而知，故不以吉論。

⊕健康

問健康，要看對象，若中年人或年輕人問健康，籤詩中提示「總未安」，「未」字有時間上的指示，意思是只要過了未時、未日就好。

但老人家就不同了，有兩種狀況：第一，若是六十五歲以上，又住加護病房，不可能過「未」時就會好，這時「未」就該視為未月，並往前後各推一個月，意即在午、未、申這三個月要注意、要小心，請院方多關照一下，若過了這三個月，就是渡過危險期了。第二是指過逝的機率很大，因「上高灘」代表都要抬到上面去了，當然不會好！再者，卦頭又是「陣亡」，有個「亡」字在那兒，怎會好呢？

⊕功名

問功名，會中，但不理想；何以說會中呢？因籤詩中有「上」、「高」，代表能上，不過因為有「羅孛關」，學校可能不甚理想。

⊕訴訟

問訴訟，這支籤不好，因「羅孛關」就已經讓人抓不到方向，那還有必要告來告去嗎？要告到大家一起死嗎？而卦頭又提示「陣亡」，代表大家都吃虧，錢都被律師賺走了。說更直白一些，已經無法善了，只會不斷往上告，本來是地方法院，接著卻變成高等法院，到最後變成最高法院，因籤詩提示「上高灘」，就表示會越告越吃力。

⊕家運

問家運，有時間性，後半年再看情況，為什麼？因籤詩提示「用盡心機總未安」，因「未」為六月，代表是後半年的事了；所以，後半年會比較好。

第十四籤——丙寅

第十四籤		
丙寅	時中漸漸見分明 花開花謝結子成 寬心且看月中桂 郎君即便見太平	王太君雙生貴子
解曰		
六甲先女後男 若先男後女不好 婚姻大吉　求財有利 功名後科　生理有利 耕作有收　行舟秋季好 討海有利　官事不要 乞男兒大吉　致病少者 貴氣老者不吉 移居平平		

卦頭：王太君雙生貴子

卦頭出處：查無典故，借用《三國演義》〈桃園三結義〉

卦頭故事：

東漢靈帝時期，宦官弄權，天下民心大亂，盜賊四起。鉅鹿人張角以治病為藉口，聚集數十萬人，頭裹黃巾，是為黃巾賊。漢室後裔劉備從軍無門，望著告示牌長嘆時，背後突然有人生氣地說：「大丈夫不替國家出力，嘆氣有什麼用。」劉備看了他一眼，只見這個人身材壯碩，形貌異常，一問才知是張飛。當時張飛正準備散盡家財、組織軍隊來對抗黃巾賊，正當他們在酒館共商大計時，遇到殺了地方貪官準備投軍的關羽，三人志同道合，相談甚歡。酒後他們一同來到張飛的莊上，莊後有一座桃園，園中桃花燦爛，三人於園中焚香禮拜，宣誓結為異姓兄弟。

籤詩分析：

卦頭：卦頭為〈王太君雙生貴子〉，另一卦頭為〈桃園三結義〉，從「雙生貴子」和「三結義」都透露出會有抉擇性的問題。

詩文：須掌握的關鍵字、詞為「時中」、「花開花謝結子成」、「月中桂」、「見太平」，這個「時中」可以解成事情過半或年中；而「花開花謝」可解成一年或一季；至於「月中桂」則為時間上的指示，一般解為八月十五；而「見太平」則不利於老人家。

籤詩籤解：

⊕ 運途

問運途，因籤詩中有「寬心且看月中桂」，這個「月中桂」是指求籤者在農曆八月十五過後會比較順。這支籤基本上沒什麼好，也沒什麼不好，就是平順而已。

⊕事業

問事業，要先看經營多久了？若已經營兩、三年，只是現在遇到瓶頸，若求籤者是「時中」抽到此籤，這裡的「時中」解為年中；因神明提示「寬心且看月中桂」，那就要看看房子是租來的還是自己的，若是租來的，收支能打平，就做到明年的八月十五之後再看看。若這段時間真的還持續虧損的話，要立刻停止。

若問換工作，這段時間最好還是繼續做原來的工作；因神明提示「時中漸漸見分明」、「花開花謝結子成」，第三句又說「寬心且看月中桂」，那就做到隔年的八月十五日再來考慮。

⊕感情

問感情，求籤者可能有兩個或兩個以上的對象，難以抉擇。何以說呢？因卦頭為〈王太君雙生貴子〉，這個「雙生貴子」不是說生兩個孩子，而是指難以抉擇。此籤有另一卦頭為〈桃園三結義〉，代表這兩、三個人對求籤者都不錯，導致求籤者難以抉擇。所以求籤者要想清楚，哪個人適合自己，至於結果如何，就由自己決定。

附帶一提，這支籤的感情不要用方位來解，若像這樣有兩、三個對象難以抉擇，千萬別用方位去決定哪一個好；若說西北方比較好，而剛好西北方住了一個花花公子，那不就毀了。所以不可用方位，而要用理智判斷，看看自己重視什麼，然後以此做選擇。

問婚姻，若婚姻出狀況，八月十五後再看看吧！或許過了那時候，就沒事了；因這支籤中並無桃花或不好的現象，若求籤者還覺得有問題，應該是自己多慮了。不過話再說回來，就卦頭的「雙生貴子」，或借用其他卦頭，如〈桃園三結義〉來解，說不定求籤者的另一半有雙妻命也說不定。

至於姻緣，八月十五過後，機會較好。至於方位，因籤詩提示「時中漸漸見分明」、「花開花謝結子成」，代表差不多在**西北方**。何以說呢？因「子」為十一月，且又為北方；「月中桂」指秋天，秋天屬金，在西邊，所以或許西北方的機會較好。

⊕ 置產

問買房子，若此籤是尾籤，因籤詩提示「月中桂」，可能顯示還是預售屋，剛在打地基而已，急什麼呢？買預售屋是有風險的事，可能會發生錢被拐跑，或是交屋後的屋況不如預期；所以神明提示了「月中桂」，暗示等房子蓋到一個段落再來決定。別怕好的物件會被搶走，因為該是你的，就是你的；若不屬於你的，被搶走也沒關係。房子都還沒有蓋，有什麼好緊張的，再去看別間吧！

⊕ 健康

此籤老者問健康，不好。籤只要出現「見太平」或「祿」等，對老者而言都不好。像「見太平」是指太平間；而「祿」則是指上供桌，故不以吉論。

若問開刀，原則上沒事；但搞不好要開兩次，因卦頭的「雙生貴子」有「雙」字。

⊕ 功名

問功名，有中的機會，因卦頭的「雙生貴子」；一般而言，求功名，就是在求富貴，而卦頭有「貴」字，當然有機會！

⊕ 訴訟

問訴訟，最好以和為貴，因籤詩說「郎君即便見太平」。不過若要和解的話，也需要一段時間。而「時中漸漸見分明」，這個「時中」可解為年中，要經過一段時間才會走到「中」，如過是才剛發生的事不太可能馬上好轉。「寬心且看月中桂」，代表已到一年的四分之三處了；而「花開花謝」可代表一年或一季，意思是說事情不是一下子就能夠擺平的。所以，別告啦！去調解委員會調解一下，大家以和為貴，如此才會「結成子」。

⊕ 家運

問家運，基本上應該沒什麼事，因整支籤都沒什麼不好的話。而籤詩提示「時中漸漸見分明」，這個「時中」要解釋成內心，本來就沒什麼事，求籤者卻偏偏亂想。所以神明才出這支籤暗示沒事，若求籤者覺得有事，那就是求籤者本身想太多，想偏了。

第十五籤——丙辰

第十五籤
丙辰
八十原來是太公 看看晚景遇文王 月下緊事休相問 勸君且守待運通
梁灝公孫中狀元
解曰
六甲子息晚未有 婚姻少吉　求財少利 生理平平　功名後科 官事貴人暗　耕作平平 行舟不吉　討海少利 行人緩到　乞男兒少吉 致病少者無慮老者拖尾

卦頭：梁灝公孫中狀元

卦頭出處：明雜劇

卦頭故事：

梁灝字太素。山東人氏。雍熙年間。十八歲考得進士。繼續投考未遂。他從天福三年開始參加考試，經歷後漢、後周，年年都考，但年年都不中。他發誓，不中狀元，誓不甘心。然意志堅定的梁灝，屢敗屢戰，終於在宋真宗雍熙二年，八十二歲的梁灝與其孫一起應試，兩人狀元及第，獲得功名。

籤詩分析：

卦頭：這是慢運籤，卦頭為〈梁灝公孫中狀元〉。宋朝的梁灝，七老八十才和孫子一起進京趕考，兩人均高中。抽到這支籤基本上不會有什麼麻煩，不過就是平順而已。

詩文：須掌握的關鍵字、詞為「八十原來是太公」、「看看晚景遇文王」、「緊事休相問」、「勸君且守待運通」，「太公」就是姜太公。從前兩句詩句已知需要等待了；而「緊事休相問」則是說急事要緩處理；「且守待運通」，是指目前時機未到，要耐心等待。

籤詩籤解：

㊉ **運途**

問運途，整體而言，普通。因為從籤詩詩文「八十元來是太公」、「晚景遇文王」可知這是要等待的籤；所以求籤者凡事要有耐心，能過就好，因時機未到，要再更好，不太可能。

⊕事業

問事業，不會發，要等一陣子，因籤詩中的姜太公代表求籤者，雖然說姜太公是八十歲發跡；但若是一般人到七、八十歲才能發跡的話，還有什麼戲唱呢？

若問換工作，也不要換，因換工作也沒用。若求籤者找到新工作，不妨就新公司與舊公司各抽一支籤，然後兩支籤做比較。假如求籤者想從現在工作的舊公司，跳槽到新公司的話，切記！不可用一支籤來判斷要留在舊公司或新公司。一定要看此籤是要問舊公司還是新公司，若舊公司是這首「丙辰籤」的話，代表沒什麼好運；若這支籤是新公司的話，剛開始會不錯，但後來會不好，因籤詩指示「晚景遇文王」、「勸君且守待運通」，這支籤雖不會惹事情，但也不會受重用，因目前「運」未到。

⊕感情

問感情，若還未婚，感情要慢慢培養，急不得，急的話對求籤者不利。求籤者要慢慢觀察，尤其女性更要潔身自愛，不可隨便。若已結婚又抽到此籤，那求籤者夫妻雙方要好好培養感情，不要各走各的，因為這支籤是慢運籤，因慢運，代表需要時間互相培養感情。

若問姻緣，會很遲。問該往哪個方位找？因籤詩提示「看看晚景遇文王」，因文王當時在西岐城，若以當時的中原來看，該地屬西方，也就是以後的秦國；所以求籤者往西方去找的話，也許機會比較好，但不代表一定有。

⊕ **置產**

問買房子，此籤為尾籤，如果只是要自住，勉強可說普通，沒什麼特殊。若想要做生意，不會賺錢，因籤詩指示「晚景遇文王」；此外，又指示「勸君且守待運通」，目前運未到，那能做什麼生意呢？這間房子並不是發財厝，不是會發跡的房子；若只單純自住倒是可以，因房子沒有凶相，不好也不壞，普通而已，若要做生意，則要另外找房子。

⊕ **健康**

問開刀，絕對不可以，即使是年輕人也不可以。因籤詩說「緊事休相問」，代表急事要緩辦，建議求籤者再觀察，多找些有名的大醫院，仔細檢查後，再做決定。

⊕ **功名**

這是一首慢運籤，若問功名，有，但是慢；第一次考的話，沒指望，要多努力幾次。

⊕ **訴訟**

問訴訟，會「拖尾（台語）」，那就慢慢來吧！因籤詩說「月下緊事休相問」，若是會拖尾的事，那就別做，因錢都被律師賺走了。

⊕ **家運**

問家運，能過就好。若求籤者說：「可是都賺不到錢呢……。」這是當然的，因為目前不是你賺錢的運！籤詩提示「八十原來是太公」，又說「勸君且守待運通」；代表神明要你「守」，且這支籤本身就是慢運籤，求籤者急不來的。若求籤者說：以前不錯，但現在怎會這樣？那是因每年的運不同，不可能年年都好；運好的時候，要節儉，以備不時之需；現在只要身體平安健康就好。

○○○○第十六籤──丙午○○

第十六籤		
丙午	不須作福不須求 用盡心機總未休 陽世不知陰世事 官法如爐不自由	潘安中狀元

解曰
六甲子息虛 婚姻不吉　求財不吉 功名不吉　生理無利 耕作半收　討海不吉 官事破財不吉 乞男兒不好 病者拖尾要問神 行舟不好

卦頭：潘安中狀元

卦頭出處：查無典故，借用《隋唐演義》〈李世民初遊地府〉

卦頭故事：

貞觀十三年秋，太宗病危，太醫束手無策。昏沉中，太宗的魂魄來到地府，遇崔珏恭迎聖駕。崔珏引導李世民來到森羅殿，秦廣王對李世民說：「涇河龍王告你不仁不義，既然答應了救他，不救也罷，怎還幫魏徵搧涼呢？」李世民答辯說：「睡夢中確實答應要救他，事後也如他所託，召魏徵在午時前來宮裡下棋，棋局還沒結束，魏徵已打鼾睡著了。見他滿頭大汗，怎知他正在追殺龍王？我為他搧涼也是出於好意，讓他睡過午時，龍王就能逃過劫難。而涇河龍王管降雨，原本是城外七分、城內三分，誰叫他和袁守誠鬥氣，矯造玉帝旨意，淹死了不少百姓，生死簿上早已註明該死於魏徵之手」。秦廣王要崔珏查李世民的陽壽，崔珏打開生死簿大吃一驚，簿上註明「貞觀一三年」，崔珏因受魏徵所託，只得偷偷加上一筆變成「貞觀二三年」。李世民告別秦廣王後路過枉死城，借用一對編草鞋老夫婦所寄存的庫錢，發給枉死城內的孤魂野鬼，並答應回陽世後將舉辦水陸法會為他們超渡。李世民這趟地府之旅，積了不少陰德，也讓他多享受了十年的帝王生活。

籤詩分析：

卦頭：卦頭為〈潘安中狀元〉，代表可能會被設計。這個潘安就是仗勢，得意忘形以致遭禍患。所以，求籤者不可得意忘形，要戒慎小心。

詩文：關鍵字詞為「陽世不知陰世事」、「官法如爐不自由」。這個「陽世」是指眼前看得見的；而「陰世」則指看不見的部分，提示求籤者要小心謹慎，知人知面不知心！末句的「官法如爐不自由」，則暗示可能有官司。

籤詩籤解：

⊕運途

問運途，要防小人。從卦頭〈潘安中狀元〉得知，求籤者很可能會被人設計；因故事主人翁潘安便是遭人設計陷害。此外，籤詩提示「陽世不知陰世事」，而這「陰世」並非指「地獄」；而是指你不知道的事，所以求籤者問運途的話，要提防小人。

⊕事業

問事業，工作上不要輕易允諾別人。由卦頭〈潘安中狀元〉可知，要注意別得意忘形；此外，更要謹慎小心，因這支籤會被人設計，所以，像投資、簽文件等，都不可以。若是已經進行的，剛開始的時候會有一段時間不錯，但到後來可能會被設計，像是無緣無故、魯莽地做出承諾，結果可能是別人挖洞讓你跳，而你不知。為什麼？因籤詩提示「陽世不知陰世事」，整句籤詩意指別人來暗的，而你卻不知道；且這支籤詩有官司，因籤詩又說「官法如爐不自由」，所以求籤者要步步為營，小心謹慎。

問換工作，剛開始還不錯，但後來會每況愈下，因卦頭為〈潘安中狀元〉，潘安就是仗勢，得意忘形而招致災禍；意即有可能會和別人起衝突，因這支籤有仗勢致誤的涵義。

⊕感情

問感情，不好。籤詩提示「陽世不知陰世事」，結交的對象可能是心口不一的人。這支籤就感情而言，不是被設計，而是求籤者陷入愛情迷魂陣中，看不見對方的缺點。神明借由籤詩的指示，提醒求籤者要敬鬼神而遠之，快刀斬亂麻，別再交往了，因對方實在太會掩飾。所以，若抽到此籤，最好就別再和對方往來。

若夫妻間出問題，又抽到此籤呢？第一，代表夫妻間沒有誠心相對待，何以說呢？因籤詩提示「陽世不知陰世事」，指兩人有事都不說。第二，先生又沒有出去亂來，可是夫妻感情就是不好；有可能是身體有問題或有一些隱藏的疾病；建議求籤者去看醫生。

⊕置產

問買房子，若這支籤是尾籤，不理想。因卦頭為〈潘安中狀元〉。這支籤不只不好，還可能會惹上官司，譬如：對方的父親要賣，但兒子不賣；或說父母要賣，但兄弟間未達成協議，最後可能會演變成互告對方，因這支籤是有官司的籤，建議求籤者這間房子連問都不要問；若買下去的話，以後可能會官司纏身。

⊕健康

問健康，求籤者的腹腔內可能有問題，何以說呢？籤詩提示「陽世不知陰世事」。這個「陽世」，是看得見的；而這個「陰世」，則解為腹腔內。請一定要去醫院做檢查。

⊕功名

問功名，有。卦頭為〈潘安中狀元〉，若問功名，原則上是有的。但這個功名可能會因考取而惹來一些麻煩。雖然潘安中了狀元，卻因仗勢而遭禍患；因此，求籤者自己要戒慎小心。

⊕ 訴訟

問訴訟的話，不好，會被人設計，因訴訟就是如此，一定是雙方互告，求籤者又不知道對方內情，說不定對方後台比較硬，你拼命提告，到最後吃虧的一定是自己。因籤詩指示說「陽世不知陰世事」，又提示「官法如爐不自由」，若能不告的話就別告了，再告下去不一定會贏；雖然卦頭說「中狀元」，但這個「狀元」卻不是好狀元。

這支籤還有另一個卦頭為〈李世民初遊地府〉，李世民何以要遊地府呢？因他無緣無故答應龍王要替他解圍，但誰知魏徵靈魂出竅斬了龍王，害尉遲恭和秦叔寶做萬世的門神。所以，這中間有被設計的成分在裡面。但設計也不見得是被人家設計，有時是因自己莫名奇妙答應別人事情，卻不知這一答應下來，後果嚴重。是自己挖洞自己跳，沒深思熟慮，就惹事了。因此求籤者，若問訴訟的話，還是以和為貴吧！

⊕ 家運

籤詩明指「陽世不知陰世事」，就是指家人心裡隱藏了心事不講，別人家是講講就化解了；但你們家卻不是，彼此都放在心裡。所以，建議求籤者要開誠布公，把心裡的事說出來。

第十七籤——丙申

第十七籤	
丙申	舊恨重重未改為 家中禍患不臨身 須當緊防宜作福 龍蛇交會得和合 龐涓死在馬陵道
解曰	
婚姻少吉　求財不吉 功名望後科　耕作半收 討海不吉　行人未到 行舟不吉　官事不吉 移居不吉　乞男兒少吉 生理少利 病者辰巳日過不畏 六甲先男後女	

卦頭：龐涓死在馬陵道

卦頭出處：《史記．孫子吳起列傳》

卦頭故事：

龐涓害怕孫臏會被魏惠王重用，危及自己的地位；因此設計陷害孫臏。先是讓他歸齊不成，再挑撥魏惠王，以為他有二心，讓魏惠王中計，砍斷孫臏的雙腳；後來孫臏識破龐涓的計謀，於是裝瘋使龐涓疏於防備，逃回齊國，受到齊王賞識，擔任軍師。不久後，魏聯趙攻韓，韓向齊求救，孫臏以減灶誘敵之策引誘魏軍，龐涓大喜，以為齊軍膽怯，才三天，已經死了大半，於是率精銳晝夜追趕；孫臏算其腳程，估計龐涓傍晚會到達馬陵，於是在樹上寫著：龐涓死於此樹之下，並於道路兩側埋伏弓箭手，並指示射手若見火光立即射箭。龐涓夜裡行經馬陵道，看見樹上好像有字，於是拿出火把想看清樹上的字，只見萬箭齊發，魏軍大亂，龐涓自知智窮兵敗，最後自刎而亡。

籤詩分析：

卦頭：卦頭〈龐涓死在馬陵道〉，暗示求籤者不可心高氣傲，做什麼事都要謹慎小心，不可衝動，凡事要以守為上策。此籤亦不利購屋，買房子抽到此籤，最好別買。

詩文：須掌握的關鍵字詞為「未改為」、「須當緊防宜作福」、「龍蛇交會得和合」。「未」指六月，「龍蛇」指的是三、四月，皆為時間上的指示。而「須當緊防宜作福」是提示要緊的事須優先處理。

籤詩籤解：

⊕ **運途**

問運途，明年的三、四月再看看。從卦頭〈龐涓死在馬陵道〉來看，代表求籤者會走險棋，所以神明提示要守。龐涓就是入馬陵道才會死，因他實在太驕傲了，認定自己很行，一切都對，孫臏不是他的對手，然事實卻非如此；結果孫臏贏了，因孫臏的腦筋比龐涓好，而龐涓也沒有孫臏的能力；所以抽到這支籤，暗示求籤者不可心高氣傲，做什麼事都要謹慎小心，不可衝動，凡事要以守為上策。

⊕事業

問事業的話，不好。結合運途一起看，會無緣無故受到某些外來的影響，且是不好的影響。例如：莫名奇妙有人上門找碴，嚴重的話還會受到污衊。不過這支籤有時間上的指示。籤詩說「未改為」，這個「未」字，在此不是很重要；但末句的「龍蛇交會得和合」的「龍蛇」在此就要留意了，是指農曆三、四月。

問換工作，這支籤在新、舊公司都不好，但求籤者現在的舊公司或許農曆的三、四月可能會有變化，因籤詩中「龍蛇交會得和合」，這個「和合」在此不是說一定會變好或怎樣，是指到農曆三、四月時會顯現出來，或許那時便可以告一個段落，因你現在可能沒有離職的條件。若這支籤是在農曆十二月抽到，最好還是先待著，等到拿到年終獎金後再說。

⊕感情

問感情、婚姻，都不好。若已經交往很久或已經結婚，就自己看著辦吧！若剛認識，並未投入感情，這支籤就是不好，卦頭指示〈龐涓死在馬陵道〉，怎麼會好？這段感情最好還是捨棄吧！

問姻緣，如果不論籤詩內容的好壞與否，只是問方位，為東南方。何以說呢？因籤詩提示「龍蛇交會得和合」，「龍」相對應的地支為辰，方位屬東方；而「蛇」相對應的地支為巳，方位屬南方；所以說是東南方較有機會。

⊕置產

問買房子，若此籤為尾籤，不好，不理想，不可以買。因卦頭為〈龐涓死在馬陵道〉，說難聽些，有人要買有「死」的房子嗎？又不是傻瓜。再者龐涓死在馬陵道，該棟房子跟「馬陵道」同義，怎麼能買！單這個「死」字，就夠瞧了，所以，別買了！

⊕健康

老者問健康若抽到此籤，不理想。且籤詩有指示日子，譬如：今天是戊午日，籤詩中說「龍蛇交會得和合」，求籤者抽籤時已過龍蛇（辰巳），那就要問之前的一、兩日有沒有什麼變化？若還算穩定，但仍住在加護病房，就要把日期說遠一些；像是這幾十天內注意一些，因龍蛇已過，這時便要算龍蛇的正沖（即對沖）。而辰巳的對沖為戌亥，代表這個禮拜要小心一些。這個禮拜過了之後呢？再看下個禮拜，約半個月的時間，因從「龍」到「龍」，剛好一輪十三天，估計差不多是兩個禮拜要小心。

再者，此籤的重點為「舊恨重重未改為」，從抽籤日到「未」，辰、巳、午、未，剛好有個連珠（順序連續），若老者的身體昨天、前天都沒事，且住院也十多天了；抽到此籤，又剛好連珠，轉了一輪，代表問題馬上會有個答案，且不太好；只能請醫生儘量幫忙一下。

問開刀，若不是很嚴重的話，開刀沒關係。若是動大手術，求籤者是年輕人，可以在辰巳日看看，因籤詩指示「龍蛇交會得和合」，雖然這支籤不好，但這裡有個「和合」，問開刀的話，有時是可以開的，且成功率也很大。而籤詩又說「舊恨重重未改為」、「家中禍患不臨身」、「須當緊防宜作福」；這裡指「緊防」，就是要緊的事要趕快去防備，求籤者開刀有急迫性嗎？若有，那就趕快進行；總之，要緊的事先去做就對了。

⊕ 功名

問功名，難中。整支籤的內容不好的居多，像「舊恨重重未改為」、「家中禍患不臨身」，且卦頭又是〈龐涓死在馬陵道〉。說白一點，就是死在半途中，功名要到目的地才算成功，半途就死，怎會有功名！再者，龐涓和孫臏打仗，龐涓戰敗死在半途中，連功都沒有，還談什麼名呢！

⊕ 訴訟

問訴訟，能講和就講和，訴訟能免則免，因這是一支死籤，若要訴訟的話，怎麼會好？一定是一敗塗地。而既知不利於訴訟，倒不如大家和解，或找調解委員會調解，心平氣和好好說，因籤詩也提示「龍蛇交會得和合」，這個「龍蛇」於此解為兩造雙方，也可指事情；若要「得和合」的話，雙方就好好講，各退一步，求得圓滿。

⊕家運

問家運，抽到這支籤一定不理想。求籤者在做任何事情之前，都要先考慮一下；想想卦頭的龐涓何以死在馬陵道？便是因為太大意了，欠思考！他認為：孫臏的兵力不及他，自己一定贏。但這不過是龐涓一廂情願的想法，孫臏早已擺好陣仗等他入局，只是他沒想到而已。總之，若做事衝動，對家庭將有不利的影響。所以求籤者一定要三思而後行，大家各退一步，家和萬事興，否則就會變成家逞萬事窮了！

第十八籤——丙戌

第十八籤

丙戌

若問中間此言因
看看祿馬拱前程
求得貴人多得利
和合自有兩分明

邵良父子遇黃玉娘叫合

解曰

六甲先男後女虛
婚姻大吉　求財有利
功名無望　生理得利
官事要用人　耕作有收
討海好　行人二日到
行舟大吉　乞子大吉
移居大吉
致病少者平安老者不吉

卦頭：邵良父子遇黃玉娘叫合

卦頭出處：查無典故，可借用《隋唐演義》〈秦叔寶救李淵〉

卦頭故事：

楊堅於西元五八一年一統江山建立隋朝。有天楊堅做了一個夢，夢中他登上城樓憑欄遠眺那如畫的江山，正得意洋洋之際，忽然水勢洶湧，房舍盡被淹沒，只見城頭一棵大樹果實纍纍傲然獨立，一會，洪水排山倒海而來，楊堅大叫一聲，驚醒。隔天找人來解夢，認為這是個不祥的預兆，將來危害皇室的人姓李，且名字一定和水有關，生性多疑的楊堅，驀然想起郕公李渾和他的兒子李洪，他們父子的姓、名和夢境太吻合了，李渾就這樣慘遭殺害，導致朝中人人自危。而在太子楊廣府中當衛兵司令的李淵，更是坐立難安，因他壞了楊廣的美夢-活捉傾心已久的張貴妃。後李淵突然接到調任太原郡守的命令，出城即遭追殺，李淵身手雖矯健，但伏兵眾多，已力不從心；正當危急之際，從山崗衝下一匹黃驃寶馬，鞍上壯士魁偉，手揮一雙鐧劍奔馳於賊群之中，轉瞬間，賊盜死的死，逃的逃。

李淵感謝壯士救命之恩，原來這位壯士姓秦名瓊，字叔寶，山東人，喜結交江湖好漢，祖傳的一對流金熟銅劍是他最拿手的兵器，因奉命押解人犯到潞州充軍，恰從山崗經過，遠看一群土匪搶劫，這才單人匹馬殺退群賊，救了李淵。

籤詩分析：

卦頭：卦頭為〈邵良父子遇黃玉娘叫合〉，籤出現「叫合」二字，就是需要有人幫忙的意思。而「黃玉娘」本身是一位貴夫人，所以要有權勢的人幫忙才可。

詩文：須掌握的關鍵字詞為「看看祿馬拱前程」、「祿」、「馬」、「求得貴人多得利」。其中「祿」字不利於老人家。「馬」字則有時間上的指示代表五月。而「貴人」可能是求籤者、解籤者，也可能是有權勢的人或女性長者。

籤詩籤解：

⊕運途

問運途，若有人很誠心想幫忙的話，農曆五月過後不錯。因籤詩提示「祿馬」，「馬」在月柱中代表五月。而「祿馬」本身就帶有「祿」，當然會有錢賺！而「祿馬拱前程」，代表前面要走的路都不錯；此外籤詩也說「求得貴人多得利」，前提就是一定要有「貴人」，才能得「利」。

⊕事業

問事業，要有「貴人」相助才可；因卦頭為〈邵良父子遇黃玉娘叫合〉，只要有「叫合」的籤，代表需要有人幫忙。籤詩又指示「求得貴人多得利」，意思是若沒有「貴人」，還不見得能得「利」。所以，若求籤者問事業，又抽到這支籤，可能在明年的五、六月會比較好。原則上這支籤是好籤，但因籤詩提示「祿馬拱前程」，所以是有時效性。「馬」指農曆五月。因此要到明年五、六月，機會比較好而且也會較順利。

⊕感情

問感情，原則上是好籤，只不過會出一點小差錯或小問題，但這些問題不難解決。而卦頭為〈邵良父子遇黃玉娘叫合〉，籤詩亦說「求得貴人多得利」，提示須有貴人幫忙，且這個貴人最好是女性。總之，此籤問婚姻、感情、姻緣，都需要有人從中幫忙牽線，若沒人幫忙，可能會散掉。

⊕置產

問買房子，主要是買的問題，而非住的問題。因卦頭為〈邵良父子遇黃玉娘叫合〉，若此籤為尾籤，買房子可以，但家人會有意見。因此，求籤者要先和家人溝通好，再求得「貴人」，才能「多得利」。

雖然籤詩指示的「求得貴人多得利」，但不見得每次爭執都有貴人出現。若沒貴人該怎麼辦？卦頭〈邵良父子遇黃玉娘叫合〉，代表邵良父子本身就存在著問題，在尚未遇到貴人前，解籤者可告訴求籤者最好先和家人商量；在這種情況解籤者等於是先成為求籤者的貴人。若求籤者自己能採納籤詩的建議，那求籤者就是自己的貴人了。

⊕健康

老者問健康，不好，因「祿」字。若老者抽到，到農曆五月，可能就差不多了，何以說呢？因籤詩說「祿馬拱前程」，這個「馬」會走前面路（台語），故不以吉論。若年輕人抽到此籤的話，都比較沒關係。

問開刀，籤詩提示「求得貴人多得利」，這個「貴人」在此解為醫生，也就是要和醫生配合。若醫生說可行性很大，成功率很高，就聽醫生的指示。

⊕功名

問功名，農曆的五月較好，因「祿馬拱前程」。但有時年、月、日、時，也要有機會才能碰到。要遇到年一定比較慢，因十二年才輪一次；但要遇到月、日就容易多了。因每年都有五月，每月都有午日，這是最好的時機；但午時就不在此限了，畢竟考試都有一定時間。

以這支籤而言，籤詩「祿馬拱前程」的「馬」指的是農曆五月，所以農曆五月的機會較好。但有時會有特殊狀況，譬如：這個小孩出生時，八字中缺水，但他出生的那一天，剛好下了場及時雨；這樣對這個小孩而言是好的，而這種情況算命師也算不出來：因為這就如同這個小孩來因應這個時，搶到這個時。就像俗話說的「落土時，八字命」；這小孩來搶這個時，且搶到了，就表示有接到天時；這種有搶到天時的人，往後遇到困難，總會有天助，不過這種情況相當罕見。

也許有人會問，因「祿馬」之故，功名五月時較有利，但籤詩中不也說「求得貴人多得利」嗎？有「貴人」相助，加上卦頭有「遇」，是不是表示有機會呢？

這支籤說的「求得貴人多得利」，是有「求」，雖然也有「遇」到；但「求」跟「遇」，哪個才是重點呢？這就要看當時求籤者的際遇了。若此人出生就得天時，譬如：出生時剛好遇到「乾燥時」，像六月三伏天，乾得要命，需要「水」來滋潤；或是出生的日子都是乾的，例如：午年、未年，這些都是火，若又在午時出生，整個四命八柱的組合就變成「午午午午午午午午」，不然就是「未未未未未未未未」，乾到底了，那麼求的成分應該會比較大！另外有一種組合是「戊午戊午」或「癸亥癸亥」，這種狀況又另當別論，這是所謂天地同流格，像「甲子甲子甲子甲子」的組合，要兩萬八千多年才遇得到一次。所以說遇或求還是得看個人的造化。

⊕訴訟

問訴訟，一定要有人幫忙才會贏。因卦頭為〈邵良父子遇黃玉娘叫合〉，代表這個幫忙的人，要很有權位才行。卦頭中的「黃玉娘」是一位貴夫人，若請普通人幫忙可能沒什麼作用。

⊕家運

問家運，還好。就像卦頭的邵良父子，有爭執，或許就會有人過來幫忙排解，化解爭執。特別是命格為天地同流格的人，天生就有那種機會，說口渴，水就到；遇事情，就有人幫，且就是這麼剛好，因為命中「五行」配得好。所以，這都是個人的造化。

第十九籤——丁丑

第十九籤		
丁丑	富貴由命天註定 心高必然悞君期 勸君且回依舊路 雲開月出見分明	蘇秦真不弟
解曰		
六甲子息少　婚姻不吉 求財無利　功名望後科 官事莫向前　耕作半收 行人月光到　討海少利 行舟不吉 致病少者月光無慮 老者拖尾　乞男兒不吉		

卦頭：蘇秦真不弟

卦頭出處：《史記．蘇秦列傳》

卦頭故事：

蘇秦在秦惠王即位後，前往秦國想一求發展。那時正當秦惠王殺了商鞅，加上宗室勢力強大，並不歡迎外來的策士。雖然蘇秦曾上書十次向秦惠王獻策，卻始終不受秦惠王的青睞；最後蘇秦耗盡錢財，落魄不堪，只好黯然地回到家鄉。回鄉後的蘇秦受盡親友的冷嘲熱諷；當時他可謂是窮途潦倒，苦到極點。便下決心苦讀鬼谷子所贈予的兵書。為防自己有所懈怠，竟用懸樑刺骨的方式鞭策自己苦讀，最後終於配戴六國相印，衣錦還鄉。

籤詩分析：

卦頭：卦頭為〈蘇秦真不弟〉，提示凡事照舊路走就對了。「不弟」在此解成「無官可做」，像狀元及第一樣，「第」是指官。因此，「蘇秦真不弟」的「不弟」應指失敗、無官可做。

詩文：須掌握的關鍵字詞為「心高必然悞君期」、「依舊路」，這個「心高」是指貪念、期望過高、野心大；提示求籤者別讓「心高」誤了自己。而「依舊路」是提示求籤者照以前的方式做。若有人遺失東西，告訴他沿著舊路找找看，或許就能找到。

籤詩籤解：

⊕運途

問運途，若不起貪念，就能平安。這支籤是平順籤，求籤者不要有任何貪念，平平安安過日子就好了，要更好不太可能；因籤詩指示「心高必然誤君期」、「勸君且回依舊路」，「心高」即為貪念，若有貪念的話，就會誤了自己；切記！平安就是福。

⊕事業

問事業，籤詩指示照「舊路」走。所謂照「舊路」走，就是要求籤者重操舊業。若是問有沒有小人呢？這裡不能說有小人，只能說是不得志；因為卦頭為〈蘇秦真不弟〉，當時蘇秦不受秦惠王重用，只好回家苦讀《太公陰符》，而後才佩六國相印；所以，要充實自己，研讀一些實用的知識，做好準備，靜待時機。

⊕感情

問感情，照舊就對了。籤詩提示「勸君且回依舊路」，「依舊路」就表示交往的對象還是舊的好。

若婚姻出狀況，又抽到此籤。籤詩提示「心高必然誤君期」，這個「心高」是暗示求籤者的野心很大，可能對對方的期許過高，但現階段不適合如此，急不得，要一步一步來。

問姻緣方位，或許往南北方較好。因卦頭為〈蘇秦真不弟〉，蘇秦原本是走東西向：他向西行時，秦惠王不重用他，只好回家苦讀。後來蘇秦佩六國相印，而楚、燕、韓、趙、魏，卻是從北到南邊。換句話說，蘇秦一開始向西行，走橫貫線，以失敗作收；而走南北向卻成功了。所以說走南北向可能機會比較大。以台灣而言，走台北、高雄這條路線本來就比較順，若走橫貫的話，要經過高山深谷，自然就沒那麼順了。

⊕置產

問買房子，若此籤為尾籤，代表不適合買新房子，再繼續住舊房子吧！若求籤者是因為舊房子不夠住了，想賣新房子，從籤詩提示的「依舊路」來看，則不妨再回去看看以前看過的房子，說不定有機會買到！因為該是你的，就跑不掉，去看看吧！

⊕健康

問健康，要讓以前替你看病的醫生診斷。因籤詩提示「勸君且回依舊路」，這個「依舊路」不一定是指經驗老到年紀較大的醫生，因卦頭中的蘇秦很年輕。有句俗話說「醫生緣，主人福」，可以再找以前替你看病的醫生，他對你身體的狀況應該比較清楚。

問開刀，若老者抽到的話，要看狀況。若求籤者以前有開過刀，或許沒關係，因為籤詩指示「依舊路」。若未開過刀的話，最好先去大醫院做檢查，和醫生商量。

⊕功名

問功名，不好，因卦頭為〈蘇秦真不弟〉。故事中的蘇秦，起先不受重用，再回去苦讀，最後才佩了六國相印。所以，求籤者還是再回去讀書吧！

⊕訴訟

問訴訟，不理想，還是以和為貴吧！因籤詩指示「勸君且回依舊路」，又說「心高必然誤君期」，「心高」就是期望高，因為想贏，才打官司，但這樣不一定有好結果，心高氣傲，只會害了自己，且可能會期望落空！

⊕家運

問家運，大家要心平氣和好好談。籤詩提示「依舊路」，若以前都和和氣氣的，就照和和氣氣的方法做，讓家庭氣氛變好，變和諧。此外，對另一半或子女的要求不要過高，如果說他們只能做到六十分，你偏要求一百分，怎能不爭吵呢？

第二十籤——丁卯

第二十籤	
丁卯	前途功名未得意 只恐命內有交加 兩家必定防損失 君勸且退莫咨嗟
朱弁上冷山	
解曰	
婚姻不吉　求財得失 功名無望　生理不吉 討海少利　耕作半收 行舟大凶　行人未到 乞子不吉　官事破財 病者少兒未日過不要 老者不吉 六甲子息晚有	

卦頭：朱弁上冷山

卦頭出處：《朱弁》

卦頭故事：

南宋徽、欽二帝被金人擄走，此時宋朝新皇帝派新科狀元朱弁出使金國，乞回二帝。

金國聽聞朱弁隻身前來，除欽佩其膽識過人外，更懾其才智，於是命精研漢史，文武兼備的雪花公主前來應對，以免貽笑人前失眾望。

朱弁在兀朮面前痛陳利弊得失、震懾群臣，縱然兀朮大怒，仍不畏懼，令雪花公主敬佩不已，遂提議招降朱弁。金主欲將雪花公主許配給他，朱弁已加有高堂及髮妻，堅決不受，金主一氣之下，將朱弁囚困於冷山牧馬，一困就是十六年。後朱弁得公主相助，得以返宋；後朱弁在宋闕前受旨，被指辱命歸來，除將朱弁全家抄斬，並賜毒酒命他仰藥自盡，朱弁聽後義憤填膺，斷漢節。血戰中，公主捨身救朱弁，被金太子冷戰所傷，彌留時勉朱弁救民為任，更道出兩人互愛，可惜事與天違，徒留遺憾在朱弁的心中……。

籤詩分析：

卦頭：卦頭為〈朱弁上冷山〉，這支籤不理想，若想買房子，也不宜，因房子住起來會冷冷的；這個「冷」字也暗示感情冷淡。

詩文：須掌握的關鍵字詞為「前途功名未得意」、「只恐命內有交加」、「兩家必定防損失」；這個「未得意」有時間上的指示，指農曆六月。「命內有交加」的「交加」有點「禍不單行」的意思。而「兩家」暗示求籤者可能會被設計，從卦頭故事得知，求籤者可視為朱弁，金主賞識朱弁欲招降，當然有被設計的成分在。「兩家」下接「防損失」，「防」為防備之意；因此只要求籤者所問事之內容，有牽涉到兩個以上的問題，例如：所問之事可能涉及身體、金錢或雙方……，都可視為「兩家」。

籤詩籤解：

⊕運途

問運途，六月後較好，因「未得意」的「未」字指的是六月。這支籤原則上並不好，因為「上冷山」。後半年可能會改善一些，但改善有限。至於詩中出現「兩家」，代表要防小人。若現在有人告訴你可以賺錢的消息，回答是不可以，因籤詩已指示「只恐命內有交加」、「兩家必定防損失」，出現「兩家」，代表會被設計，保證一定賠錢。

⊕事業

問事業，籤詩指示「前途功名未得意」，且卦頭又是〈朱弁上冷山〉，雖然「冷山」只是一個名詞，但在這裡可以將它視為冷熱的「冷」。就方位來說，「冷」可指北方，熱指南方，因北方壬癸水，南方丙丁火，「上冷山」的話，一定是北上。若問何時出運，因籤詩提示「前途功名未得意」，差不多是五、六月，因「未」代表六月。

若正在思考要做什麼才好，千萬不要做。卦頭提示「上冷山」，而籤詩又提示「兩家必定防損失」，那這裡的「防損失」是說投資的雙方要互相防備對方，但如過要這樣，還有什麼好合作的？乾脆就不要做了。話說回來，若求籤者是獨資的話，這裡的「兩家」便有不同的解釋。只要是有兩項以上，都可解釋成「兩家」，因此可以解為精神、金錢，或是對身體上的傷害，建議還是別做，因這支籤本來就不適合做生意。

⊕感情

問感情，這支籤暗示感情會生變；何以說呢？因籤詩提示「命內有交加」，其中「內有交加」，可看作風雨交加的「交加」；且更要命的是「兩家必定防損失」，如果是需要「防損失」的感情，還不如不要比較好。因為談感情若需要防備，將會非常痛苦。若是做生意，損失幾十萬還沒關係；但感情的損失又該怎麼衡量？還不如不要這段感情，那樣就不必防備了。再者，卦頭是〈朱弁上冷山〉，有個「冷」字，這種感情又怎會熱烈，一定冷冰冰，說穿了對方只是想利用你罷了。

問婚姻，事情就比較嚴重，夫妻間的感情一定冷冰冰，求籤者自己看著辦。至於問姻緣，若不論好壞，以「方向」來看，應是在「北方」，因卦頭提示〈朱弁上冷山〉，「冷」的話應較偏北方。

⊕置產

問買房子，若這支籤是尾籤，不理想。因卦頭有個「冷」字，房子住起來會冷冷的，因此，這個房子不可以買，買了之後問題很多；且籤詩亦說「兩家必定防損失」，會有損失，又須防他人，這種房子還有什麼好買的。

⊕健康

問健康，不好，因卦頭的「上冷山」。且籤詩提到「命裡有交加」，卻無貴人可遇；又提到「兩家必定防損失」，代表對老者而言，就算花了錢，身體也不會好，因這裡「兩家」是指身體和金錢。若在戊午日抽到這支籤，而老者的身體這幾天又沒有很順遂；那隔天要多注意，為什麼？因籤詩提示了「前途功名未得意」，代表今天如果午日，隔天的「未」日便要多留意。

問開刀，不理想。因籤詩說「兩家必定防損失」，有「損失」的話，怎麼會好呢？若求籤者要開刀的話，要看看醫生怎麼說，若只是小手術，醫生說成功機率很高，就沒關係。若求籤者問何時可以開刀，因神明指示「未得意」，這個「未」是指農曆六月；若現在是五月的話，就等到六月再看看，也和醫生商量，若六月可以的話，就六月開，因是小手術且神明又說「未」得意，表示六月的機會比較好。

⊕功名

問功名，籤詩中出現「上冷山」，怎會有好功名？不過，若求籤者是六月去考的話，就另當別論，有可能上。因為籤詩提示「前途功名未得意」，其中「未得意」的「未」字就是指農曆六月；不過要考冷門一點，為什麼？因卦頭指示了「上冷山」。有句話說「爆出冷門」，雖然這冷門的科系只有你會選、會念，但說不定以後的出路反而比較好。

⊕訴訟

問訴訟，就不用說了，大家若是能談和的話最好，因這支籤不理想，籤詩提示

「兩家必定防損失」，再告下去的話，兩邊都會有損失，還是談和比較好。若有人幫忙，又出這支籤，代表不一定會贏，因求籤者在求籤時，通常都會跟神明說有人幫忙，而既然都說了，神明還出這一籤，代表這個訴訟的贏面不大，也可能是那個要幫你的人並不勞靠。

⊕家運

問家運，家人的感情一定不太好，何以說呢？因為有「上冷山」。會出這樣的籤，表示求籤者目前的狀況就是如此；也許是家人彼此間有心結，又不肯互相溝通。而籤是讓求籤者做自己的貴人，正因有這樣的問題存在，神明才會出這支籤提醒，別這樣下去了，不好的地方要設法改進。

第二十一籤——丁巳

第二十一籤
丁巳
十方佛法有靈中 大難禍患不相同 紅日當空常照耀 還有貴人到家堂
觀音大士收大鵬鳥
解曰
婚姻大吉　求財大吉 功名有德可進 官事遇貴人好 耕作平平　討海少吉 生理大吉　移居平平 乞子大吉 病者無慮貴人現在 六甲子息虛

卦頭：觀音大士收大鵬鳥

卦頭出處：《西遊記》

卦頭故事：

前往西天取經的唐三藏師徒一行人來到了獅駝國，卻受到獅王、象王及大鵬鳥三妖的阻撓，因三妖想要吃唐三藏的肉，以增加功力延年益壽；然而，獅王、象王豈是孫悟空的對手，三兩下就收服了，不過對刁鑽的大鵬鳥，孫悟空卻拿牠沒輒，於是請觀音大士前來收妖。觀音大士要大鵬鳥別再吃人造業，大鵬鳥卻充耳不聞，並現原相揮翅猛攻，然而觀音大士用手輕輕一指，大鵬鳥便動彈不得，最後只好皈依佛門。

籤詩分析：

卦頭：卦頭為〈觀音大士收大鵬鳥〉，求籤者代表「大鵬鳥」，而〈觀音大士〉就是佛祖；籤詩指示求籤者有事的話要求佛祖，而求佛祖並不代表不好，可以求此籤指定的「觀音大士」。此外卦頭中的「大鵬鳥」是指求籤者心猿意馬，心性不定。

詩文：須掌握的關鍵字詞為「紅日當空常照耀」、「貴人」。這個「紅日」可說是夏天、白天、南方。而「貴人」配合卦頭以女性為宜。

籤詩籤解：

⊕ **運途**

問運途，那就要求佛祖幫忙了，因卦頭為〈觀音大士收大鵬鳥〉。

⊕ **事業**

問事業，若是做小生意的話，夏天會比較好，為什麼？因神明提示「紅日當空常照耀」，「紅日」，代表熱，什麼時候才會熱？當然是夏天。至於要做什麼生意比較好？白天的生意會比較好做，因神明提示「紅日當空」，晚上黑漆漆的怎會有太陽照耀？但要反過來想，籤是從古代傳下來的，而解籤也要根據社會現況調整，這首籤詩指示「紅日當空常照耀」，若求籤者能做到燈火通明，那晚上做生意也是可以的。

曾經有人要參選里長抽到此籤。這首籤詩提示若要選上的話要有「貴人」相助，且這個貴人要是女性，主要是因為卦頭的「觀音大士」。觀音大士在唐朝以前是男性，但一般認定觀音大士是女性神明，這裡就採一般認定，請女性幫忙，且這位女性貴人還得有人緣，若是廣播電台型的更好，這樣的作用才大；而事實上求籤者也當選了。

⊕感情

問感情、姻緣，因卦頭為〈觀音大士收大鵬鳥〉，可以請佛祖幫忙牽線當月老。此外，神明指示「還有貴人到家堂」，介紹人就是「貴人」，特別是由女性貴人介紹的成功機會更高。至於婚姻方面有問題的話，可能是因為女方比較強勢，最好請女性的長輩幫忙調解。

至於姻緣的方位，因籤詩提示「紅日當空常照耀」，這個「紅日」指的是南方，因「紅日」，代表熱，而「南方丙丁火」，屬火；所以是南方。

⊕置產

問買房子，若這支籤為尾籤，可以買，但是房子買了之後，要請佛祖到新房子坐鎮一陣子，為什麼呢？因卦頭為〈觀音大士收大鵬鳥〉，指示要請神明到家中鎮宅；而籤詩中也說「貴人到家堂」，這個「貴人」是指女性的神明，最好是「觀音大士」，若請不到「觀音大士」的話，其他的女神也可以。

⊕ **健康**

問健康，求籤者代表「大鵬鳥」，而此籤對老者不利，何以說呢？因〈觀音大士收大鵬鳥〉的「收」字，代表要收回去了。所以請佛祖多多保佑吧！

問「開刀」，籤詩已指示要「求佛祖」了，若神明有允筊，再去開刀；若擲不到筊，那就不要開了。

⊕ **功名**

問功名，會上，且機會很好，從籤詩指示「貴人到家堂」，考試前先跟佛祖點香拜拜，請求佛祖保佑考試順利、考上理想的學校。

⊕ **訴訟**

問訴訟，若有「貴人」幫忙，勝訴的機會頗大；何以說呢？因卦頭有「收大鵬鳥」，不過前提是這個「貴人」要是個真正能幫你的人。

⊕家運

問家運，要求佛祖保佑。並看在佛祖的面子上，別再爭吵了。求籤者的家人可能心性不定，因卦頭中的「大鵬鳥」是指家人的心，指大家不同心，只要一說話就臉紅脖子粗。

此外，因問家運時，可能有一種情形，家人明明沒生病，但行為舉止怪異，而求籤問家運又出此籤，那有可能是俗話說的「卡到陰」，這時就要請佛祖來幫忙囉！

第二十二籤——丁未

第二十二籤		
丁未	太公家業八十成 月出光輝四海明 命內自然逢大吉 茅屋中問百事亨	韓信拜將
解曰		
六甲先女後男 婚姻大吉　求財有利 功名得進　生理大吉 官事破財　行人月光到 耕作有收　討海有利 行舟大吉　建居大吉 乞子大吉 病者少兒月光過不畏老人不吉		

卦頭：韓信拜將

卦頭出處：《史記．淮陰侯列傳》

卦頭故事：

韓信為布衣，久寄食於南昌亭長家。有一天亭長的妻子提早做飯，且立刻就把飯吃了，等到吃飯時間，韓信要去吃飯，亭長的妻子不願幫韓信準備飯菜，韓信明白他們的意思，憤而離去。之後韓信投靠項梁，項梁敗後又歸附項羽，但不被項羽所重用，於是又前往投靠劉邦。有一天，韓信違反軍紀，按規當斬，臨刑前韓信對夏侯嬰說：難道漢王不想得天下嗎？何以要斬壯士？於是夏侯嬰將他推薦給劉邦，後因韓信管理糧食，有機會認識蕭何。蕭何雖知韓信的才能，但不願讓推薦韓信之事提早曝光，使韓信誤以為在劉邦處已無發展機會，於是決定回中原另謀出路，因而後有「蕭何月下追韓信」一事。

劉邦不解蕭何為何要將韓信追回，蕭何解釋：韓信才能舉世無雙，是我們需要的，若大王只想在漢中稱王，則用不著韓信；若想爭霸天下，沒有韓信，就無法完成，大王您自己決定吧！後來劉邦聽從蕭何的建議，以韓信為將領；但蕭何又說：普通的將領職位是留不住韓信的。劉邦只好拜韓信為大將；蕭何又說：大王真有心要拜韓信為大將，要先確立韓信的權威，要擇良日、齋戒、設壇場、備足所有禮節才行，而韓信因此拜將。

籤詩分析：

卦頭：「韓信拜將」，是支慢運籤，代表求籤者要有耐心，但在得意之時，要注意不可得意忘形。

詩文：須掌握的關鍵字為：「太公家業八十成」、「月出光輝四海明」、「茅屋中問百事亨」。從「太公家業八十成」可知這是一支慢運籤，須等待。而「月出光輝四海明」，可指正月十五或八月十五。至於「茅屋中間」可指屋內、內心、家裡。

籤詩籤解：

⊕運途

問運途，八月過就好。籤詩說得很清楚，「月初光輝四海明」，「四海明」不是正月十五，就是八月十五。但此指八月十五，因為籤詩首句為「太公家業八十成」，代表要等，而運途的有效期限為一年，所以，以八月十五較適切，因此才說八月過後就好。

⊕事業

問事業，則暗示好的時候不可得意忘形，何以說呢？卦頭的「韓信」就是太得意忘形了，才會被斬，因他不知道明進退的道理，想自稱齊王，但他不了解劉邦，劉邦怎麼可能讓韓信自稱齊王呢？要不是張良踢劉邦一腳，韓信早就被殺了，因劉邦還需韓信替他打天下。但完成霸業後，韓信就被斬了，因沒有利用價值了，雖然大家都說是韓信不對，但仔細想，還是劉邦比較狠。所以抽到此籤，代表神明要提醒求籤者千萬不可得意忘形。

問換工作，這是慢運籤，目前不會賺錢。求籤者若是領別人薪水的，那就慢慢做，何以說呢？因卦頭為〈韓信拜將〉，韓信拜相是經過一段很長時間的，所以要慢慢熬。還是待在舊公司吧！因這支籤本身就是慢運。而籤詩又有「太公家業八十成」，所以，不要輕言換公司，待著就對了。

⊕感情

問感情、婚姻的話，這支籤原則上是好的；但要經過一段時間的觀察，因這支籤本身是慢運籤，若經過一段時間的觀察，是好對象才可以；如果觀察的結果不理想，那就得放棄。

若婚姻出問題呢？首先要看求籤者的狀況是少年夫妻、中年夫妻，還是老年夫妻。若是少年或中年的話，就要問求籤者是不是心裡想要搞婚外情。何以說呢？因籤詩說「茅屋中問百事亨」，這個「茅屋中問」，不一定指屋內，有時可以指求籤者的內心，說不定是求籤者心裡面正在想歪路。若抽到這支籤，建議求籤者夫妻雙方要誠心以對。

⊕置產

問買房子，若是尾籤，可以買。何以說呢？因籤詩說「茅屋中問百事亨」，表示這房子住下去的話每件事都好；但要注意這支籤不能急，神明指示是會慢慢變好，因這是一支慢運籤。

⊕健康

老者問健康，雖然籤詩中沒有不好的話，但人已老了，加上籤詩又指示「太公家業八十成」，「成」字於此有成祿位的意思，而祿位是誰在坐呢？當然是老者了！

問開刀，中年、少年較沒關係。但要開刀的話，務必要點香跟家中的祖先稟明，請家中的神明多保佑，讓此次的開刀能夠平安順利。因籤詩中的「太公」可以指神明。所以，求籤者最好能夠雙管齊下，看自己信仰哪一間大廟，就去那裡點香拜拜，請求神佛幫忙；然後再稟告家中神明何時開刀，請求保佑當事者在住院其間能夠平安順利。

⊕ 功名

問功名，慢成。因韓信拜將的過程很辛苦。若是第一次考試，可能不會太順利，要經過一段努力，一直深造，到某個時間去考，才有可能會中。總之，就是要經過一番努力，才能成功。

⊕ 訴訟

問訴訟，不理想。從卦頭〈韓信拜將〉得知；韓信在拜將之前很落魄，先在楚營不如意，才投奔漢營，到了漢營又被分配去養馬、照料馬，養了一段時間，他認為在這兒也沒什麼前途才走，之後才有蕭何月下追韓信。換句話說，若求籤者若要訴訟，會歷經一段艱苦的過程，這哪會好？認真說來其實非常不理想。

⊕ 家運

問家運，照理來說應該沒有問題，但若求籤者問家中吵鬧不和諧的話，建議求籤者點香跟祖先稟明，先請祖先幫忙排解麻煩。

第二十三籤——丁酉

第二十三籤		
丁酉	欲去長江水渺茫 前途未遂運未通 如今絲綸常在手 只恐魚水不相逢	姜太公在渭河釣魚
解曰		
六甲子息晚虛 婚姻不吉　求財不利 功名無望　生理不吉 官事不吉　耕作半收 討海少利　行人未日到 行舟不吉　移居不吉 乞男兒不吉 致病少者未日過不畏 老者拖尾不吉		

卦頭：姜太公在渭河釣魚

卦頭出處：《封神演義》

卦頭故事：

商紂時，姜尚（姜子牙）為下大夫，紂王欲用瑪瑙、珍珠建造瓊樓玉宇，因而命令他監造鹿台；姜尚勸諫紂王勿建鹿台，以免勞民傷財，引起民怨；紂王大怒，下令將其斬殺，姜尚只好跑到蟠溪隱居，每天持著無餌釣竿，在渭水邊垂釣。但醉翁之意不在酒，姜尚要釣的不是魚，他在等待明主出現。此時的文王，自從有飛熊入夢的吉兆後，知天將賜下國家棟樑之才，於是到處尋找，終於在渭水邊找到姜尚，雖然他都已經八十歲了。文王仍聘他為相，並因他的謀略，使國力鼎盛；後姜尚因功受封於齊，後人尊稱他為姜太公。

籤詩分析：

卦頭：卦頭為〈姜太公在渭河釣魚〉，是等待的籤，不是籤壞，因需要候時機，所以求籤者要有耐心。

詩文：須掌握的關鍵字詞為「欲去長江水渺茫」、「前途未遂運未通」、「如今絲綸常在手」、「魚水不相逢」。這支籤水氣很重，從「長江水渺茫」、「魚水不相逢」，都是水。而「未遂」、「運未通」，則有時間上的指示。至於用年或月解，就依求籤者所問來決定。而「如今絲綸常在手」，則暗示求籤者有放不下的事情。

籤詩籤解：

⊕ **運途**

問運途，神明已經指示「前途未遂運未通」，前半段不順，但來到「未」就通了。解籤時別被字面的意義搞糊塗，一般人看到這句「前途未遂運未通」時，心就涼了一半，認為自己鐵定完了，但其實應該想這成個「未」字代表六月，所以時運走到六月時，可能會比較順，不過也只是順，並不見得是好。

⊕事業

問事業，慢慢等。因籤詩上提示「前途未遂運未通」，出現兩個「未」，「未」是指六月，所以到年中會比較好。若最近工作不理想，求籤者暫且耐心經營，不用著急。因〈姜太公在渭河釣魚〉，是在候時機，而既然是在候時機的話，就在舊公司候時機吧！這時去別的地方也沒用。

⊕感情

問感情、婚姻、姻緣要慢慢熬，就像曹操啃雞肋時所說的「食之無味，棄之可惜」。這支籤的姻緣就是如此，何以說呢？因神明指示「如今絲綸常在手」，就是指藕斷絲連，當初莫名其妙分手，雖然已經分開，卻還是很喜歡對方，所以要慢慢等。不過求籤者可以想想當時的狀況，若認定還可以，就再保持聯絡；但並不是指可以立即在一起，因這支籤是要等的籤，急不得。

而這支籤並未顯示有婚外情的現象，但若結婚後還會有問題的話，就要問求籤者心中是不是有什麼期盼，或是心裡有事放不下。

至於「姻緣」往哪個方位找，要先問求籤者住哪裡。籤詩提示「欲去長江水渺茫」，所以求籤者要往自己住處的南方找。此外，卦頭為〈姜太公在渭水釣魚〉，「渭水釣魚」

也可能暗示求籤者姻緣的方位，屬地名有水的地方，若求籤者家在新營，新營有個地方叫鹽水；若住台南，台南有個地方叫西港；或是台中的清水、梧棲；這個梧棲還有諧音——吾妻，所以地名也好，諧音也罷；往那個方向找說不定姻緣就在那兒。但話又說回來，別的地方也有機會，只是以這支籤而言，有水的地方，機會可能比較好。

⊕置產

問買房子，代表這間房子水氣較重。原則上這支籤雖然沒什麼不好，主要是需要候時機。但候時機還要看是頭籤還是尾籤；若是頭籤的話，那還要看尾籤。因這支籤本身不是不好，只是要等；若是尾籤的話，那代表求籤者已經候到時機了。不過因這支籤水氣較重，所以這房子的光線可能不太好，何以說呢？因為「姜太公渭水釣魚」有水；「欲去長江水渺茫」也有水；而「只恐魚水不相逢」還是有水；一首籤詩中有三句有水；可判定這間房子不是很會淹水，就是裡面的光線不好。若求籤者真的很喜歡這間房子，建議要改善屋況。

⊕健康

問健康，老者抽到此籤的話，不好，因卦頭為〈姜太公渭水釣魚〉，神明都指示要候時機了，代表要馬上好很難。若年輕人或中年人抽到此籤，代表需要觀察。

問開刀，別急著做決定，因籤詩既已提示候時機了，那麼多觀察也是候時機，建議多走幾趟醫院，經過詳細的檢查後，若確定沒有問題，需要開刀再開，別急著做決定。若已經決定要開刀的話，那開刀之前再來覆籤，這就是候時機的意思。

⊕功名

問功名，只有等了，目前不會中。因卦頭為〈姜太公渭水釣魚〉，這是一支需要等的籤，求籤者要再多努力。

⊕訴訟

問訴訟，也需要等，卦頭指示要候時機，既然要候時機的話，怎麼會好呢？能講和就講和吧！

⊕家運

問家運，普通，急不得，因卦頭為〈姜太公在渭河釣魚〉，已告訴求籤者須候時機了。至於何時才能好轉呢？籤詩指示「運未通」。至於要用年或月看，要視當時狀況而定。例如：求籤者問這幾個月來家運都不順，若求籤者是農曆十二月來抽籤，而籤詩指示「運未通」，意即是要到「未」，即來年的八月才會好轉，然「未」的對沖宮是丑，是來年的二月，通常求籤者抽到這支籤須候時機，所以用對沖來解釋不合理的，因為運勢不可能一下就改善。因人運勢的好壞與氣數有關，而氣的變化，就像春、夏、秋、冬一樣，會依時序而變遷，不可能像氣溫一樣，現在是攝氏三十度，明天馬上驟降，變成零下三度；而卦頭〈姜太公在渭水釣魚〉也指示得很明白了，要求籤者等待。而籤詩指示「運未通」，「未」代表六月；所以從農曆的十二月到明年五、六月的這段期間，若有空的話，再來請教一下。因為運、氣在走，一般人無法揣測究竟如何，既然籤詩中指示「運未通」，那就用人為的改善配合神明的加持，如此雙管齊下，說不定會有顯著的效果；總之，解籤者要先讓求籤者安心。

第二十四籤——丁亥

第二十四籤
丁亥
月出光輝四海明 前途祿位見太平 浮雲掃盡終無事 可保禍患不臨身
楊文廣征南閩
解曰
婚姻少吉　求財少吉 功名無望　生理不吉 官事平平　耕作半收 討海無利　行人月光至 行舟少吉　乞子不吉 移居平平 病者月光不要 六甲後女先男

卦頭：楊文廣征南閩

卦頭出處：《楊家將演義》

卦頭故事：

南蠻（南閩）叛亂，攻占了柳州城，宋仁宗派狄青征討失敗後，改派楊宗保為元帥，其子楊文廣為先鋒，率兵征南蠻。原本楊宗保父子已迅速收復柳州城，但在一次圍攻中，楊宗保跌下馬背受傷，楊文廣心急救父，反而被困柳州城；城困期間，糧食匱乏，極需救援；不得已只得殺出重圍討救兵，後因朝廷派兵支援才能獲救，進而打敗南蠻。

籤詩分析：

卦頭：卦頭為〈楊文廣征南閩〉，楊文廣南征中曾被困柳州城，後因朝廷派兵援助才能脫困，因「征南閩」的過程備極艱辛，所以支籤是提示需要有人幫忙。

詩文：須掌握的關鍵字詞為「月出光輝四海明」、「前途祿位見太平」、「浮雲掃盡終無事」；這裡的「四海明」不是指正月十五，就是八月十五；而「祿位」、「見太平」對老者不利。此外，「太平」也代表無事可做，所以不利於做生意；「浮雲」指麻煩囉唆的事；至於「浮雲掃盡終無事」則代表最後終會平安無事。

籤詩籤解：

⊕運途

若問「運途」，則暗示有事情發生。因〈楊文廣征南閩〉本身就代表有事情，所以這支籤暗示在一年中一定有事情發生，但並非不能解決的事。若遇到無法解決的事情，就去請求協助。籤詩指示「月出光輝四海明」，這裡的「四海明」指正月十五或八月十五，若求籤者是農曆十二月抽到此籤，且問運途，在正月或八月這段時間，若沒有什麼事情就沒關係。但若在年初有事的話，可能要等到八月之後才會順遂，而後面又提示了一句「浮雲掃盡終無事」，代表若遇到事情，也別急、別煩，務必要定下心好好想想該怎麼處理。

⊕事業

問事業，做不得。因卦頭為〈楊文廣征南閩〉，楊文廣被困柳州城時，經濟相當拮据；暗示求籤者的事業經濟狀況會出問題。且籤詩又提示「前途祿位見太平」，做生意最怕太平了，閒閒太平沒事做的話，生意怎麼做得下去？

若想換工作，問舊公司抽到這支籤，而求籤者在舊公司又是主管的話，代表求籤者會很辛勞，會遭遇瓶頸、無法突破，需要有人幫忙。卦頭中「楊文廣」被困柳州城時相當淒慘，求籤者於此可視為「楊文廣」，若求籤者只靠自己的話，會非常辛苦，且事倍功半。一定要有人幫忙，不可單打獨鬥。

⊕感情

問感情，狀況應是吵吵鬧鬧，不太平順。卦頭的「征南閩」，過程相當艱辛，且需要有人幫忙，若無人幫忙根本難以成功。若求籤者婚後與另一半總是吵吵鬧鬧的話，最好找人幫忙。

至於姻緣的方位，因卦頭為〈楊文廣征南閩〉，所以別往南方，要反過來想，往北方。因為「征南閩」很吃力，代表往南方的話會很辛苦。

⊕ 置產

問買房子，不好。因卦頭為〈楊文廣征南閩〉，「南閩」就代表求籤者要買的房子，求籤者可視為卦中的「楊文廣」。而楊文廣征南蠻的過程何其辛苦，表示不管求籤者買在那個方位，若買了這間房子，家中必定會吵吵鬧鬧，且需他人幫忙，這樣又何必呢？

⊕ 健康

若老者抽到此籤，不好；因籤詩中出現「祿位」、「見太平」。若是年輕人或中年人抽到此籤，較沒關係。因年輕人或中年人可視為「楊文廣」，而卦頭的楊文廣在征討南蠻雖然辛苦，卻沒有陣亡，所以年輕人或中年人問健康的話，較沒有關係。

問開刀，不理想。因卦頭的楊文廣曾有一段時間被困在柳州城，而求籤者去開刀，與征討南蠻相應，真的不太理想。雖然籤詩說「浮雲掃盡終無事」，代表最後沒事，但過程必定會非常麻煩。

⊕ 功名

在此抽籤者可視為「楊文廣」。問考試的話，要很努力；因卦頭提示需有救兵，最好請名師指導。籤詩中雖然有「祿位」，但卦頭中的楊文廣征討南蠻過程備嘗艱辛，後雖班師回朝，也是因為有救兵來援；這代表求籤者的考試，就好比征討南蠻一樣，戰勝了雖能封公授爵，但過程卻需要救兵相助，即使最後贏了，也會相當狼狽。總之，求籤者要很用功，再加上運氣好，才有贏面；若運氣不好的話，也未必會中。

⊕訴訟

這支籤很麻煩，因卦頭的「征南閩」，代表事情一大堆，若有救兵（即律師）的話，會贏，因籤詩提示「浮雲掃盡終無事」。不過前提是這位律師的能力要夠，且是真心幫忙，可是相對地，求籤者也要付出很大的代價。

⊕家運

問家運的話，不好。卦頭的〈楊文廣征南閩〉，雖然會有人幫忙，但幫忙者的建議，當事者聽不聽又是另一回事。所以家裡的主事者很重要，別人是來幫忙還是來搞破壞，主要者要能夠判斷。

第二十五籤——戊子

第二十五籤		
戊子	總是前途莫心勞 求神問聖枉是多 但看雞犬日過後 不須作福事如何	劉文良別妻
解曰		
六甲晚得子　婚姻大凶 求財不吉　耕作少收 功名不吉　行舟大凶 討海少利　官事莫向前 乞子不吉 病者酉戌日過不畏老者拖尾 建居大吉		

卦頭：劉文良別妻

卦頭出處：《雙鳳奇緣》

卦頭故事：

當昭君知道自己將前往和番，便請求皇上挑選一位才貌不俗的臣子與她前往。皇上屬意新科狀元劉文良，然劉文良剛新婚不久，可君命難違，遂同昭君遠赴番邦。劉文良陪昭君在番邦住了十八年，為她解決很多困難，昭君死後，番王送他回漢，雖老幼皆不認得，不過漢王仍大大封賞了一番，准他免朝三年，後來又奉召成為太子太師。

籤詩分析：

卦頭：此籤有**離相**，暗示求籤者可能會被設計，因卦頭為〈劉文良別妻〉。

詩文：須掌握的關鍵字詞為：「總是前途莫心勞」、「求神問聖枉是多」、「雞犬日」。「總是前途莫心勞」是告訴求籤者不管未來遇到什麼事情，都不要太過操勞，能過就好；「求神問聖枉是多」是說求神明、求聖賢都是枉然，反而應該去求人；而「雞犬日」則有時間上的指示，指的是戌酉。

籤詩籤解：

⊕ **運途**

若此籤單純只問運途的話，就照籤詩字面來看。神明提示「總是前途莫心勞」，是告訴求籤者不管遇到什麼事情，別太過操勞，能過就好。籤詩詩文指示「但看雞犬日過後」，因「雞犬日」是指農曆的十月、十一月，其對沖的方位為四月、五月，運途是以一年為期，雖然籤詩只提到「雞犬日」，但也要將對沖的月份算進去，因有些事情的成效是需要一些時間的，所我們在解籤時要給自己及求籤者多一點緩衝的時間，因此，才說這三四個月中若有問題的話再來說；若沒問題的話，平順能過就好。

⊕事業

問事業，因卦頭為〈劉文良別妻〉，暗示或許到外面經營的機會比較好，但不一定會賺錢。例如去大陸做生意，若求籤者問要去大陸的電子公司工作好嗎？抽到此籤應該可以去，但話說回來，最好先和另一半商量。

因卦頭指示「別妻」，王昭君是被毛延壽設計，後劉文良奉命隨王昭君前往和番，最後雖能返家，但那時他和妻子都已經老了。當時的劉文良是在無可奈何的情況下離開，而如今時空背景不同，解釋也就要跟著改變；因此「別妻」不解為「與妻子分別出外遠行」，而是要解成「你是否曾和太太商量呢？」加上現在並沒有毛延壽會設計你，雖然是礙於現實須填飽肚子，但家裡還是要先安頓好。

若想換工作，問舊公司抽到這支籤，建議求籤者找到新公司再說。這支籤原則上有離相，但不能貿然離職，求籤者一定要找到新工作才能走。若問新公司抽到此籤，代表求籤者可能被外派或外調，至於要如何抉擇，就看求籤者自己了。

⊕感情

卦頭為〈劉文良別妻〉，若問感情的話，有離相，這很明顯，可能會有分隔兩地的狀況，不過分開一段很長的時間後會再回來。

若問婚姻，夫妻可能因工作的關係，分隔兩地；也可能因感情不睦而分居；但不會離婚，只是分開而已。

至於姻緣該往那個方向尋找？籤詩提示「但看雞犬日過後」，其中「雞犬」指西北方。求籤者不妨往西北方尋找，機會較大。

⊕置產

此籤為尾籤，不好。若求籤者在農曆十二月抽到此籤，建議求籤者明年三、四月再看看，現在先別急。因籤詩提到「但看雞犬日過後」，現在是農曆十二月，「雞犬日」是指農曆的八、九月，還有一段時間，所以要看對沖。「雞犬日」的對沖是明年的三、四月，暗示現在看有點多餘，明年的三、四月過後再找找看。若此籤是頭籤，不是說不好，要看問什麼事；若是買房子，不好。因卦頭為〈劉文良別妻〉，「別妻」代表有離相，當然不能買！

⊕健康

籤詩提到「求神問聖枉是多」，暗示求籤者該去問醫生，何以說呢？因神明指示「枉是多」，意即求神明、問聖賢，都是白搭；既然如此，就該問人，問誰？當然是問醫生！要讓醫生診斷。至於開刀日，籤詩指示「雞犬日」，指的便是酉戌日。

⊕功名

此籤問功名，不好。因為卦頭為〈劉文良別妻〉，劉文良陪昭君和番，這件事本身並無功名可得，且還是因為被人設計才需要如此。也就是說，縱使有功，也不是你的。

⊕訴訟

問訴訟，不好，最好談和，不一定要上法庭；若能找調解委員會調解，又何必一定要上法院，這樣對雙方都不好。籤詩都提示「總是前途莫心勞」，其中「莫勞心」是提示別再去煩心。所以要順其自然，以和為貴，若要互告，一定得絞盡腦汁、費盡心思，又何必呢！

⊕家運

問家運的話，有離相，卦頭為〈劉文良別妻〉，而籤詩亦說「求神問聖枉是多」，代表縱使請神明幫忙，神明也沒辦法；這首籤詩亦暗示求籤者會被設計，因劉文良就是被人設計的，他也無可奈何。不過事出必有因，求籤者要好好思考，為何如此？

第二十六籤——戊寅

第二十六籤

戊寅

選出牡丹第一枝
勸君折取莫遲疑
世間若問相知處
萬事逢春正及時

呂蒙正中狀元

解曰

婚姻少吉
求財春好東平平
功名得進　生理好
行舟好　耕作平平
行人即至　官事和者好
病者遇春好　乞子少吉
討海平平　移居大吉
六甲先男後女

卦頭：呂蒙正中狀元

卦頭出處：宋史、《全元曲．風雪破窯記》

卦頭故事：

宋朝，呂蒙正，字聖初，河南人。因父母不合，遂拋棄蒙正。當時的蒙正非常貧苦，只得投靠龍門寺。寺僧鑿山巖為龕，將呂蒙正禁足，蒙正守困九年。宋太宗時，呂蒙正參加科舉考試，殿試第一；後三歷相府，以直道自持，致仕歸，累封許國公，謚文穆。

籤詩分析：

卦頭：卦頭為〈呂蒙正中狀元〉，這支籤是春天籤、有貴人，為代天宮的三好籤之一，但因呂蒙正尚未顯達前，生活困頓，因此有時也可從經濟情況去解籤。

詩文：關鍵字詞為「選出牡丹第一枝」、「勸君折取莫遲疑」、「萬事逢春正及時」。其中「第一」可解成好的開始；而「勸君折取莫遲疑」，是提醒情籤者要把握時機。「逢春」指來年的二、三月；「春」也可以指東方。

籤詩籤解：

⊕ **運途**

問運途，籤詩末句說「萬事逢春正及時」，所以今年一整年都不錯，或許在春天會更好，但春天過後就會漸趨平淡。總之，今年不錯，會平安順遂。

⊕ **事業**

問事業，若是經營餐飲業，有一段時間的生意會比平日好，因籤詩說「萬事逢春正及時」。這裡不是說在春天才會比較好，而是說平常也要加減做；這支籤提示做生意有週期性，即使平時生意清淡，還是有某一段時間會出現高峰。

想換工作，問舊公司抽到此籤，就別換了，舊公司應該不錯。若新公司、舊公司都抽中此籤的話，也是待在舊公司比較好，因籤詩說「選出牡丹第一枝」，暗示第一家公司較好，所以待在舊公司比較好。若舊公司抽到的籤不好，新公司抽到這支籤呢？那當然是去新公司！若舊公司是好籤，而新公司是戊寅籤呢？那要看求籤者找到新公司的機緣。是別人推薦的呢？還是自己去應徵的？還要看求籤者是何時抽籤？若求籤者抽籤的時間是農曆十二月，或許過去新公司的機會還不錯，何以說呢？因籤詩說「萬事逢春正及時」，十二月已是年底，春天將至，所以說機會不錯。

⊕感情

問感情的話，絕對好。因籤詩說「選出牡丹第一枝」，且第二句又說「勸君折取莫遲疑」，詩云：「花開堪折直須折，莫待無花空折枝」，求籤者當然要把握機會，眼前這一個就可以了，別再猶豫了。

若夫妻感情出問題又抽到此籤的話，那求籤者就要檢討了，因這支籤是好籤。原則上表示夫妻的感情一定不會有問題；可是有時很奇怪，反而是出問題時，才抽到好籤，這又該怎麼解釋呢？籤詩提示「世間若問相知處」、「萬事逢春正及時」，代表事實上也沒什麼事，而是求籤者自己的問題。也就是說，神明都說沒事了，而求籤者卻還要沒事找事，豈不是該好好檢討呢？

問姻緣的方位呢？籤詩提示說「逢春」。「春」指東方，東方在八卦中屬震位，震就是動，所以要往東方尋找。若是年底抽到此籤，那就來年的二、三月去找，機會較好。

⊕置產

問買房子，若此籤為尾籤，好。但要注意，頭籤不好，尾籤好的話，那要先看看頭籤是怎樣不好？舉例來說：若頭籤為〈劉元譜雙生貴子〉，而尾籤是〈呂蒙正中狀元〉，那這間房子原則上可以買，但是厝運平平。因尾籤是看未來的延展性，呂蒙正前半段很辛苦；而〈劉元譜雙生貴子〉是慢運籤，若是要做生意的話，不會賺錢；若只求平安的話，有，可是求子嗣的話就慢了。

反之，若〈呂蒙正中狀元〉為頭籤，而〈劉元譜雙生貴子〉為尾籤，也沒關係，還是可以買，因〈劉元譜雙生貴子〉這支籤不是壞籤，只是慢運而已。

⊕健康

老者問健康的話，如果是有小毛病要開刀，應該沒關係，為什麼？因籤詩說「選出牡丹第一枝」、「勸君折取莫遲疑」，都是指示別再猶豫，加上這支籤又沒有「祿」、「福」、「見太平」的字詞，可算是一支平安籤。所以，老者抽到的話，應該沒關係。

但若老者年歲已大，又住院一陣子了，這卦相就又不同了。因籤詩說「萬事逢春正及時」，代表求籤者要多費一些心思照顧，過了正月到三月這段時間再看看。雖然籤詩中無任何凶相，但神明指示了「正及時」，在此可解釋成時間到了。因老者年歲已高，且籤詩第三句又說「世間若問相知處」，「世間」暗示老者的年壽到此已經差不多了，加上老者自身又住院一陣子了，若求籤者問會回去（台語過世的意思）？還是會好？最好等過完年二、三月再看看。

⊕ 功名

問功名，會中，而且不錯。因卦頭為〈呂蒙正中狀元〉。而籤詩亦說「選出牡丹第一枝」；不過前提是要「逢春」才行，若是在夏天，也沒關係，因這支籤有春天相，而夏天屬火，春天屬木，正好呼應了命學中所謂的木火通明格，所以夏天的話也可以；但「逢春」的話，就更好了，因「逢春正及時」且又是「選出牡丹第一枝」，若求籤者是剛要應考，就更理想了。但若是秋冬的話，則不太理想，因這是支春天籤，春天屬木，秋天屬金，而在五行中金、木相剋。

⊕ 訴訟

問訴訟，春天比較好。若以此籤來看，贏的機會很大，且有貴人相助，因卦頭為〈呂蒙正中狀元〉。然而有貴人，不一定比較好，因輸的另一方一定不甘心，誰輸誰贏也很難說。訴訟最好還是以和為貴。發生爭執時，人多半只會從自己的角度想，有時世間事就是如此，雖然有理的是你，但有時遇到不講理的人，又能如何？倒不如大家和平解決，因為沒有什麼事情是絕對的。

⊕ 家運

問家運，一定好。因籤詩中都是好句子。若家中不合，又抽到此籤，那絕對是求籤者自身的問題。試想〈呂蒙正中狀元〉，當呂蒙正落難時，生活困頓，若是針對家運看來說，或許可以從經濟因素思考。若最近賺得比較少的話，一家人得共體時艱。

第二十七籤——戊辰

第二十七籤
戊辰
君爾寬心且自由 門庭清吉家無憂 財寶自然終吉利 凡事無傷不用求
周武吉遇太公改卦
解曰
婚姻平平　求財少利 功名後科　生理平平 耕作平平　官事有貴人 行人緩到　討海少利 建居平平　乞男兒好 致病少者不要老者拖尾 六甲子息有

卦頭：周武吉遇太公改卦

卦頭出處：《封神演義》

卦頭故事：

周朝的武吉，是個老實人，體格很好；有一天在砍柴時，剛好遇到姜太公在渭水邊釣魚。姜太公好心地跟武吉說：年輕人，你左眼青，右眼紅，最近會打死人。武吉說：不可能，我砍柴挑柴做生意，怎會打死人？隨後便挑柴進城。此時逢文王駕臨，因道路狹窄，遭官兵驅趕，路上行人紛紛走避；慌忙中武吉肩上的扁擔不偏不倚，打死了守門將軍王相，文王為了處罰他，便畫地為牢，於是武吉就站在那裡，傷心地哭了，因他擔心母親無人照料。

上大夫散宜生體諒他的一片孝心，奏請文王讓他回家打點母親生活事宜後再處決，且與武吉約定三日內要回來。返家後的武吉告訴母親自己的遭遇，母親要武吉速請姜太公幫忙。於是姜太公就跟武吉說：你回家後就在家裡挖一個土洞，再捏一個草人，你就睡在土洞裡，並將草人放在那裡。過了三天不見武吉歸來，文王便卜了一卦，卦象中顯示武吉已跳崖自殺了；然事實並非如此，姜子牙不但為武吉作法消災解厄，後來還收他為徒；所以武吉不僅得免於一死，更在姜子牙教導下精學文治、武藝，日後成為國家的棟樑。

籤詩分析：

卦頭：卦頭為〈周武吉遇太公改卦〉，求籤者可以視為武吉；而「太公」即姜太公，可視為神明或較年長的長輩。而從卦象得知會發生事情，且是意料之外的事，所以一定要有人幫忙，且是長者。

詩文：須掌握的關鍵字、詞為「門庭清吉」、「清吉」、「凡事無傷不用求」；這些關鍵字詞對求籤者所問，均有不同的說法；現在就依據這些線索來解籤。

籤詩籤解：

⊕運途

問運途抽到〈周武吉遇太公改卦〉，若可以的話，就請求神明幫忙，因卦頭提示「太公改卦」。而既然問運途又抽到這支籤，表示求籤者要順其自然，遇事不可衝動，凡事不可強求，不能貪心；也許求籤者現在有所求，但強求不來，因今年的運勢就是如此，若是強求得來，則是靠不住、也保不住的。籤詩亦說「君爾寬心且自由」，表示遇事不可衝動；而「凡事無傷不用求」，則表示要無所求。這支籤明示要順其自然、不貪不求、戒慎小心不可衝動，所以問運途抽到此籤，若沒事的話，最好順其自然，能過就好。

⊕事業

問事業，整首籤詩詩句都是好話，但卦象中有「清吉」二字，所以做生意或經營事業都不好，不會賺錢，因閒閒沒事做！且籤詩又說「門庭清吉」，這個「門庭」就是生意場，「門庭清吉」代表門可羅雀，生意當然不好！而從卦頭〈周武吉遇太公改卦〉得知，事業剛開始一定要有人幫忙，因求籤者相對於卦頭中的武吉，武吉若沒有遇到姜太公，後來又怎能成為國家的棟樑？不過若是一般上班族則沒關係。

問換工作，若問舊公司抽到這支籤，沒什麼問題，就算新公司也沒什麼問題；不過若新、舊公司都差不多，那又何必換來換去。以這支籤為例，建議求籤者留在舊公司，至少在舊公司有年資，但去新公司的話，則需要有人提拔；所以求籤者要好好考慮。

⊕感情

問感情，平順。但通常會發生意料之外的狀況，若出狀況的話，一定要有人撮合。因卦頭為〈武吉遇太公改卦〉，代表需要有人相助、撮合。而這位撮合者就好比是卦中的「太公」，因此，最好是較老輩的長者。

若婚姻出狀況的話，同問感情的解法，一定要有人幫忙。至於姻緣方面，往西邊比較好，為什麼？因當時周朝是在西歧城發跡的，而我們常說姜太公在渭水釣魚，渭水在今天的陝西省，若以整個大方向而言，是在中部；若要再詳指方位的話，差不多在西方。所以朝西方去，機會較好。

⊕置產

問置產，不管此籤是頭籤或尾籤，都不好；且是無法可解的不好，因此不建議買房子。卦頭為〈武吉遇太公改卦〉，所以一定要有人幫忙。譬如：

求籤者：我要買房子，抽到這支籤，請幫我看一下。

解籤者：這籤有問題喔！

求籤者：從哪裡看出來呢？

解籤者：因爲〈周武吉遇太公改卦〉，一定要有人幫忙，但可能無解喔！

求籤者：爲何無解呢？

解籤者：因卦頭指示須要「改卦」呀！而這「改卦」的意思是指這房子一定有東西必

須改善；但有時可能無法改，所以一定要到現場看看，且非看不可。

求籤者：那有關係嗎？

解籤者：當然有關係，不然神明怎會出此籤呢！

以這個例子現場一看的結果，老實說房子蓋得不錯，且是別墅式的，但房子的對面有一支電線桿，無法遷移，且會影響住家風水。

⊕健康

問健康，要求神明。因卦頭指示「太公」，對老者問健康不至於不好，因籤詩詩文中無祿、福、太平等字眼，且籤詩末句又說「凡事無傷不用求」；對老人家而言，「不用求」，是不可能的，因老人家除看醫生外，也需要求神明的保佑呀！

問開刀，應該沒關係，因為卦頭指示「改卦」，因掛頭故事中的改卦是成功的；而籤詩又指示「清吉」、「無傷不用求」，整個卦象都很安全，所以問健康應該沒關係。

⊕功名

問功名，從卦頭可知，武吉都要被關了，怎會有功名？

⊕訴訟

問訴訟，最好找有經驗的人幫忙。因卦頭為〈周武吉遇太公改卦〉，「太公」這裡指經驗豐富的人。若從訴訟的角度來看，求籤者抽到這支籤的話，較沒關係，因神明已在籤詩中指示「凡事無傷不用求」，但不管如何，最好別進行訴訟，因這是很麻煩的一件事。

若訴訟正在進行，而求籤者問何時能終了，因卦象中無天干地支的指示，所以只能針對「凡事無傷不用求」這句話來解。基本上抽到這支籤並不適合進行訴訟，因為神明已提示「凡事無傷不用求」；要「求」就會有「傷」，若想要在訴訟上定輸贏的話，就會「傷」，至於訴訟何時終了？因籤詩沒有指示，且法院的訴訟時間如何安排也無法得知，所以還是以和為貴吧！

⊕家運

問家運，這種籤表面上好像都很好，但家中怎會不平靜呢？這時只能請神明降駕指示了！因卦頭中有「太公改卦」，「太公」在此要解釋為神明，且唯有請神解，請人來是沒用的。

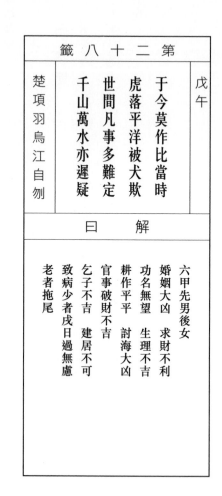

第二十八籤——戊午

第二十八籤		
戊午	于今莫作比當時 虎落平洋被犬欺 世間凡事多難定 千山萬水亦遲疑	楚項羽烏江自刎
解曰		
六甲先男後女 婚姻大凶　求財不利 功名無望　生理不吉 耕作平平　討海大凶 官事破財不吉 乞子不吉　建居不可 致病少者戌日過無慮 老者拖尾		

卦頭：楚項羽烏江自刎

卦頭出處：《史記》

卦頭故事：

西漢初年，項羽與劉邦爭天下。後劉邦聽從張良的建議，劃地分封彭越與韓信，得到他們全力支持，進而困項羽於垓下。並下令會唱楚地歌謠者放聲高歌，企圖動搖楚營軍心。這時項羽輾轉難眠，對虞姬說：「難道劉邦已占領楚地了嗎？不然他們的營區怎會傳來如此悲切的家鄉民謠？」後虞姬自刎而亡，項羽痛哭失聲，但情勢危殆，項羽只得按耐住滿腔憤恨，率領八百餘人趁夜殺出重圍，南走。後抵烏江，本欲渡江後捲土重來，但見大勢已去，遂拔劍自刎。

籤詩分析：

卦頭：卦頭為〈楚項羽烏江自刎〉，所以求籤者可視為「項羽」，而解此籤前，要了解故事的來由，項羽的性格亦是解籤的線索。

詩文：關鍵字、詞為「于今莫作此當時」、「虎落平陽被犬欺」、「虎」、「犬」、「世間凡事多難定」；這些關鍵字詞對求籤者所問所求，均有不同的說法，而在解籤的同時也會運用到地支。

籤詩籤解：

⊕**運途**

問運途，不好。因卦頭為〈楚項羽烏江自刎〉；再者，籤詩第二句為「虎落平陽被犬欺」，這個「虎」字對應的月份為農曆一月，是寅月；而「犬」則是農曆九月；在此情況下求籤者若問運途，從正月到九月的這段時間，一定不太好。再對應到卦頭主人翁項羽，因其失敗的原因，正是用人不當、剛愎自用，認為自己想的都是對的，別人都是錯的，所以求籤者要以項羽為借鏡。

⊕事業

問事業，做不得。籤詩中「于今莫作比當時」，意指不能拿現在的運跟從前比。而第二句「虎落平陽被犬欺」，則是指縱使當年多麼英勇，多麼厲害，都是過去式了；因後生可畏，若求籤者還一味沉浸在過去，不知自我改善、創新的話，那下場可能會像項羽一樣。因這支籤提醒求籤者不能死要面子、畫地自限、封殺自己；更別因抽到下下籤就認為自己完了，其實這時更要思考改善之道，稍為改變方法，山不轉人轉！

若想換公司，而問舊公司抽到這支籤，一定要換。但換工作前，一定要確定已經找到新工作；若無法換工作，就只有改變自己一途。若問新公司抽到此籤，則去不得，因為卦頭為〈楚項羽烏江自刎〉，若去新公司的話，下場說不定會跟項羽一樣，死路一條。

⊕感情

問感情、婚姻、姻緣，都不好。先以感情、婚姻來說，籤詩中指示「虎落平陽被犬欺」，「虎」都被「犬」欺侮了，還會好嗎？

問姻緣的方位，因籤詩說「世間凡事多難定」，求籤者該往哪個方向走呢？其實一切順其自然就好，若有人介紹對象，就去看看吧！

⊕ **置產**

若問置產且抽到此籤的話，不管是頭籤或尾籤，這房子都不能買。因卦頭為〈楚項羽烏江自刎〉，是支死籤；而且籤詩又提示「虎落平陽被犬欺」，所以絕對買不得！

⊕ **健康**

問開刀且抽到這支籤，要詢問醫生推斷存活率高不高，雖然卦頭為「楚項羽烏江自刎」，項羽自刎代表有動刀，不過至於結果如何，就看求籤者自己的福分了。而籤詩中又說「世間凡事多難定」，意思是會死，也不一定；會活，也不一定。總之，就看自己的福分了。但切記若要開刀的話，不要找寅日，為什麼？因為籤詩提示「虎落平陽被犬欺」，因「虎」為寅，而其他的日子則沒有關係。

⊕ **功名**

問功名，不用說了，不會中。卦頭指示〈項羽烏江自刎〉，代表死路一條，求籤者的讀書方式要調整，且還要拼一點、用功一點。

⊕ **訴訟**

問訴訟，不好。總之，能和解就和解吧！因這支籤一看就知道是輸面較大的籤，因卦頭明示〈項羽烏江自刎〉；而籤詩亦指示「虎落平陽被犬欺」，都被犬欺了，怎麼還指望能贏呢？能和解就和解吧！

⊕家運

問家運，此籤暗示主事者有問題。對照卦頭中的「項羽」就是因剛愎自用，才會走上自刎一途。有時為人父母者會過於堅持己見，認為自己想的都對，不過孩子都會長大，親子要像朋友、兄弟般，有事就商量一下，何必一定要硬碰硬呢？建議父母對孩子的態度要調整。

第二十九籤——戊申

第二十九籤	
戊申	枯木可惜未逢春 如今且在暗中藏 寬心自守風霜退 勸君依舊作乾坤
孔夫子過宋入陳除險走難	
解曰	
六甲先男後女 婚姻不吉 求財春好冬不吉 功名無望　官事莫向前 生理不吉　討海不吉 耕作半收　行人未日到 行舟春好　移居不吉 乞子不吉　致病少吉 遇春不畏老者拖尾不吉	

卦頭：孔夫子過宋入陳除險走難

卦頭出處：《孔子演義》

卦頭故事：

當孔子周遊列國來到宋國時，宋君見孔子老成持重，對他禮敬有加。桓魋因得到宋君的寵愛得以掌國政，他擔心孔子的到來，將動搖自己在宋國的地位；於是派人監視孔子，並向宋君進讒言：孔子是為了要謀取君位才到宋國。中了奸計的宋君，於是命令桓魋將孔子殺害，孔子不知自己身陷險境，幸得子罕相救，一群人利用黑夜，偷偷離開宋國往陳國前進。到了陳國的孔子，因得到採桑女的相助，化險為夷逃過奸臣的陷害，並在子貞的安排下與賢臣往來，終能夠在陳國安居三年。

籤詩分析：

卦頭：卦頭為〈孔夫子過宋入陳除險走難〉，出現此卦，顯示會有麻煩，但深入故事內容得知，這麻煩多因主人翁的意氣用事所致，而求籤者代表卦頭中的孔子，解籤時要納入考慮。

詩文：基本上這支籤並不理想，短短四句籤詩中不好的句子就占了三句；從籤詩本身來看，須掌握的關鍵字詞為「未逢春」、「暗中藏」、「寬心自守」、「勸君依舊作乾坤」；這些關鍵字詞對求籤者所問所求，均有不同說法。

籤詩籤解：

⊕運途

問運途，整體來說並不理想。籤詩首句「枯木可惜未逢春」，我們把句子拆解為「枯木」、「未逢春」，又云：東方甲乙木，東方代表春天，春天正是萬物逢春之始，一年開始即逢「枯木」，當然不理想；而「未逢春」則提示差不多要到農曆五、六月間或許才會

比較好

也許有人認為：孔子過宋入陳，最後還是化險為夷呀！話雖是這麼說，但這支籤並無凶相，只是有麻煩而已。要知道孔子之所以會遇難，就是因為孔子意氣用事。所以有時別太考慮面子問題，只要自己問心無愧就好。

⊕事業

問事業，籤詩提示「寬心自守風霜退」；所以要走的是「守」棋，切記不可投資。若已經投資了，只是剛做了三、四個月，那就再做個一年半載，再看情況；若真的不行，就收了吧！若已經做了很久，那麼可能就是運途的問題，請求籤者再忍耐一下，既然都做了好幾年，就先別急著收。

問換工作，若問舊公司抽到這支籤，建議還是留在舊公司；因為籤詩中有「勸君依舊作乾坤」，「依舊」就是提示求籤者繼續待在舊公司。若問新公司抽到此籤，若新、舊公司相比的話，那「新公司」就別去了。

⊕感情

問感情的話，要看是剛認識或已經認識很久。若是剛認識，沒必要蹚渾水，因籤詩首句為「枯木可惜未逢春」，就是告訴求籤者時機未到；再者，「孔子過陳入宋遇險」，表示會有麻煩，所以能避免就避免吧！

現今社會，男女交往經過一段時間後，很多已經超過朋友界線了，所以最好再觀察一下。因籤詩提示「寬心自守風霜過」、「勸君依舊作乾坤」；對方可能嫌棄你，而對方的可能也沒有道理，但都在一起這麼久了，只要過得去就好。

至於婚姻方面，老實說這不是一支好的籤，但都已經走到這個地步了，求籤者別要求太多，過得去就好。

問姻緣方位的話，籤詩中雖然出現「乾坤」二字，但不從「乾坤」二字解。因「乾」代表西北方，「坤」代表南方，求籤者根本無法參考，所以要用「未逢春」來解。「未」對應的五行方位為南方，議求籤者往南方尋找，機會較好。

⊕置產

問買房子，不好。雖然這支籤的字面不壞；但置產的籤最不喜歡看到籤詩中出現「枯木」、「孤燈」、「古木」等字詞。雖然詩中有「未逢春」，但遇到買房子的情況又另當別論，因為房子要住得長久，若只憑「未逢春」就想買，其餘時候又如何呢？求籤者若要置產抽到此籤，還是別買吧！

⊕健康

問健康，籤詩提示「未逢春」，這個「未」字暗示六月過後會有所改善。那六月之前的這段時間該怎麼辦呢？當然是去看醫生呀！從籤詩中可看出求籤者的身體狀況與自身的心情有關；因籤詩說「寬心自守風霜過」，「寬心自守」是提醒求籤者要保持輕鬆的心情，不然會影響健康。

問開刀呢？卦頭的「除險走難」表示有麻煩，但應該可以逢凶化吉。至於問何時開刀較好呢，籤詩中提示「未逢春」，此處的「未」以日來解，為什麼？因開刀是有急迫性，以日解較恰當。

⊕功名

問功名，不好。四句籤詩中就有三句不好，首先是「枯木可惜未逢春」，雖然籤詩中有「未逢春」，「未」指六月，雖說六月考的話，或許狀況會比較好，但問會不會上，就不知道了。因神明指示「暗中藏」，代表功名不顯。最後又說「依舊作乾坤」，是告訴求籤者要照以前一樣，再努力一些，即使不中也要更加努力，恪守本分，如此「風霜」才會過去。

⊕訴訟

問訴訟，不好，有麻煩。孔子為何會來到陳國和宋國？因為陽虎嘛！孔子與陽虎長相極為神似，然孔子不齒陽虎專橫跋扈的作為。陽虎曾興兵攻打匡邑（今河南省長垣縣張寨鄉孔莊村），匡人恨之，當時周遊列國至匡邑的孔子，曾被誤認為陽虎，一度身陷險境。後來，陽虎想召孔子仕官，孔子拒絕。事實上訴訟都已經在進行了，才會抽到這支籤，在此狀況下若能和解就和解，因這是一支有麻煩的籤，若繼續纏訟的話，求籤者不一定能贏。若執意進行訴訟，雖然到最後會沒事，但也不代表你一定是贏家。因這支籤沒有穩贏的指示；所以就別再硬碰硬了，能和解就和解吧！

⊕家運

問家運，籤詩指示「自守」才能「逢霜退」，意思是說：大家要各退一步，不要遇事就爭吵，有事還是坐下來好好溝通。

第三十籤——戊戌

第三十籤	
戊戌	漸漸看此月中和 過後須防未得高 改變顏色前途去 凡事必定見重勞
李通賠金牌救出岳夫人出關	
解曰	
婚姻不吉　求財少利 功名無望　生理不吉 官事大凶　耕作半收 討海不吉　行人未日到 移居不吉 病者未日過不要老者拖尾 乞子不吉　行舟不吉 六甲先女後男	

卦頭：李通賠金牌救出岳夫人出關

卦頭出處：其人生平故事見《三國志》．卷十八〈李通傳〉，此借用另一卦頭〈薛丁山三請樊梨花〉

卦頭故事：

薛仁貴帶軍征討樊汀關，樊梨花巧遇薛丁山，兩人私定終身，但卻遭到樊梨花父親的反對，父親想殺她的時候卻誤碰劍鋒去世，後來樊梨花降了唐朝，薛仁貴感激她的忠義收留了她，並讓她和自己的兒子成婚，但是薛丁山認為樊梨花弒父，於是休了她。

後來薛丁山陷烈焰陣，請求樊梨花相救，然在一次誤會中，又休了她。樊梨花收薛應龍為義子，又再一次救了薛丁山，但是薛丁山懷疑她，並第三次休了她。

薛丁山三娶三休樊梨花，最後薛丁山兵敗，他實在沒有辦法，又向樊梨花求助，樊梨花詐死，讓薛丁山悔悟，最終兩個人和好。

籤詩分析：

卦頭：卦頭為〈李通賠金牌救出岳夫人出關〉，老實說這是一支會失去某種東西的籤，而這個失去與金錢有關。若求籤者抽到此籤時，要將卦中人物「李通」作為借鏡；最好要謹慎小心。

詩文：須掌握的關鍵字詞為「未得高」、「改變顏色」、「見重勞」；解籤時要注意這些關鍵字詞的弦外之音，像「顏色」二字會隨著求籤者所問而有所改變，解讀時要隨機應變。

籤詩籤解：

⊕運途

問運途若抽到此籤，年初時應該不錯；但要注意這支籤若過六月就不太好。因為「未得高」的「未」字指六月，六月就已到達一年的高峰，剩下的半年大概只會每況愈下，所謂否極泰來、泰去否來就是這個道理。因此，運勢好的時候，就要好好把握；但發現不對勁的時候，也要見好就收。

⊕事業

問事業，會賠錢，因卦頭提示「李通賠金牌」，李通就是賠了金牌，才能救人出關。若要做生意，這一年中，要稍微克制，有錢賺就好。另外，就籤詩內容來看，神明指示「過後須防未得高」、「改變顏色」等，代表前後狀況會有差距，且是前期好，後期不好；若生意已經做了一段時間，感覺最近開始走下坡的話，那就要守，縱使資金充裕，也別硬撐，要見好就收。

若想換工作，問原公司抽到此籤，除非真的有意願走，不然就要改變方式，因籤詩指示「改變顏色」，「顏色」在此解為程序。若是最近人際關係不太順，跟眾人不合，那「改變顏色」就是暗示求籤者要做人方面要改善。此外，神明又提示「凡事必定見重勞」，若求籤者執意不改，那就會像陀螺一樣在原地打轉，吃虧的還是自己！若問新公司抽到這支籤，去不得；因為都要「賠金牌」了，還去做什麼。

⊕ 感情

問感情，不好；卦頭暗示會賠了夫人又折兵。至於婚姻，也不好。縱使你對對方很好，對方不一定會同等回報，這也是為何求籤者會抽到這支籤。所以，再努力看看吧！若對方有改善，就繼續維持，若沒改善的話，該怎麼做求籤者自己決定。

若問姻緣要往哪個方位找較有利，老實說這支籤不太理想，只能順其自然，若有人介紹的話，就去看看吧！

⊕ 置產

卦頭有「李通賠金牌」，若要置產的話，買不得；因卦頭都明示賠錢了，那還買它做什麼。

⊕ 健康

問老年人的健康，不以吉論。因籤詩中提示「過後須防未得高」，「得高」其實是代表上供桌；而「未」字也是解籤的關鍵，要以日柱來論。因老人家會問健康，通常狀況較危急，所以「未」指未日。因此老者在生死關拼博時，由未日可以斷定一切，若過了未日，較沒關係；若過不了，就順其自然吧！

有時候，求籤者問健康是指開刀的事。這支籤問開刀，若醫生說可以，那存活機率很高。但要注意籤詩中也說「凡事必定見重勞」，這個「見重勞」表示可能要開第二次，求籤者要有心理準備。

⊕功名

問功名，不會中；卦頭為〈李通賠金牌救岳夫人出關〉，李通賠了金牌才救得了人；加上籤詩中又說「漸漸看此月中和」。此外若已經考過，且第一次沒中，那第二次高中的機會就更低了，為什麼？因籤詩指示「凡事必定見重勞」，「見重勞」便是暗示第一次沒中，第二次想中的話又更加困難。

但此籤若問功名，還有另一種解釋，譬如求籤者原本是學行政方面，而籤詩提示「改變顏色前途去」，代表求籤者若改念其他科系，或許還有機會，因「顏色」在此可解成所學的科系，求籤者可以參考看看。

⊕訴訟

問訴訟，一定賠錢，因卦頭說得很清楚了，求籤者要小心。

⊕家運

問家運，可能家中不合，吵吵鬧鬧。有可能為了錢而鬧意見、爭吵；因卦頭說得很清楚「賠金牌」、「救出關」。而籤詩中又說「改變顏色前途去」，代表家人要改變一下想法、態度，才能解決問題。

第三十一籤——己丑

第三十一籤	
己丑	
緣柳蒼蒼正當時 任期此去作乾坤 花茵結實無殘謝 福祿自有慶家門	
彭祖三十六妻七十二子臨終無子	
解曰	
婚姻大吉	求財春好
冬者平平	耕作有收
官事延緩	行舟好
討海少利	乞男兒少吉
病者無慮	功名有望
建居大吉	
六甲先男後女	

卦頭：彭祖三十六妻七十二子臨終無子

卦頭出處：《神仙傳》

卦頭故事：

彭祖是顓頊的玄孫，好恬靜，又專心修道，所以他活了八百歲。而彭祖共有三十六個妻子，七十二個兒子。因彭祖實在是太長壽了，不在生死簿中，所以黑白無常才會一直抓不到他。有一天黑白無常又來抓彭祖，化身為兩個年輕人在河邊洗黑炭，恰巧彭祖經過那個地方，於是彭祖就問：「年輕人，你們在河邊做什麼？」兩人回答：「我們在河邊洗黑炭，看看能不能將黑炭洗白。」彭祖聽了就說：「笑死人了，我彭祖都活了八百多歲了，還未曾聽說黑炭能夠洗成白的。」一聽他這麼說，黑白無常便回他：「你就是彭祖啊！」立刻將彭祖抓了起來。因彭祖實在太長壽了，他的妻子、子女都沒有他活得久，也就無人替他送終了。

籤詩分析：

卦頭：彭祖壽八百，眾人皆知，但何以最後逃不過黑白無常的緝拿呢？主要是因為彭祖得意忘形，自恃自己活得如此長壽而得意洋洋，心想誰能奈我何？而人就是不能得意忘形，少管一點閒事，多說話並不會有好處，要有所警惕。而「臨終無子」可以解成沒有子女、無善終。

詩文：關鍵字詞為「綠柳蒼蒼」、「任期」、「福祿」。其中「綠柳蒼蒼」代表春、夏時節。而「任期」、「福祿」不利於老者。

籤詩籤解：

㊉運　途

問運途，前半年較好，後半年較不好。至於什麼時候開始不好？大概是秋天後會越來越不好，因卦頭指示「三十六妻七十二子」，剛開始應該很熱鬧，但最後「臨終無子」，代表最後冷冷清清。若以一年的運勢而言，代表前半年熱鬧，後半年冷清，至於為什麼說從秋天開始走下坡呢？籤詩說「綠柳蒼蒼正當時」，這個「綠柳蒼蒼」是指春、夏時節；春、夏時節水氣較旺，而樹木要遇到水才能滋潤，才會興旺。至於秋天則有肅殺之氣，從秋天到冬天，萬物歸土，樹木多半在冬天枯萎，此自然界的變化正好可用來類比運途。

⊕ 事業

問事業，若是自己做生意，剛開始經營的時候還不錯；但之後會走下坡。因籤詩詩文說「綠柳蒼蒼」，表示剛開始不錯，而卦頭〈彭祖三十六妻七十二子臨終無子〉，則提示求籤者之後會走下坡，要注意。

想換工作而問舊公司抽到此籤呢？除非舊公司已經待不下去了；若還可以待，就不做其他想。而求籤者也不必去問別間公司會如何，因別間公司抽到的籤，也不見得會比較理想。若新公司抽到此籤？那就要和舊公司的籤比較；若新公司好，當然去新公司！若剛到職就想要換新工作，建議就別抽籤了。因為求籤者自己本身沒有定性，再好的工作，也不會滿足。

⊕ 感情

問感情，不好。因籤詩提示「綠柳蒼蒼」，代表前面會不錯；而「臨終無子」則意謂著之後會越來越不好。若是剛認識的話，還是看開一點吧！

問婚姻，不算好，因卦頭說「臨終無子」，怎麼稱得上好？而這個「臨終無子」在此有兩種解釋：其一為沒有子女；其二為無好尾（台語的無善終），暗示夫妻感情剛開始雖然很甜蜜，之後若有婚外情等狀況，保證完蛋，因「臨終無子」代表沒有好結果。

問姻緣，這支籤並未提示方位，求籤者就順其自然吧！

⊕置產

問買房子的話，這支籤不好，不建議買。因卦頭提示「臨終無子」，若買的話，求籤者往生時可能會碰到幾種狀況：子女可能因故無緣見你最後一面，或者發生反服的情形，孩子比父母更早離世。至於發生哪種狀況，不得而知。求籤者若認為無所謂，那就買吧！

⊕健康

問健康，年輕人抽到這支籤，比較沒關係，但是老者抽到就不好了，因為籤詩中有「福祿」，還有「太平」。而籤詩中也說「任期此去作乾坤」，這個「任期」亦暗示結束。所以老者抽到的話，離世的機率很大。

問開刀，則有麻煩。籤詩提示「綠柳蒼蒼正當時」，暗示狀況很熱鬧；而卦頭又是〈彭祖三十六妻七十二子〉，這都代表出現併發症的可能性。此外，開刀與否都有麻煩，因籤詩說「綠柳蒼蒼」，雖然可以開刀，到最後也可能平安無事，但未必只開一次就能好，或許要開兩次以上。

⊕功名

問功名，從籤詩的「綠柳蒼蒼正當時」得知，在春、夏時節會較好。

⊕訴訟

問訴訟，春、夏不一定比較好，況且何時要出庭本就無從得知。籤詩只暗示剛開始可能不是那麼簡單，盤根錯節，因卦頭說「三十六妻七十二子」，一看就知道事情很多。不過卦頭也說「臨終無子」，或許到後來會平安無事，但不是一下子就能解決。這支籤若是問官司，代表可能會一層過一層，一定要出庭很多次，不可能一次就能解決。

⊕家運

問家運，一般都是出狀況才會來求籤。此籤卦頭為〈彭祖三十六妻七十二子臨終無子〉，是提醒求籤者：為人父母處理事情時，不要太堅持己見，因每個人看法、見解不一，價值觀大異於前，親子互動有時不能只是訴諸權威，而是要像朋友、兄弟。若求籤者一味地堅持行使權威，當然得不到回應！建議大家避免各執己見，家庭才會和睦。

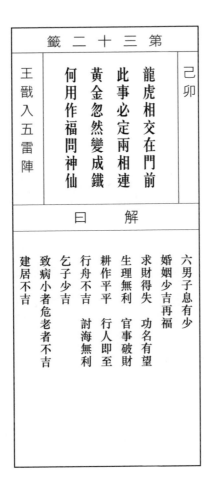

第三十二籤——己卯

第三十二籤
己卯
龍虎相交在門前 此事必定兩相連 黃金忽然變成鐵 何用作福問神仙
王戩入五雷陣
解曰
六男子息有少 婚姻少吉再福 求財得失　功名有望 生理無利　官事破財 耕作平平　行人即至 行舟不吉　討海無利 乞子少吉 致病小者危老者不吉 建居不吉

卦頭：王戩入五雷陣，另一卦頭為孫臏入五雷陣

卦頭出處：《五雷陣》

卦頭故事：

秦王命令武將王戩征齊。當時孫臏效力於齊。王戩自知自己不是孫臏的對手，於是決定以五雷陣迎敵。雖然孫臏精通兵法，卻不知五雷陣的威力，雙方對決開始，孫臏一進五雷陣，便受困其中，命在旦夕。幸而孫臏的師弟毛遂喬裝成毛賁，趁機偷走毛賁師父的法寶，將孫臏救活。後孫臏大破五雷陣，並用師父鬼谷子的太極圖殛斃毛賁。

籤詩分析：

卦頭：卦頭為〈王戩入五雷陣〉，王戩進了五雷陣，便如進入迷霧之中，原則上沒什麼險惡，但是會有些麻煩。

詩文：解籤時須掌握的關鍵句為「黃金忽然變成鐵」，意思是指原本好好的東西，卻在剎那間失去了價值。此外「龍虎」、「此事必定兩相連」、「福」等字詞亦需要注意。

籤詩籤解：

⊕運途

問運途，好的時候，別得意忘形。這裡提醒求籤者要保持「黃金」的狀態。正因為怕「黃金會變成鐵」，便該在「黃金」尚未變成「鐵」時，好好把握，謹慎小心，千萬不要得意忘形，以免身敗名裂。例如求籤者有婚外情，若抽到此籤，是暗示求籤者應該要珍惜自己的家，捨棄外遇對象，要將「家」這個「黃金」守住；因求籤者現在的運處在黃金期，亦即所謂的高峰期。正如「滄浪之水清兮，可以濯我纓；滄浪之水濁兮可以濯我足」，若為清水，就要保持清澈，讓人隨時能洗頭洗身；若變成濁水，那也只能用來洗腳了，甚至只能洗鞋子了。求籤者該如何選擇呢？自己決定吧！建議求籤者要珍惜現在所擁有的一切，因籤詩清楚指示「黃金變成鐵」，求籤者有可能一夕致富，也可能一夕致貧，要格外小心謹慎。

⊕事業

問事業，別做了，從「黃金變成鐵」便可知道這事業做不起來。若已經營很久了呢？那就再熬熬看吧！

此外，有一種情形是求籤者在兔年抽到這支籤，代表最近這兩、三年會有狀況。因籤詩指示「龍虎相交在門前」、「此事必定兩相連」，虎、兔、龍剛好是相連的年，所以綜合來看，這兩、三年內事情可能會比較多。

問換工作而舊公司抽到這支籤？那就要和新公司比較。若舊公司抽到這支籤，老實說，這間舊公司不待也沒關係，但求籤者可能會有些失落。例如可能有類似原來是幹部，卻突然被降為作業員的狀況；因籤詩說「黃金變成鐵」，代表求籤者對舊公司可能有怨氣、不快樂。但現在工作難找啊！要走可以，不過也可以找到新工作後再說。若新公司抽到這支籤呢？因「黃金變成鐵」，暗示還沒去就這樣了，那求籤者還去做什麼。

⊕感情

問感情、婚姻，都不好，因為籤詩提示「黃金變成鐵」。感情方面，若才剛認識，請求籤者死心吧！這段感情真的不好，請求籤者謹慎考慮。至於已婚的話，大家各退一步吧！婚都結了，還能怎樣？互相忍讓，才能長長久久。

問姻緣，此籤不以吉論，順其自然就好。若單純只問方位，不問其他的話，就從籤詩「龍虎相交在門前」中的「龍虎」來解。提示的方位是東方。因「龍」對應地支的辰；「虎」對應地支的寅，寅卯辰對應東方木，建議求籤者不妨往東方尋找！

⊕置產

問買房子，無論是頭籤、尾籤都不好，別買吧！因「黃金變成鐵」了，怎會好，住下去的話，只會亂糟糟的，不能買。

⊕健康

老者抽到此籤，不好。因籤詩提示「黃金變成鐵」，表示快完了，要回去報到了，怎會好，只有順其自然了。

若是問開刀，比較危險，但危險歸危險，卻是有驚無險。籤詩提示說「龍虎相交在門前」，卦頭又是〈王戩入五雷陣〉，王戩入「五雷陣」最後沒死；代表開刀的話，原則上沒有關係。另外，籤詩又說「此事必定兩相連」，代表開一次絕對不會好，可能要開兩次，求籤者要有心理準備。

⊕功名

問功名，因籤詩說「黃金變成鐵」，所以希望渺茫。

而要注意卦頭的「入五雷陣」在此不能解釋成被設計，因求籤者可以視為「王戩」，王戩本身是個武將，奉令「入五雷陣」，是有任務在身，要去戰鬥，若當時讓別人進「五雷陣」，或許就沒事了。那為何讓王戩進去呢？可能是主事者心想：王戩的死活跟自己無關，贏的話總是較有面子，但輸的話又另當別論，所以不解成被設計，而是遭排擠。

⊕訴訟

問訴訟，不好，因「黃金變成鐵」；加上籤詩亦說「此事必定兩相連」，說明白一點，便是意謂著事情會層層疊疊，和〈彭祖三十六妻七十二子〉的狀況一樣，事情都是一層又一層。不過兩相評比，〈王戩入五雷陣〉較不好。因〈彭祖三十六妻七十二子〉，若求籤者有心和解的話，或許會沒事。但〈王戩入五雷陣〉這支籤就不同了；縱然求籤者有心和解，也不一定會平安無事，說不定會賠錢賠到求饒。

⊕家運

問家運，不好。家運有時涵蓋的層面很廣，可能是情感問題、夫妻問題、經濟問題，或者像是父母在，但兄弟多，那父母要跟誰住？不論問題為何，求籤者都應和自己的家人兄弟要商量討論。若是經濟問題，因卦頭為〈王戩入五雷陣〉，表示經濟狀況當然不好，一片霧矇矇，怎麼會好。那該怎麼辦？請開源節流，別亂花錢；再者，籤詩亦提示「黃金變成鐵」，可解釋成求籤者投資股票，人家說好你就買，那當然會賠慘了。所以要注意千萬別貪小便宜，小心會因小失大！

第三十三籤——己巳

第三十三籤
己巳
欲去長江水闊茫 行船把定未遭風 戶內用心再作福 看看魚水得相逢
明朝海瑞安南討貢封王
解曰
六甲子息虛 婚姻平平再福 求財有無多 生理用心注意 官事托人　耕作有收 討海少利　行舟不吉 行人未日到 乞男兒大吉 病者要神平安

卦頭：明朝海瑞安南討貢封王

卦頭出處：《海公大紅袍全傳》

卦頭故事：

嚴嵩、張居正聯手出擊，力保海瑞向安南討貢，要海瑞吃點苦頭，以洩心頭之恨。兩人派出刺客沈充欲殺海瑞，但海瑞早有防備，出其不意抓到沈充。沈充央求海瑞收留，給他將功贖罪的機會。海瑞告訴沈充自己要往安南國討貢，是一件吃力不討好的苦差事，希望沈充衡量。沈充聽了大喜，告訴海瑞他是安南人，可以陪在海瑞身旁為他打點。有了沈充的幫忙，加上海瑞沉著應付，果然順利招降安南國，討得貢品回京。嚴嵩、張居正二人奸計終不得逞，反而眼巴巴看著海瑞受封。

籤詩分析：

卦頭：海瑞是明武宗時海南島人，差不多是劉瑾專權的時代。據歷史所載，當時大概就屬海瑞最清廉，過世時家徒四壁。他曾上〈平黎策〉，目的是為了安定人心，因明朝動不動便鎮壓海南島，海瑞不忍宗族遭欺壓，故上此書，但此書未上時，明朝又打來了，所以海瑞的建議原則上是失敗的。

詩文：這首籤詩首句為「欲去長江水闊茫」，表示想去的地方似無定向，茫茫渺渺，不知該往哪個方向。而第二句的「行船把定未遭風」，雖然準備齊全，但時機未到，不知該何去何從。第三句的「戶內用心再作福」是解籤的關鍵；這句話的意思是說：求籤者在做任何事之前，要先思考，哪一方面對自己最為有利，切記！多聽別人的建議，別衝動以免誤事。而「戶內」，若問健康，要注意腹腔的問題。此外，「未遭風」則有「時間」上的指示。

籤詩籤解：

⊕運途

問運途，這支籤不好。卦頭為〈明朝海瑞安南討頁封王〉，海瑞雖受封，但明朝動不動就來鎮壓海南島，海瑞欲上〈治黎書〉，然尚未上陳，明朝又打來了，就整體而言海瑞的建議是失敗的（因他來不及上書）。此外，籤詩指示說「欲去長江水闊茫」，又說「行船把定未遭風」，以這兩句來看運途，是指示求籤者想做某件事，但時機尚未到來。而「未遭風」的「未」，要看求籤者是何時抽籤。若求籤者是七、八月抽到籤，已超過六月，而籤詩的指示是六月，所以，求籤者此刻不宜來作這件事；意思是說您還要再等，要有耐心，多準備一下。而且神明又指示「戶內用心再作福」，這個「戶內」在此解釋為求籤者的內心，建議求籤者凡事要多思考、多聽別人的意見，才能減少失誤。

⊕事業

問事業，若想經營而尚未開始，不可以做。若已經營了，就看經營多久了。若求籤者是以此維生的話，籤詩中說「行船把定未遭風」，建議求籤者再多做個一年半載；因籤詩提示「未遭風」，意思就是要撐到未月（即六月）過；若超過六月，七、八月才抽到此籤，就要想成撐到隔年的六月過，也就是一年半載。這段期間要尋求改善之道，因籤詩提示「戶內用心再作福」，就好像你的東西好吃，但生意就是差了些，這時就要思考，或許求籤者生意場的格局有什麼缺失，讓人覺得不舒服，需要改善。

⊕感情

問婚姻、感情、姻緣都不好。但也未必真的不好，因籤詩說「戶內用心再作福」，尾句又說「看看魚水得相逢」，暗示求籤者若能仔細思考，用心改善，便能魚水相逢！不然魚是魚，水是水，水可以單獨存在，但魚若缺水則必死無疑。

問婚姻，因籤詩說「未遭風」，代表只是有些不融洽，並無凶相，不能說不好。感情是互相的，要用心培養，若已經結婚很久了，狀況一直不好，求籤者要仔細想想，是不是夫妻倆該講的都不講，不該講的卻講了一大堆，因籤詩提示「戶內用心再作福」，神明是在暗示求籤者再想想，反省自己和另一半相處的狀況是否出了問題，若有，就要改進。

至於姻緣的方位呢？以籤詩提示的「未」字來解，差不多是在南方，求籤者不妨往南方去尋找，雖非絕對，但機會比較好。

⊕置產

問買房子，若是此籤是頭籤，建議再看看，因神明提示「戶內用心再作福」，這裡的「戶內」不是指內心，而是指房子的格局，建議求籤者對房子的內外格局都要仔細觀察。

若問買房子，頭籤還不錯，而尾籤是這支籤呢？那就不能同意說好，為什麼？因求籤者有可能只是看房子的外表而已。有些人就會這樣，迷迷糊糊，看到剛建好的房子，外表還不錯，就急著要買：要注意，這支籤不管是頭籤或尾籤，原則上都可以參考看看，但別急著訂，最好再看看裡面。若房子還在建，那更不能立刻下訂了，因籤詩提示「戶內用心再作福」，意即神明出籤要你詳細勘察這房子的製造過程，以及裡面的規格，若房子才剛建，又怎能勘查？當然不能買！總之，別太衝動、太草率地決定買房子，以免將來後悔。

⊕健康

老者若問健康，表示腹腔有問題，因籤詩提示「戶內」。若年輕人問健康抽到此籤，也是一樣，但原則上，年輕人較沒關係。年輕人的體力較好，若老人家年紀太大，醫生也不敢輕易開刀，畢竟老人家可能體力不支。

至於開刀的時間，因籤詩中提示「未遭風」，或許「未」的時候機會較好。在此「未」是指「未日」而非「未月」，因開刀有急迫性，若求籤者抽籤的日子離「未月」（六月）很遠，不就太離譜了。所以，這支籤的開刀日為「未日」，當然也要和醫生商量過才可以。

⊕功名

海瑞雖受封，但明朝動不動就來鎮壓海南島，海瑞欲上〈治黎書〉，然尚未上陳，明朝又打來了，就整體而言海瑞的建議是失敗的（因他來不及上書）。所以不利於求功名；且籤詩詩文又說「戶內用心再作福」，乃提醒求籤者要再多精進。

⊕訴訟

問訴訟，要好好思考，因籤詩說「戶內用心再作福」。但這個思考不是思考如何贏對方，而是思考要和、要進、要退，哪個比較好？最好去請教律師或相關單位的人。

㊉家運

問家運，籤詩第三句「戶內用心再作福」，是神明提示求籤者要再思考，多聽別人的意見，別再堅持己見，各退一步吧！家和才能萬事興。

第三十四籤——己未

第三十四籤

己未

危險高山行過盡
莫嫌此路有重重
若見蘭桂漸漸發
長蛇反轉變成龍

朱壽昌長亭尋母

解曰

六甲先男後女
婚姻大吉　求財秋好
冬季平平　生理有利
行舟大吉　建居大吉
乞子大吉　行人緩到
官事平平　功名有望
耕作有收　討海有利
病者小兒不畏老人不吉

卦頭：朱壽昌長亭尋母

卦頭出處：《宋史演義》、《二十四孝》

卦頭故事：

宋朝朱壽昌的母親因受不了大房的欺凌，不得已丟下朱壽昌。長大後，為報生育之恩及一解思母之情，朱壽昌立志尋母盡孝。當官時，積極尋找生母的下落，卻始終音訊渺茫，後以「孝未盡，如何盡忠」捨官尋母。跋山涉水，走過寒暑，逢人便問母親的下落。直到同州，見一位老婦倚門而立，便走過去禮貌詢問。婦人聽出朱壽昌的揚州腔，便問其父母姓名，告知其父朱巽，其母為劉氏後，老婦淚流涕零告訴朱壽昌自己正是他的母親，母子相認擁抱痛哭。五十幾歲的朱壽昌終於找到母親。

籤詩分析：

卦頭：卦頭為〈朱壽昌長亭尋母〉，從卦頭故事可知其過程是備嘗艱辛；所以也意味著剛開始都不太好，但有志者事竟成。

詩文：這支籤暗示剛開始都不會太好。解籤時須掌握的關鍵字詞為「危險高山行過盡」、「莫嫌此路有重重」。而籤詩中的「若見蘭桂漸漸發」，有月份的指示，而「蛇」、「龍」於此又有特殊的說法。

籤詩籤解：

⊕運途

問運途的話，大概是八、九月會較好；因籤詩中的「桂」字，代表桂月，即農曆八月，但解籤時要將時間拉長些，故解為八、九月。此外，籤詩「若見蘭桂漸漸發」，這個「漸漸發」就是提示到了八、九月會有顯著的改善。若是過了八、九月才抽到此籤呢？那就要用對宮來解。而八、九月的對宮為二、三月，所以到明年的二、三月就會有所改善。

但求籤者自己要注意，在等待的過程中，若有缺點，就要改進，才有機會發達！

⊕事業

問事業，也是八、九月開始會比較好，但會遭遇阻礙。因籤詩中指示「危險高山行過盡」、「末嫌此路有重重」，怎麼辦？只有多忍耐了。

若想換工作，問舊公司抽到此籤，就要和新公司比較。若舊公司已經待很久了，那就再待待看；因籤詩提示說「若見蘭桂漸漸發」，都要到八、九月了，那就待到年底再看看，至少把年終獎金領完，若到那時狀況還不是很好，再做打算。

而問新公司抽到此籤呢？若求籤者以前沒有工作經驗，剛要進這家新公司，可以待，但不好做；因籤詩指示說「危險高山行過盡」，又說「莫嫌此路有重重」，代表求籤者要踏出的第一步過程，可能正如籤詩所示，求籤者更要有心理準備。

此外，於此「龍」、「蛇」二字不做時間解，因在此解為好、壞；而神明所指定的時間則為「蘭桂」，即農曆的八月左右。

⊕感情

問感情，若是剛認識，彼此都沒有壞印象，只是互相有意思；因籤詩提示「危險高山行過盡」、「莫嫌此路有重重」，建議要經過一段時間，再認識得深入一些。此外，神明亦有交代「若見蘭桂漸漸發」，「蘭」、「桂」本身是屬於較清高的東西，不受污染；提醒求籤者：才剛認識，要保持清醒的心，別一認識，尚未瞭解彼此，就一頭栽進去，要多交往一陣子，說不定會發現什麼缺點。缺點總是會有，也或許有些不愉快的事情，經過這些過程後，若還覺得對方不錯，那就繼續交往吧！這是指年紀較大的男女雙方，或是已屆適婚年齡，由別人介紹的情況，年輕人則不在此限。

此外，因為這支籤有時間較長久或年齡較長者的指示；從籤詩提示「若見蘭桂漸漸發」，以時間來說，是指八、九月的事。也就是所謂的年後或中年以後，或指求籤者的年紀很大了，若有人介紹，就別再嫌棄了。要想都已過了適婚年齡，不想結婚就算了；若有心結婚的話，那就要改變想法，別怕麻煩，人家介紹的話，就努力一點，然後交往看看。

至於姻緣方位，往西方走機會較多。蘭桂月指的是八月，而八月相對應的位置在西方，所以西方較好，但非絕對。

⊕置產

問買房子，若是尾籤的話，求籤者不要急於一時，到八、九月再去看看，說不定那時會福至心靈。若現在房子已經蓋好了，抽到這支籤，先別急著買，因神明可能在提醒求籤者這房子有問題，也有可能叫求籤者不要買。若求籤者真的非常喜歡這棟房子，如果到了八、九月，這棟房子還沒賣出的話，就看求籤者之前在哪一座廟求籤，再回去抽一支籤，且要跟主神報告：

當時弟子或信女，是○○時抽到這支籤（己未籤）的，因籤詩中提示「若見蘭桂漸漸發」，說明八、九月再去看看，但那棟房子迄今仍未賣出，那是不是這棟房子和弟子有緣？若有，請出好籤；若無，請出壞籤。

有時籤就是這樣，神明不會直接給予指示，這時解籤時就要想想怎會出這支籤，一定有祂的用意。以這支籤為例，房子是新的，在購屋者的眼中也不錯，都這麼久了還沒賣出，說不定與求籤者有緣，而當時神明為什麼沒答應，還指示求籤者一定要等到八、九月以後再說？想必神明自有祂的道理在，只是凡人不知道而已。

⊕健康

問健康，籤詩指示說「危險高山行過盡」、「莫嫌此路有重重」，若年輕人抽到沒關係，可能在八、九月之前身體有些狀況。但若是年長者，就不再此限，不管什麼時候抽到，都不以吉論。

若求籤者是六十五歲以上，最近身體又不好，在解籤時就要思考「長蛇反轉變成龍」這句話。「龍」是在天上飛的，代表就要上去了；而人是在地上走的，上去就不一樣了。假如求籤者目前的狀況很危急，那麼臨危時的解法又不同；因已經「危險高山行過盡」，都已經非常坎坷，最近又不理想，代表該回去了也說不定。

問開刀，要八、九月過後較理想。若求籤者抽到這支籤已過八、九月，那是不是要以日來解呢？不是的，因這支籤詩提示的是月，也沒有蘭日和桂日；這種情況就要看醫生怎麼說，若醫生說存活機率很大，沒什麼危險性，就沒關係。因為已經過了八、九月，籤詩雖提示「若見蘭桂漸漸發」；但都已經過了「漸漸發」的時間，應該就沒什麼關係了。

⊕功名

問功名，過八、九月，機會應該比較好。若已經考過很多次，每次都差一點點上榜，考到快沒信心了；若抽到這支籤，就要多忍耐，要有信心，再去考考看。因這支籤提示剛開始都不太好。籤詩指示「危險高山行過盡」，又說「莫嫌此路有重重」，表示求籤者快成功了，千萬別半途而廢。至於何時會漸入佳境？大概是年後吧！

⊕訴訟

問訴訟，前面不太好。想勝訴，也要到八、九月或年底較有機會；但不保證穩贏，因這支籤指示不一定有贏面。因籤詩指示「若見蘭桂漸漸發」，才「漸漸發」而已，並沒說一定贏。

⊕家運

一般會問家運，通常是原本家庭的狀況還算平順，可是最近就是不好。之所以如此，是因為運勢有高有低，這是自然的狀況，只要過了就好，這首籤提示若是這種情形，八、九月過後就會好轉。

若有糾紛的話，因籤詩指示說「危險高山行過盡」，又說「莫嫌此路有重重」，求籤者要忍耐些。但籤詩又指示「若見蘭桂漸漸發」，就等到八、九月過後再看看，到那時可能會漸漸平順；但不是好，只是有改善，比六月前好。

第三十五籤——己酉

第三十五籤	
己酉	
此事何須用心機 前途變卦自然知 看看此去得和合 漸漸脱出見雍熙	乙貼金走路遇鬼
解曰	
六甲子息先無後有 婚姻平平　求財少利 功名望後科　生理平平 耕作平平　討海少利 行舟平平　行人未到 官事不吉　移居不吉 乞子平平 致病少者不畏老者拖尾	

卦頭：乙貼金走路遇鬼

卦頭出處：查無典故。借用另一卦頭〈吳漢殺妻〉，源自民間流傳故事《斬經堂》；以及又一掛投〈吳起殺妻〉，出自《史記·孫子吳起列傳》

卦頭故事：、

〈吳漢殺妻〉：有一天吳漢興沖沖地告訴母親自己捉到叛逆劉秀了，其母蕭氏一聽，什麼話也不說，只是睜大雙眼瞪著吳漢。當年吳漢在打獵無意中救了王莽，王莽將妹妹王英許配給吳漢。然而吳漢始終不解，自他娶了王英後，就沒有看過母親的笑容；且他怎麼都想不透，母親何以如此？此時，佛堂傳來王英誦經念佛的聲音，祈求菩薩賜福，保佑婆婆及夫婿平安。吳漢的母親告訴吳漢，他的父親是漢成帝時的朝廷命官，忠貞敢言，不畏權貴，由於不肯和王莽同流合污，而後被王莽所殺，後蕭氏帶著吳漢逃離，從此過著隱姓埋名的日子。至此，吳漢想通了很多事情，於是拔出長劍，含淚殺妻，再走回大廳，只見其母已懸樑自盡。

〈吳起殺妻〉：吳起是衛國人，熟悉兵法，曾經是曾子的學生。後來侍奉魯君。當時齊國攻打魯國，魯君想重用吳起，但吳起的妻子為齊國人，大家議論紛紛，而吳起想有所作為，總敵不過他人的一句：「主公！吳起的妻子是齊國人！」於是他殺了的妻子，以此明志，表明他不會助齊。後來魯君就以吳起為將，攻下齊國。

籤詩分析：

卦頭：這是一支犯小人的籤。卦頭的〈乙貼金走路遇鬼〉，「鬼」指的就是小人。但這支籤有另一卦頭為〈吳漢殺妻〉，〈吳漢殺妻〉又有另一卦頭為〈吳起殺妻〉，兩者皆可用來解籤。

詩文：關鍵字詞為「此事何須用心機」、「前途變卦自然知」；意思是說別白費心機了，一切自有定數。而「得和合」可解釋成得人合。而最末句的「漸漸脫出見雍熙」，籤詩中的「雍熙」，是指陽光，也就是說經歷一段不好時期之後，會漸漸變好，但在變好之前，必須經歷阻礙、犯小人等過程。

籤詩籤解：

⊕運途

問運途，犯小人。因卦頭為〈乙貼金走路遇鬼〉，「鬼」在此做小人解。

⊕事業

問事業，若是自己經營，那就要提防廠商，例如要防有些廠商跟你下訂單後落跑等等。總之，就是要防小人，對自己不認識的人要小心，有時對認識的人也要小心，因為敵人就在你身邊，提醒求籤者要防微杜漸，明察秋毫。

若想換工作，問舊公司抽到這支籤，犯小人，會因他人進讒言而影響升遷。問新公司抽到此籤，若是社會新鮮人沒有工作經驗的話，就去吧！但要靜靜做，別得罪別人，更要以和為貴。若求籤者是應徵幹部的，那就不一定了，恐怕會有雜音，因卦頭提示「遇鬼」；別人也會想覬覦這個位置，求籤者要謹慎小心。

⊕感情

問感情，因卦頭提示「遇鬼」，所以可能會有阻礙，但不至於是小人。會有什麼阻礙？有時很難講，例如有個三十多歲的人認識了一個十八、九歲的女孩，兩人差了快二十歲，男方父母沒什麼意見，但女方嬸嬸反對（因女生是由嬸嬸養大的），結果這個男生就跑去自殺了。這就有阻礙的例子，但不是犯小人。

有時縱然成局，也可能會被求籤者自己搞砸了也說不定。例如有一個人，認識了一個女孩，本來都交往得好好的，但後來卻分手了，因為這個男孩子有句口頭禪——哭父（台語）。他每次一見到這個女孩，除口頭禪外，連三字經也會一併出口，這樣誰會願意和他交往？且下次想再認識別的女孩，也沒機會，因為壞事會傳千里呀！而這也是有阻礙的另一種例子。

若已婚，就不要聽別人的閒言閒語，自己的心要把持住，事情的狀況要搞清楚。若是夫妻本身，感情不好又另當別論，如果本身感情好，卻因別人一句話，不分青紅皂白鬧脾氣，那又何必呢？求籤者要睜大眼睛，詳細了解狀況。

若問姻緣的方位，並無方位可說；但也不是說不好，只是卦頭顯示阻力較大而已。所以，什麼方向都好，別人介紹的話就去看看，這樣才有機會認識對方，了解對方的內涵。

⊕置產

問買房子，因卦頭有「鬼」，不管頭籤或尾籤，只要抽到這支籤都不好。這支籤不以「吉」論，什麼小人或阻礙也不必談，因買一棟房子要好幾百萬，要住長長久久，當然要以平安為主，怎可「遇鬼」。特別是這個「鬼」字涵蓋的範圍很廣，若以「買房子」而言，「鬼」字在此就真的將它當作無形的事象來解釋，買房子不遇神，「遇鬼」怎會好？

⊕ 健康

問健康，老者抽到這支籤，不好，因為卦頭提示「遇鬼」，怎會好！若年輕人抽到這支籤，較沒關係。

若問開刀，原則上要配合醫生，因籤詩中指示「漸漸脫出見雍熙」，這個「雍熙」是指陽光，即所謂曙光乍現。至於何時可見？那就要看情況了。以南部為例，較有名的醫院像長庚、高醫、榮總、義大，求籤者不妨參考一下，看看醫生怎說；若四家醫院中三家說法相同，那就採多數決，至於卦頭的「鬼」字就不論了。此外，籤詩第三句說「看看此去得和合」，「得和合」並不代表一定要開刀，像剛說的四家醫院比較起來有三家說沒關係，可以暫緩，那求籤者就暫緩一下，因這「得和合」也可解釋成得人合，代表可依多數決判斷。

⊕ 功名

若問功名，籤詩提示說「前途變卦自然知」，代表會犯小人！可能明明就中了，但最後卻不是這樣。就像另一卦頭〈吳起殺妻〉一樣，吳起去應徵，魯君也答應了，卻敵不過旁人一句：「主公！吳起的妻子是齊國人！」也因為這句話，吳起回去就把老婆殺了。所以，這支籤若問考試功名，有可能會被做掉。

⊕訴訟

問訴訟的話，也犯小人，但要以和為貴，不然可能連犯了哪個小人都不知道。運既然如此，又何必走犯小人運，卦頭都已指示了「遇鬼」，求籤者還是以和為貴吧！

⊕家運

問家運，求籤者別聽外人說三道四；因卦頭提示「遇鬼」，意思就是外鬼纏身（台語），建議求籤者別道聽塗說。

第三十六籤——己亥

第三十六籤		
己亥	福如東海壽如山 君爾何須嘆苦艱 命內自然逢大吉 祈保分明得自安	文彥博萬壽山祝壽
解曰		
婚姻大吉　求財有利 功名有德得進 官事早完局　耕作有收 行人即至　行舟大吉 乞子平平　移居平平 生理好　六甲子息稀		

卦頭：文彥博萬壽山祝壽

卦頭出處：查無典故，借用另一卦頭〈薛仁貴救駕〉，出自民間故事《薛仁貴東征》

卦頭故事：

唐太宗親征高麗時，知道高麗附近有座鳳凰山，想到此一遊。高麗將領蓋蘇文恰巧行經鳳凰山，知道唐太宗在山上欣賞古蹟；於是率五十萬大軍圍住鳳凰山，想活捉唐太宗。一陣廝殺後，唐朝許多大將都被蓋蘇文的飛刀射死，狀況十分危急。這時張環命薛仁貴以十萬大軍前去救駕，薛仁貴用玄女娘娘賜予的寶物擊退蓋蘇文，但自己卻被蜈蚣術所傷，幸被李靖營救，並賜旗破了法術。蓋蘇文受傷之後，高麗軍便一蹶不振，唐太宗的危機也得以解除。

籤詩分析：

卦頭：卦頭為〈文彥博萬壽山祝壽〉，有「祝壽」二字，代表要花錢。這裡求籤者當然就是主角「文彥博」，會比較辛苦。

詩文：從籤詩本身來看，須掌握的關鍵字句為「福」、「壽」，一般而言老人家抽到詩文中有「福」、「壽」的籤，都不太好。而「命內自然逢大吉」、「得自安」則顯示遇事能化險為夷。

籤詩籤解：

⊕ **運途**

問運途，原則上普通。因看卦頭為〈文彥博萬壽山祝壽〉，有「祝壽」二字代表要花錢、好處需要分給別人。

⊕事業

問事業，若抽到這支籤，切記要獨資，不可合夥。為什麼？因籤詩指示得很清楚：「祝壽」。就是要把好處給別人；想想若合夥會如何呢？求籤者當然會比較辛苦，因卦頭有「祝壽」二字，替人祝壽就得花心思，當然辛苦。

問換工作，而舊公司抽到這支籤呢？求籤者在舊公司一定很辛苦，很操勞；但辛苦歸辛苦，至少還有加班費。建議求籤者要考量經濟面，別往負面方面想，不妨想：「人家要我做是因為看得起我。」轉個念便會好過很多。若問新公司抽到這支籤，也是辛苦，因卦頭有「祝壽」二字。但原則上新公司還是可以去，先進去再說吧！這支籤並無不好，但該做的還是要做，不然怎會有錢賺。

⊕感情

問感情，尚可。原則上有交往的價值；但從卦頭的〈文彥博萬壽山祝壽〉，以求籤者與卦頭主人翁「文彥博」相應來看，可看出求籤者會付出較多；不過這沒關係，只要自己認為值得就好。而籤詩又說「君爾何須嘆艱苦」，是提醒求籤者歡喜做就要甘願受；因神明已提示，雙方必定會有一人比較辛苦，求籤者要想清楚。

問婚姻，籤詩中的「命內自然逢大吉」、「祈保分明得自安」，卦頭又是〈文彥博萬壽山祝壽〉，並無不好。但都已經結婚了，為什麼還會抽到這支籤呢？像這種情形，在解籤時可再參考別的卦頭。這支籤的另一卦頭為〈薛仁貴救駕〉，故事中薛仁貴前來救駕，化解了唐太宗危機，暗示求籤者的婚姻若出現問題，可能需要溝通者來化解危機。且這位溝通者不可找外人，而是要找一些較好的朋友，也許對方可以幫你。此外，這支籤本身沒有桃花，且神明指示「命內自然逢大吉」、「祈保自然得自安」，意思就是要告誡求籤者要把事情釐清，別因為疑心病重，無理取鬧。

⊕置產

問買房子，若此籤為尾籤，那求籤者就要慎重考慮，因卦頭為〈文彥博萬壽山祝壽〉，代表好處需要分給別人。所以要評估這房子清不清楚，也就是產權狀況如何。例如有些房子目前是兄弟合住，但想分家；有人想賣，有人不想賣。若是這種情況，求籤者最好不要買這個房子，避免捲入糾紛。

另一種狀況是屋主本身有貸款尚未繳清，有可能已是二胎房貸，甚或是三胎房貸，借了又再借；若求籤者跟對方買房子，搞不好還得替對方付貸款。求籤者若想置產卻抽到這支籤，建議還是深入了解狀況再決定。買房子本意是要獲得好處，是要花錢去換房子，而不是去替對方付貸款，籤詩既然提示求籤者會替人家「祝壽」，就不可不慎。

⊕健康

問健康，老者抽到這支籤，不太好。問健康，「祝壽」二字表示要花錢，一般而言，若老人家問身體，有「祝壽」二字就不太好，再加上籤詩詩文內有「福」、「壽」的，都不太好。總之，不太好。至於年輕人就比較沒關係，甚至開刀也沒關係，因籤詩說「祈保自然得自安」，有「自安」在此，一定是安全占絕大部分。

若問開刀，醫生說好，就比較沒有關係。切記！一定要徵詢醫生的意見，因為籤詩又不是醫生，從籤詩中只能看出有無危險而已。所以若醫生說存活率高就開；若不好的話，就要再考慮，且是從籤詩的提示來思考。

⊕功名

問功名，因有「祝壽」二字，所以成功的機率大，只是較辛苦且要花錢；此外，籤詩詩文內有「得自安」，有「得」呀！

⊕訴訟

一般而言，訴訟不可能不花錢；但依這支籤來看，前面是「君爾何須嘆苦艱」，當然不可能一下子就解決。不過這支籤暗示勝算頗大，從「命內自然逢大吉」、「祈保分明得自安」得知，應該會平安。但儘量不鼓勵訴訟，畢竟告到底的話，好處都被中間人拿走，還是以和為貴吧！

⊕家運

問家運，應該不要緊。但會一般都是有狀況才會來抽籤；若是心無罣礙的狀況下抽到此籤，而卦頭又為〈文彥博萬壽山祝壽〉，是提醒求籤者對家庭要多付出，多用點心。若是家庭有問題呢？基本上這可以算是一支好籤，抽到這支籤是神明提醒求籤者，不要認為付出就不好，對家庭付出，本就是應該的，若願意付諸行動，家運自然會改善。

第三十七籤——庚子

第三十七籤		
庚子	運逢得意身顯變 君爾身中皆有益 一向前途無難事 決意之中保清吉	蔡君謨作陳三詩
解曰		
婚姻大吉　求財有利 功名得程　官事早完局 行舟好　耕作有利 行人即日到　討海有利 病者無慮　乞子大吉 六甲子息希		

卦頭：蔡君謨作陳三詩

卦頭出處：查無典故，借用另一卦頭〈正德君戲李鳳姐〉，出自《遊龍戲鳳》

卦頭故事：

正德君明武宗喬裝出遊，卻被李龍酒店的李鳳姐吸引，於是想盡辦法接近李鳳姐。而李鳳姐看到外表斯文，但舉止輕佻的正德君，滿臉通紅躲回房中。但正德君緊追不捨，並告訴李鳳姐自己正是當今聖上，並示黃袍為證。後來正德君派人迎回李鳳姐。豈知行經居庸關時，驚見四大天王佛像，而後香消玉殞。

籤詩分析：

卦頭：這個「作陳三詩」，是提醒求籤者，凡事要仔細，做事要講究方法並知變通。

詩文：須掌握的關鍵字、詞為「運逢得意身顯變」、「皆有益」、「保清吉」。此處「清吉」在事業上的解法不同於之前的解法。

籤詩籤解：

⊕ 運途

問運途，還好。因籤詩說「運逢得意身顯變」、「一向前途無難事」，代表還可以，但也不能說很好，因籤詩也提示只是「保清吉」。總之，求籤者今年的運勢還可以，會平安順事。

⊕ 事業

問事業，這支籤原則上是一支好籤。一般而言，若籤詩中出現「清吉」二字，不適合做生意；而這支籤雖然有「清吉」二字，但籤詩的詩文有變化，籤詩首句「運逢得意身顯變」，代表情況至少會比以前好，為什麼？因為有「顯變」，表示有助益。再與「甲子籤」比較，甲子籤首句「日出便見風雲散」，已提示求籤者不能聚氣；接著又說「功名清靜照世間」，告訴你只有「清靜」而已，並無「顯變」。再者，第三句有「通大道」，而後的「萬事清吉保平安」，還真的是清吉又平安，加上卦頭的「享太平」代表已無事可做了，暗示求籤者的運只有這樣而已。但「庚子籤」則有「顯變」、「皆有益」，加上卦頭的「作陳三詩」，提醒求籤者做生意不可隨波逐流，要用方法。譬如現在流行什麼，就要跟上流行。總之，神明是透過籤詩提醒，做生意要懂得變通、更要運用方法。

若求籤者想換工作，問舊公司抽到此籤？那當然是待在舊公司！因卦頭提示「作陳三詩」，只是在告訴求籤者做事的方法要改變。若新公司抽到此籤呢？若求籤者沒有工作經驗，剛找到工作，又抽到是這支籤的話，也一定要去，因這支籤原則上不會太壞。

⊕感情

問感情，原則上不錯，但一定要多觀察，把一切都搞清楚。因卦頭說「作陳三詩」，是提醒求籤者要詳細觀察。

若已婚，婚姻出狀況而又抽到此籤呢？應該沒有外來的因素，何以見得？首先籤詩提示「運逢得意身顯變」，這個「身」是指求籤者是你自己的事；而籤詩又說「君爾心中皆有益」，「君爾心中」的意思就是說神明指示來指示去，都是求籤者自身的問題，跟外來的因素無關。也或許是求籤者本身對對方要求太多也說不定，因「作陳三詩」的「三」有多的意思。

問姻緣，往哪個方向找機會較好呢？此籤並無方位可看，但籤詩指示「一向前途無難事」，其中「一向前途」便是指到哪兒都可以，暗示求籤者要多出去走動，才有機會認識別人。

⊕置產

問買房子，這支籤偏向可以買。而卦頭為〈蔡君謨作陳三詩〉，提醒求籤者原則上是好，但也要仔細看，尤其是房子內部。買房子一定要很慎重，不能因為抽到好籤就買，這樣未必妥當。而卦頭「作陳三詩」的「三」則提示求籤者，說不定同時有兩、三個人跟你一樣看上這間房子。

⊕健康

若老者問健康，因籤詩中有「清吉」，所以應該沒什麼問題。若問開刀，因籤詩提示「一向前途無難事」，代表開刀的話，應該沒問題。

⊕功名

問功名，中的機率很大。籤詩指示「一向前途無難事」、「決意之中保清吉」，並無小人從中作梗。但卦頭的「作陳三詩」，是提醒求籤者，作答要仔細。

⊕訴訟

問訴訟，會贏。因籤詩最後兩句說「一向前途無難事」、「決意之中保清吉」，「無難事」又「保清吉」。再者，籤詩又說「君爾身中皆有益」，其中的「有益」是暗示至少不會輸。但卦頭的「作陳三詩」也提醒求籤者，不可順其自然，一定要有方法才行。

⊕家運

問家運，不要緊，再壞也不會壞到哪裡去。若求籤者覺得有問題，但籤卻顯示沒問題，這是怎麼回事呢？有可能是求籤者本身的問題，和氣過日子不是很好嗎？何必弄到這般田地，建議大家有事要講出來。

第三十八籤——庚寅

第三十八籤		
庚寅	名顯有意在中間 不須祈禱心自安 早晚看看日過後 即時得意在中間	蘇泰拜相
解曰		
六甲先男後女 婚姻大吉　求財大吉 功名得進　官事早完局 生理好　行人即至 行舟好　討海有 耕作有收　乞子大吉 病者少兒不要 老者不吉　移居大吉 買業大吉		

卦頭：蘇泰拜相

卦頭出處：《史記．蘇秦列傳》

卦頭故事：

蘇秦戰國洛陽人，師鬼谷子，上書游說秦王，不成。然千金已散盡，憔悴而歸。回到家中，他的妻子對他視若無睹，他的大嫂不給他飯吃。後蘇秦就發憤苦讀，懸樑刺股，而後佩六國相印。

籤詩分析：

卦頭：從卦頭的〈蘇秦拜相〉得知，此籤暗示求籤者會有一段時間不好；但熬過了後，會漸入佳境。若運氣較不好者，或許要經過三次或三次以上的考驗。勉勵求籤者要經得起考驗。

詩文：須掌握的關鍵字詞為「名顯有意在中間」、「即時得意在中間」。這「中間」二字可解成年中、腹內、內心、房子的內部格局。

籤詩籤解：

⊕ **運途**

問運途，剛開始不好，要等到六月過後，也就是後半年才會比較順。因籤詩說「名顯有意在中間」、「即時得意在中間」，都指示了「中間」，就代表「中途」才會比較好。一般而言，運途通常指的是一年，所以才說年中過後會比較好。此外，從卦頭的〈蘇秦拜相〉可知，蘇秦在未拜相前，真的是悽慘又落魄，但後來卻佩了六國相印，同樣也對應了年中之後運勢才會比較好。

⊕事業

問事業，這支籤問做生意的話，剛開始不好做，會失敗。若求籤者是第一次做生意，保證失敗。因籤詩說「即時得意在中間」，並沒有說從頭；而卦頭的蘇秦剛開始也不好，搞到悽慘落魄歸來，所以雖然解曰顯示「求財大吉」，但解籤時不能參考解曰。

若想換工作，問舊公司和新公司都抽到此籤呢？若是新、舊公司同籤的話，最好待在舊公司，因為求籤者在舊公司已經待過一段時間了；而籤詩提示「名顯有意在中間」，表示求籤者已經熬過最糟的狀況了，現在將漸入佳境。而前面不也說抽到這支籤，剛開始會不好，要後半年才會順嗎？所以，求籤者不要去新公司，若去的話，前面的挫折會再重演一遍。若舊公司的籤不好，但新公司抽到此籤呢？那就過去，因為畢竟都要辛苦、被考驗，那就去新公司吧，反正都要重新開始了。

⊕感情

問感情，開頭都不理想。若求籤者的對象是剛交往，但人常吵架，這樣反而沒關係，因這支籤卦頭為〈蘇秦拜相〉，開始時會有一段時間不太好，但等這段不好的時間過後，就比較沒關係了。而這也是在提醒求籤者要經得起考驗；若運氣較不好，說不定要經過三次考驗。若兩個人交往過程平順，又抽到這支籤，反而不怎麼好，可能有一段時間會走下坡。

但也有另一種情況，也許求籤者曾和別人交往，而現在又認識新對象，那表示現在的新對象可能更好。若是另一種狀況：求籤者本有一個交往的對象，後因故分開，但現在交往的對象又是同一個人，這也是可以的。總之，這支籤不是不好，只是剛開始不好，所以就感情、姻緣而言，原則上，第一個可能比較不理想，因這支籤的卦頭為〈蘇秦拜相〉，卦象顯示剛開始會不太順利。

若婚姻出問題呢？這支籤並沒有什麼桃花，所以，求籤者要自省，因籤詩說「明顯有意在中間」，又說「即時得意在中間」，這個「中間」在此不解成年中，而是解釋成內心。再看籤詩又提示「不須祈禱心自安」，也指出問題是在求籤者的內心，所以說不定是自己太鑽牛角尖了。總之，婚姻若出問題，癥結點就在求籤者身上，要好好想想。

⊕置產

問買房子，求籤者要再將房子的內部、格局看仔細。因籤詩提示「中間」，這個「中間」指的是房子內部，這和「己巳籤」的「戶內用心再作福」意思相同。

但若是看成交與否，第一次可能不成，或許要再看兩、三次以後。也許求籤者自己很喜歡，但屋主開價過高，那不妨和屋主再談談、再殺價，因這支籤暗示了好事多磨！不過若談了三次以上都沒談成，就表示不用再談了。

⊕健康

若老者問健康，可能腹腔內有問題。因籤詩提示「中間」，「中間」在問健康方面指的是腹腔內。若年輕人問健康的話，也是腹腔內有問題。

問開刀，年輕人就較沒關係。但老者就要注意了，因這支籤若問開刀的話，可能要開兩、三次，因卦頭的〈蘇秦拜相〉，剛開始都不太好，要歷經一場考驗，才能否極泰來。

例如有求籤者說：唉！病怎麼看就是看不好，一下子看這個，一下子看那個……。抽到這支籤的話，就是提醒求籤者至少要看個兩、三次以後才會好，因卦頭為〈蘇秦拜相〉，卦象顯示前端波折重重，而求籤者可視為「蘇秦」，所以，看病不會看一次就好。

⊕ 功名

若問功名，第一次會失敗，要第二、三次以後才會好，若運氣差一點的，說不定要三次以後才會有進步，但一定會有結果。因為蘇秦最後後成功拜相，但他是經過很多波折才成功的，所以問功名的話，或許要經過一到三次的挫折，求籤者千萬不可氣餒。

⊕ 訴訟

問訴訟，會很坎坷，且會經過兩、三次以上的挫折。因卦頭為〈蘇秦拜相〉，須經歷挫折。所以訴訟的話，不能一次就贏。

但照理說，應該要以和為貴，若真的非訴訟不可，訴訟的內容，及律師訴訟書的文筆就很重要了，因籤詩指示「明顯有意在中間」、「即時得意在中間」，這「中間」在此則解為訴狀的內容，但建議還是以和為貴吧！

⊕ 家運

問家運，差不多也是後半年才會比較順，何以說是後半年呢？因籤詩指示「中間」。

但家運涵蓋的範圍頗大，就一般而言，不是指家庭氣氛，就是指家中經濟狀況，而這支籤指示：求籤者剛開始都會比較辛苦，因卦頭為〈蘇秦拜相〉。至於何時才能改善呢？神明提示「中間」，所以年中過後會比較順。

若求籤者是年中以後抽到這支籤的呢？正常而言，一般所說的年中都以六月為主，因這支籤提示前半段會較辛苦，若求籤者是農曆十二月抽到此籤，就要做明年解了。

若因家人氣氛不融洽而抽到此籤呢？那求籤者的家人就要多思考一下，看看內心所想的對這個家是否有幫助？為何這麼說？因籤詩說「明顯有意在中間」、「即時得意在中間」，這個「中間」在這裡解釋為內心；加上又籤詩又提到「不須祈禱心自安」，在在都告訴求籤者，問題是出在自己內心的想法。既然是一家人，大家要坦誠相處。有時因為父母管得太嚴格，那小孩心裡有事乾脆就不講了，而等到東窗事發後才說；但事發後，家庭戰爭也就開始了。這樣家庭怎會平靜？為人父母一定要檢討自己的管教方式。

第三十九籤——庚辰

第三十九籤
庚辰
意中若問神仙路 勸君且退望高樓 寬心自得寬心趣 必然遇得貴人扶
五娘悶君想思
解曰
婚姻少吉　求財無利 生理平平　功名無望 官事莫向前　耕作少收 行舟不吉　討海少利 建居不即　乞子不吉 病者要求神老者不吉 六甲子息晚得

卦頭：五娘悶君想思

卦頭出處：〈陳三五娘〉

卦頭故事：

元宵節時，五娘和婢女益春去賞花燈，順道拜訪舅舅一家人。適逢元宵節，街上人山人海，五娘迷了路，便向倚著欄杆的陳三問路，因陳三貌似潘安再世，五娘心生好感；然而陳三也為五娘的美貌失魂不已。後來陳三尾隨五娘來到五娘的舅舅家，進了大宅院之後，陳三便將方才所見的五娘及益春的樣貌畫下，題上詩詞並署名，留下畫作而後走人。看過陳三畫作後的五娘茶不思，飯不想，心中無限煩悶，只能對著畫作空餘恨。

籤詩分析：

卦頭：這並不是一支好籤，此籤的卦頭為〈五娘悶君想思〉，有「悶」怎麼稱得上好。而我國流傳已久的「七世夫妻」，指的就是「陳三」、「五娘」，也就是卦頭的主人翁，而陳三與五娘最後是沒有結果的。

詩文：從籤詩本身來看，須掌握的關鍵字詞為「神仙路」、「貴人」、「且退」、「望高樓」，這些字詞都是神明的提示。

籤詩籤解：

㊉運途

問運途，求籤者做事要踏實，因籤詩提示「神仙路」，意思就是過得很舒適。但要過得舒適，就要付出。換句話說，求籤者得先付出，先辛苦，因為只有先耕耘才會有收穫。

至於問今年的運勢，平順。但求籤者別想一步登天，因籤詩提示「勸君且退望高樓」，又說「寬心自得寬心趣」；遇到有人想幫忙的時候，要考慮一下，說不定對方並非真心幫忙，有可能是想要設計你。至於籤詩中提到「貴人」二字，在此是要提醒求籤者，這個貴人可能就是自己。雖然籤指示「勸君且退望高樓」，又說「寬心自得寬心趣」，但以目前平平的運勢來說，「神仙路」、「望高樓」對求籤者而言，都是不好的；求籤者要腳踏實地，一步一步努力，這樣一來，求籤者自己就是自己的貴人了！又何需求人。

⊕事業

問事業，因卦頭為〈五娘悶思君〉，做生意、合夥都不好，會很鬱悶！但若是非做生意不可，求籤者一定要腳踏實地的經營，因籤詩指示「看君且退望高樓」，代表求籤者想爬高，神明要求籤者放慢腳步，別想要一步登天，因那是不可能的事。建議求籤者還是踏實一點比較好。

若想換工作，舊公司抽到這支籤呢？那會待得很鬱悶！若新公司、舊公司同時抽中這支籤呢？原則上都不好，若同一支籤的話，那就姑且待在舊公司，為什麼？就現狀而言，在舊公司至少有年資，薪水的層級不必重頭算起，而這也是舊公司比新公司強的地方；若去新公司的話，求籤者什麼都沒有，相對不利且沒意思。

⊕感情

問感情，若男生抽到這支籤，就是想交女朋友；女生的話就是想交男朋友，為什麼？因「神仙路」，就代表想找伴了。

問感情，可能會有第三者介入，但不是被設計，為什麼呢？因為卦頭的〈五娘悶思君〉，這是〈七世夫妻〉中的陳三、五娘，他們正因為有外來的介入，才會被破壞，而那個介入者就是林大鼻，因他想得到五娘，才會導致陳三逃跑，所以表示有外力介入。

問婚姻有小三介入嗎？是有這種現象，或許夫妻二人當中，有一人心性不定才會被介入，因為籤詩提示「望高樓」！也許其中一人想要更好的，否則，別人怎會有機會介入。而再看卦頭故事，林大鼻他是來打擾陳三與五娘的，所以若抽到這支籤，是提醒求籤者夫妻雙方要開誠布公，不要互相猜忌。

問姻緣的方位，籤詩中並無指示方位。但神明說有「貴人」，而那貴人是自己的成分居大。因此，求籤者要積極一些，多出去走動，認識別人。

⊕置產

問買房子，這房子不好，住了會鬱悶；因卦頭為〈五娘悶思君〉。何以說呢？因卦頭有「悶」字，有鬱才會「悶」呀！此外，籤詩提示「勸君且退望高樓」，買房子就是要「喬遷」，神明卻指示不必喬遷了，意思就是在原地看就好，別太靠近；加上又指示了「且退」了。神明都叫你「退」了，為何還要買呢？所以若想買房子，看到籤詩中出現「悶」、「退」的，就打消買房子的念頭吧！

⊕健康

老者抽到此籤問健康的話，因籤詩中有「神仙路」，原則上來說是不好的。不過在此還有另一個解釋，要求籤者問神佛；因籤詩提示「意中若問神仙路」，祂指示求籤者要去問神仙。但要神幫，也要人助，要神幫的話，那就去求神問卜；要人助的話，那就請醫生了！讓醫生做決定。此外，若求籤者有神佛緣的話，則老少不論，因神明願意幫助你渡過關卡。

年輕人抽到此籤又問健康的話，那比較沒關係。若問開刀的話，應該不好，慢一點開刀，何以要慢一點開刀呢？因籤詩指示「且退望高樓」，又提示「必然遇到貴人扶」，代表有「貴人」！籤詩又提示說「寬心自得寬心趣」，所以不要急。建議可以將屬意的醫院或醫生，全部拿來擲筊，以擲筊的結果為準，最後再讓擲筊選出的醫生決定開刀的日期。

⊕ 功名

問功名，不會中。因籤詩說「且退望高樓」。要有功名，當然要上高樓！但籤詩卻只說「望高樓」，表示求籤者還在「望」，怎麼會有「功名」呢！況且卦頭又是〈五娘悶思君〉，求籤者就好比卦頭主人翁五娘，只是在想而已。所以這支籤在在都顯示沒有中的機會。雖然籤詩說「必然遇得貴人扶」，要有貴人才有可能中，但此籤若問功名，要中的機還是比較低。

⊕ 訴訟

問訴訟，可能會拖，意即不是一次就會好。因卦頭為〈五娘悶思君〉，陳三與五娘的故事就是沒有好結果，才有所謂的「七世夫妻」，且是一重又一重，一直拖而無結果。像有些人訴訟一拖就是十多年，所以能講和的話就講和吧！

⊕家運

問家運，若是問家庭經濟的話，因籤詩中提示「勸君且退望高樓」，神明是在提醒求籤者：不要和別人比較，能過就好。因別人有賺大錢的命，而求籤者沒有。

此外，若是家中不平靜，吵吵鬧鬧呢？那就是求籤者家人彼此有話放在心裡都不講。因卦頭指示「悶」，也正因為如此才會互相猜忌。既然是一家人，有事就要說出來。

第四十籤——庚午

第四十籤	
庚午	
平生富貴成祿位 君爾門戶定光輝 此中必定無損失 夫妻百歲喜相隨	郭子儀夫妻拜壽
解曰	
婚姻大吉　求財有利 官事延緩　生理好 功名得進　耕作好 行舟好　討海大吉 行人即至　建居大吉 病者無慮　老者拖尾 乞子大吉　六甲子息慮	

卦頭：郭子儀夫妻拜壽

卦頭出處：《打金枝》

卦頭故事：

郭子儀是唐朝名將，一生為唐朝立下不少汗馬功勞，當他過八十大壽時，賀客盈門，滿堂兒孫都前往拜壽。然而唯獨郭曖之妻昇平公主自恃自己貴為代宗之女，身份高貴不肯委身拜壽，公主此舉讓其夫婿郭曖遭人非議，郭曖怒甩公主一巴掌，並說：「你們大唐江山還不是我父親打下來的！」郭子儀知道兒子闖了大禍，於是親自綑綁郭曖向皇上請罪，代宗不但不生氣，還將郭曖連升三級，並告訴郭子儀說：「不聾不啞，不作阿翁；親家，別因兒女的事情傷了和氣。」

籤詩分析：

卦頭：這支籤為三好籤之一。卦頭有「拜壽」二字，而前面的籤詩，曾有「祝壽」二字，這兩者有什麼差別呢？拜壽是別人花錢替你作壽，而祝壽則是你花錢、花心思替別人作壽；當然大不相同！

詩文：關鍵字詞為「成祿位」、「定光輝」、「無損失」、「夫妻百歲喜相隨」。這些詩句都是好話，但要注意「祿」這個字，老人家抽到有「祿」字的籤都不太好。而尾句提示「夫妻百歲喜相隨」，是提醒求籤者，夫妻不要分別兩地生活，要歡喜相隨。

籤詩籤解：

⊕ **運途**

問運途，應該是好的。若求籤者只是要問今年的運勢，那今年什麼都好，因這支籤是三好籤之一。而籤詩提示「定光輝」、「無損失」、「喜相隨」，都是好話，所以運勢還不錯！但老者若生病，又抽到這支籤的話，當然不好。總括來說，抽中這支籤，今年運勢不錯，若運勢不好的話，就不會抽到這支籤。

⊕事業

問事業，好。做生意可，但最好是夫妻兩個人一起做。若要換工作，舊公司、新公司都抽到這支籤呢？兩邊都可以去。但要「換工作」的話，一定要確定先找到新公司才行。

⊕感情

問感情、姻緣，都好，因這是公認的好籤。籤詩說「平生富貴成祿位」、「無損失」、「喜相隨」，都是好話。但若婚姻有狀況，且又抽到這支籤，可能類似以下情形：

求籤者：我先生去大陸工作，總覺得怪怪的，是不是有什麼？

解籤者：那你怎麼沒有一起去？

求籤者：因爲婆婆小孩在台灣，要照顧呀！

解籤者：籤詩上說「夫妻百歲喜相隨」，是提示你要跟過去！「平生富貴成祿位」、「君爾門户定光輝」又說「此中必定無損失」，這個「無損失」表示是多出來的，所以這支籤有可能你先生在大陸有包二奶，且機率很高。

求籤者：難怪，我每次打電話過去，都是一個女生接的，她都自稱自己是秘書，但我先生的職位又不是很高，哪裡需要祕書呢？

所以若抽到這支籤，先生又在外地工作，而太太又沒有跟過去的話，先生在那邊很有可能多迸出一個「朋友」，要注意一下。

問姻緣有方位可以看嗎？這支籤並未指示方位。求籤者要隨緣，到哪邊看都好。

⊕置產

問買房子，絕對可以買。但要看一下這支籤是頭籤還是尾籤，頭籤好，尾籤不好，就不能說好。因為頭籤是看現狀，尾籤則是看未來發展性。若尾籤是這支籤，但頭籤不太好呢？那就要看頭籤有沒有「凶相」，譬如：

頭籤為「戊午籤」〈楚項羽烏江自刎〉，這樣縱然尾籤再好也不可以買，因「自刎」，是自殺之意，代表有凶相。

頭籤為「己未籤」〈朱壽昌長亭尋母〉，尾籤為「庚午籤」〈郭子儀夫妻拜壽〉，那就沒關係，這房子還是可以買，因頭籤無凶相。

頭籤為「己亥籤」〈文彥博萬壽山祝壽〉，那要確定這房子的產權清不清楚。

若頭籤為「己亥籤」，而房子是新的，且大家都在買。這樣也沒關係，可以買，但仍要注意情況。

頭籤為「丁酉籤」〈姜太公在渭水釣魚〉，也可以買。因這支籤為頭籤，不壞，

總之，若頭籤還可以、不壞，而尾籤是「庚午籤」〈郭子儀夫妻拜壽〉的話，那這房子可以買。而從「定光輝」可看出這房子的光線不錯，而住下去後會「喜相隨」，縱然不

是十全十美，至少夫妻的感情會不錯。且籤詩又說「此中必定無損失」，從這個「中」字亦可知房子的格局還不錯。若問能不能買，原則上是可以的。

⊕ 健康

問健康，老者抽到這支籤，不好，因有「祿」字。因籤詩說「平生富貴成祿位」，是暗示快完了。年輕人抽到此籤問健康的話，絕對沒關係，若要開刀的話也沒關係。

⊕ 功名

問功名，一定會中。因籤詩中有「祿位」，且又說「無損傷」、「喜相隨」、「定光輝」，怎會不好。更重要的是神明還提示「此中必定無損失」，有「中」！所以此籤若問功名的話，一定中。

⊕ 訴訟

問訴訟，應該會贏。因這支籤是很好的籤。至於何以說訴訟的贏面大，因籤詩中說「此中必定無損失」，而又有「喜相隨」，所以贏面很大。

⊕ 家運

問家運，原則上是好的。籤詩的內容都那麼好，若還吵鬧，那求籤者就要檢討了。

第四十一籤——庚申

第四十一籤

庚申

令行到此實難推
歌歌暢飲自徘徊
雞犬相聞消息近
婚姻夙世結成雙

陳三過樓五娘益春托荔枝

解曰

六甲存息稀　婚姻平平
求財無利　功名無望
官事不畏　耕作半收
行人酉戌日到
行舟少吉　乞子不吉
移居平平　討海少利
生理無利
致病少者酉戌日過不畏
老者不吉

卦頭：陳三過樓五娘益春托荔枝

卦頭出處：《陳三五娘》

卦頭故事：

自見過五娘一面後，陳三久久無法忘懷。陳三到了潮州，千方百計尋找五娘的下落；

當他找到東街後溝時，驚見五娘與益春在樓前一邊彈琴，一邊享用著現摘的新鮮荔枝，誰知突如其來的一陣雨，又讓陳三無法再見五娘。後陳三假借餵馬吃草，邊休息，邊彈琴，想引起五娘的注意；終於皇天不負苦心人，五娘看見了自己朝思暮想的陳三就在眼前，於是，拿出羅帕，將思念與愛慕寫成一首詩，並摘下頭飾連同羅帕一起往樓下丟，讓陳三欣喜不已。

籤詩分析：

卦頭：卦頭為〈陳三過樓五娘益春托荔枝〉，籤詩中凡有「陳三」、「五娘」的籤，一般都會一波三折，不太理想，無法一次完成。

詩文：從詩文來看，須掌握的關鍵字、詞為「雞犬」、「實難推」、「自徘徊」。「雞犬」配合天干地支的話，可作時間、月令、方位解。而從「實難推」、「自徘徊」等看出會有拖延的現象。

籤詩籤解：

⊕運途

問運途，這支籤不是賺錢的籤。若依一年的運勢來看，這支籤提示要到八、九、十月過後運才會順，為什麼？籤詩提示「雞犬相聞消息近」，這個「雞」、「犬」用天干地支來算就是指八月和九月，但依籤詩詩文的字面看，也可說是十月、十一月。在解籤時時間會放寬一些，因運途很難講；有時求籤者真的很不如意，做什麼都不順，而運勢的轉換也會久一些。所以籤詩上指示「雞」就是酉，「犬」就是戌，而酉、戌就是八月、九月；再以月令來說，國曆的十月、十一月也可說是雞、犬，換句煥說就變成八、九、十、十一月，約有四個月的彈性。差不多八、九月到十月過後，可能會有改善，求籤者要有耐心。

⊕事業

問事業，做生意不好。因這支籤不是生意籤，為什麼？只要是「陳三」、「五娘」的籤，一般都較容易拖尾（台語），不理想。若做生意的話，特別以金錢的進出這方面來說，這支籤暗示，求籤者若借錢給別人，想要回來，會有困難。此處的拖尾就是指不能一次要回來，而是要拖好幾年，到最後可能狀況未明，所以不適合做生意。

若想換工作，舊公司抽到這支籤呢？那就要看看新公司抽到哪一支籤，然後兩支籤做比較。若新公司也是抽到這支籤呢？不好！若新公司抽到「戊午籤」〈楚項羽烏江自刎〉，而舊公司是「庚申籤」〈陳三過五娘益春托荔枝〉，建議還是待在舊公司。因「自刎」代表無路可走，只有死路一條，當然不要去新公司！

⊕感情

問感情、婚姻的話，不理想。因卦頭為陳三五娘的故事，雖然看似籤意好，但平心而論這支籤並不好，會有事情。神明暗示求籤者的婚姻會有某些狀況，且這些多半是無可奈何的。有可能是分隔兩地，有可能是小三的介入，有可能是婆媳問題，造成做兒子先生的左右為難；總之，這支籤很吃力。雖然籤詩末句說「婚姻夙世結成雙」，雖然陳三、五娘最後在一起，然而過程卻是波折不斷。

此外，若只單純問姻緣，籤施指示「雞犬相聞消息近」，「雞犬」暗示差不多八到十一月這段時間，或許有，且機率很大。

⊕置產

問買房子，若尾籤抽到這支籤呢？不好，因卦頭為是陳三五娘的故事，提示求籤者會有事，會有拖尾的情形，也就是說事情無法一次完成，有可能會拖上好幾年，很麻煩，這種房子千萬不要買。求籤者別看了籤詩內容，以為籤意很好，籤詩光內容好是沒有用的，關鍵還是要看卦頭的部份。

⊕健康

問健康，若老者抽到，不好。不光因為卦頭是陳三五娘的故事；籤詩也提示「令行到此實難推」，要推，推不開，且又有「自徘徊」，代表生病的事一直在那兒反覆不定，怎會好呢？

有時年輕人也會生重病，若年輕人抽到這支籤，問病體，一般狀況建議用月令解，因籤詩上指示「雞犬相聞消息近」，「雞犬」約指八到十一月，這三、四個月看看。若是較嚴重的情形，能撐過這三、四個月的話，大概就沒問題了。若是危急的情況，這「雞犬」就要作雞犬日解了。

若問開刀，籤施指示「結成雙」，代表可能不只開兩次。更可能動不動就被叫回去複診，常常要檢查。因籤詩指示「徘徊」，再加上卦頭又是陳三五娘的故事，都暗示無法一次就解決。

⊕ **功名**

問功名，若求籤者曾經考中的話，錄取的機率很高；若從未參加過考試，那中的機率就低。此話怎講？因籤詩說「另行到此時難推」，又說「歌歌暢飲自徘徊」，這兩句倒過來解釋，就是說求籤者若第一次去參加考試，考中的機率低，因為求籤者尚未歷經「徘徊」的過程，一定要經此過程，也就是指考兩次以上，考中的機會才會比較大。再者，卦頭為陳三五娘的故事，暗示事情會拖尾。也就是第一次考中的機率比較低。

⊕ **訴訟**

問訴訟，因卦頭為陳三五娘的故事，代表會拖尾。不是一次就好，且一拖會拖很多年。若求籤者是十二月抽，可能要等到明年農曆的八到十一月，才比較有機會結束，若過了這三、四個月尚未結束的話，就很難講了，這訴訟可能會延續下去。

⊕ **家運**

問家運，因卦頭為陳三五娘的故事，暗示求籤者家裡會有事徘徊不前，不能解決，而爭吵的導火線就是這件不能解決的事情。何以說是為了一件事而爭吵呢？因為籤詩說「時難推」、「自徘徊」，想推都推不開，講來講去都是為了一件事。抽到這種籤，神明的指示已經很清楚了，求籤者自己應有所警惕，別再為了這件事而爭吵不休。這件事一定有解決之道，因為人是活的，事情是死的，求籤者及家人都要檢討。

第四十二籤——庚戌

第四十二籤	
庚戌	一重江水一重山 誰知此去路又難 任他改求終不過 是非到底未得安
聞仲西征遇後逃十絕陣	

解曰
六甲子息無男 婚姻不吉　求財無利 功名無望　生理有失 官事大凶　耕作半收 討海不吉　行人未日至 行舟不吉　移居不吉 乞子不吉 病者未日過不要老人大凶

卦頭：聞仲西征遇後逃十絕陣

卦頭出處：《封神演義》

卦頭故事：

金面太師聞仲，是商紂的宰相，一生作戰無往不利，然而出兵征討西歧，卻連連為姜子牙所挫，逼得聞仲不得不找來道友聯合擺開十絕陣，準備將姜子牙一網打盡。但聞仲的師父曾警告過他，說他見不得絕字，不料途中他竟見到絕龍嶺；但聞仲本以為這一仗穩贏，不料各路道友因姜子牙助周反紂，反而去幫助姜子牙，於是以燃燈道人為主帥，引領道友入十絕陣對峙，後姜子牙技高一籌，破了聞仲的十絕陣，但聞仲不認輸，仍繼續奮戰到底，但終究敵不過姜子牙，而命絕於絕龍嶺。

籤詩分析：

卦頭：此籤為下下籤。因卦頭為〈聞仲西征遇後逃十絕陣〉，這個「聞仲西」就是聞太師，俗話說：「聞太師走到絕龍嶺。」死路一條，怎會好。

詩文：從詩文來看，須掌握的關鍵字、詞為「一重江水一重山」、「誰知此去路又難」、「未得安」。而「一重江水一重山」、「誰知此去路又難」，是說山路難走，江水阻隔，那就代表有阻礙。而「未得安」的「未」字則有時間上的指示。

籤詩籤解：

⊕ 運途

問運途，卦頭為〈聞仲西征遇後逃十絕陣〉，無路可走了。俗話說：聞太師走到絕龍嶺，無路可走。聞仲西的師父曾跟他說他這輩子不能封爵，而事實上聞仲西是走到絕龍嶺，最後也死在那裡，所以這支籤沒有一樣是好的，不理想，是下下籤。而籤詩提示說

「未得安」，或許後半年（農曆六月後）會獲得較平穩的狀況。因此，在時候未到的這段時間，求籤者凡事要忍耐，雖然路難走，但不過是半年而已，有什麼忍不過的呢？人的一輩子是長長久久的，這半年僅是人生當中的一個小插曲，就把它當作考驗，不如意總有過去的一天。

⊕事業

問事業，抽到此籤不論是生意、事業通通做不得，因卦頭為〈聞仲西征遇後逃十絕陣〉。做生意的話，保證賠錢，因卦頭主人翁聞仲西無路可走了。若求籤者才剛做，那就趕快收起來別做了；若求籤者說已經做了一段時間了，或好多年了，因籤詩提示「未得安」，那就再做半年看看，真的不行的話，就收起來。

想換工作，若新公司抽到這支籤，那要和舊公司比較。若舊公司、新公司抽到此籤呢？那還是待在舊公司吧！為什麼？至少，舊公司有年資，而底薪也比新公司高，那何必去新公司。

⊕感情

問感情，不能在一起。因從卦象看來求籤者一定是不常在一起的。籤詩提示說「一重江水一重山」、「誰知此去路又難」，神明說山路難走，江水又阻隔，這樣是不是顯示求籤者聚少離多嗎？所以，一人一路，相處的機會又少，只是表面上有男女朋友的關係而已，這樣的感情怎麼走得下去。若求籤者問只有距離因素，難道沒有人為因素嗎？那當然要看當事者的相處狀況。俗話說：有緣千里來相會，無緣對面不相識；若沒有距離因素卻抽到這支籤，這只能說是求籤者冤家路窄了，因你們不同心，所以求籤者要想想。

若問婚姻，是不理想的。這支籤倒沒有外遇的現象，但有可能是夫妻相隔兩地，心不在一起。若問怎麼辦？求籤者自己決定吧！

問姻緣方位，千萬不可往西邊找尋，因卦頭為〈聞仲西征遇後逃十絕陣〉，正因西征後就是「十絕陣」，而聞仲就是往西邊而走到絕路，才會跑到絕龍嶺，而籤詩中「未得安」的「未」字在此則解為方位，「未」在方位上指的是南方，或許往南方會有收穫！

⊕置產

問買房子，不好，別買了，因這房子住不得。除卦頭指示已無路可走，來到此處已是死絕；且籤詩又說「一重江水一重山」，住下去之後，求籤者的運途會像「一重江水一重山」一樣，無路可走。因這房子的厝運不合住，住下去之後，運勢會漸漸走下坡，甚至跌到谷底。再從籤詩提示的「一重江水一重山」、「誰知此去路又難」，指示這房子不僅濕氣重了，且出入的地方較不好；怎麼說呢？可能下雨時室內易積水，而又位在巷子內，所以出入不方便。

此外，這房子是**絕地**，買不得。因抽到這支籤即使你有多喜歡這房子，那也買不得，因籤詩一開始就提示「絕」了，就像卦頭所說入「十絕陣」般，被困其中，那怎麼會有路可走呢？所以，這房子是買不得的，切記！

⊕健康

問健康，若老者抽此籤，表示不好，卦頭的十絕陣，代表已無路可走了。而年輕人抽到此籤呢？若是他已病了一段時間，因籤詩提示「未得安」，「未」代表六月，六月過後就比較沒關係了。若是臨急時，「未」就用日來解了。

問開刀，不要開，開不得。因籤詩提示「一重江水一重山」，且又說「路又難」，開刀路難，那就表示不要動了，若動刀的話，就吃力了。

⊕功名

問功名，問都別問了，沒一句好的。至於籤詩中提到的「未得安」，這句也別解釋了，那句「未得安」於此已無任何作用了，因卦頭〈聞仲西征遇後逃十絕陣〉，籤詩亦提示「一重江水一重山」、「誰知此去路又難」，都已經顯示無路可走了；此外，還有個「終不過」，這樣，還有戲唱嗎？

⊕訴訟

問訴訟，抽到此籤又問訴訟的話，不好，不會贏的。求籤者還是講和就好，別訴訟了，因都入「絕陣」了，怎會贏。

⊕家運

問家運，不好，求籤者你們家人要互相體諒一下，若有什麼事，大家就攤開來說，然後尋求解決方法，大家要同心為這個家著想，能這樣的話，或許你們家後半年，六月過後可能就會較順了。因籤詩提示「未得安」；再者，人要做的是改善的功夫，因為命是固定的，至於運是絕對可以改的，但要靠人力以及一些福運，此外，多做善事亦可補運。

第四十三籤——辛丑

第四十三籤
辛丑
一年作事急如飛 君爾寬心莫遲疑 貴人還在千里外 月中音信漸漸知
劉智遠邠州投軍
解曰
六甲子息有少 婚姻不吉　求財出外有 望在家不吉 官事慢完局　耕作半收 行舟好　討海少利 功名有望　行人月光到 病者至月光不要 乞男兒不吉　移居平平

卦頭：劉智遠邠州投軍

卦頭出處：《白兔記》

卦頭故事：

劉智遠與李三娘成親後，因岳父母相繼過世，夫妻二人受三娘大哥大嫂的欺凌，兩人吃足了苦頭。這時恰巧劉智遠巧得瓜園的兵書和兵器，為擺脫受人欺凌的日子，適逢岳勳在邠州招兵買馬，於是劉智遠遂前往邠州投軍；臨行前，劉智遠告訴三娘說：若不成功誓不回。劉智遠在軍中，起初都作一些打雜的工作，後娶岳勳之女後，才有機會一展長才；時因草寇作亂，劉智遠平寇有功封九州安撫使，最後風光迎回李三娘，一家人方得以團聚。

籤詩分析：

卦頭：卦頭為〈劉智遠邠州投軍〉，其中「投軍」二字有時是解籤的一個關鍵，譬如：求籤者問他兒子是先去當兵呢？還是去學做齒模？解籤者當面就可以跟他說：當兵呀！為什麼？因卦頭指示「投軍」了。

詩文：這是一支慢運籤，因「貴人還在千里外」，此外，須掌握的關鍵字、詞為「月中音信漸漸知」。

籤詩籤解：

⊕ **運途**

問運途，慢運！因「貴人還在千里外」。那何時可以出運呢？年中過吧！因籤詩提示「月中」，但這個「月中」在此不用月解，要用年來解，因運的轉換是要時間的，因此，要用年來解。所以，是指年後的事了。

⊕事業

問事業的話，不好做。因籤詩說「貴人還在千里外」，要幫你的人還在遙遠的一邊，若求籤者熬得住的話，就撐下去吧！籤詩又指示「月中音信漸漸知」，這個「月中」應作年解，為什麼？「貴人還在千里外」，哪有可能馬上到，若貴人會立刻出現，那也不會抽到這支籤。所以，生意要好的話，也不是現在就可以好，求籤者要有點耐心。但若是上班族者，那還沒關係，就慢慢熬吧！

此外，這支籤亦透露求籤者有不好的狀況，且這狀況應有一段時間了。例如：跑三點半？這支籤卦象顯示，求籤者跑三點半的狀況已經有一段時間了。若說是第一次跑三點半，那是騙人的，何以如此說呢？因籤詩說「一年作事急如飛」，是說一年到頭都是如此，又不是今天才這樣；因此，求籤者自己要檢討一下，更要思索解決之道。那何時才會改善呢？這就要看問什麼事了；如果事情是很急迫的，譬如：求籤者是農曆的十二月十一日抽到此籤，問何時才能有所改善？籤詩說「月中音信漸漸知」，或許月底再看看吧！但不可說月中，為什麼？因都已經十一日了，而月中（指農曆十五）都快到了；不過，要說月中也可以，除非求籤者的運勢非常好。

若想換工作，舊公司抽到這支籤？那還是要和新公司比較一下。若新公司的籤不好的話，那就待在舊公司吧！若新公司和舊公司的籤相同的話，那還是待在舊公司，因在舊公司至少有年資。

⊕感情

問姻緣，那就有得等了，為什麼？因籤詩說「貴人還在千里外」，又說「月中音信漸漸知」，所以，若有人介紹的話，就去看看，求籤者你不妨多看一下，不然你怎知對方的好壞呢？

至於朝哪個方向去機會比較多呢？這支籤很難看出方位；所以，人家介紹的話，就勤勞點多去看看吧！要給自己及對方一個機會。

問婚姻，原則上並沒有婚外情的現象，求籤者就不要胡思亂想，何以如此說呢？因籤詩提示「君爾寬心」，就是要你放寬心，別庸人自擾。又說「莫遲疑」，是告訴你別再猶豫不決了，求籤者自己的心情要放輕鬆。

⊕置產

問買房子，這支籤不好也不壞，沒有凶相。但要配合頭、尾籤。若頭籤是好籤，而尾籤為「辛丑籤」〈劉智遠邠州投軍〉呢？那這間房子不能做生意，若這房子只是單純居住的話，那還可以買；何以這支籤不能做生意呢？這支籤是尾籤的話，籤詩提示「貴人還在千里外」，因尾籤是看未來的發展性，「貴人」還在遙遠的地方，那生意要怎麼做呢？若頭籤不好，而尾籤為「辛丑籤」〈劉智遠邠州投軍〉呢？那就別買了，因這支籤是一支慢運籤。

⊕ **健康**

問健康，年輕人抽到這支籤較沒關係；但老者問健康，不好；因籤詩指示「貴人還在千里外」。譬如：求籤者現在生病想找好一點的醫生，但就是沒這個緣份，因你的貴人（醫生）還不知在哪裡？所以，還是要住院，在住院的期間內就慢慢找、慢慢看，因不可能一下子就能找到好醫生，也許要經過會診，說不定你的主治醫生還會找別的醫生來幫你治病也說不定，這種情形也是有可能的。

若求籤者是農曆十二月十二日抽到此籤，那就月底再看看吧！也有可能再拖一個月，因籤詩指示「月中」，求籤者抽到此籤已快月中了，當然不能說月中，所以若到月底還沒消息的話，那有可能會拖到下個月的十五、十六日。

問開刀，且慢開刀，因籤詩說「貴人還在千里外」。求籤者最好再多打聽，看看醫生的技術好不好，或問清楚開刀後會怎麼樣。

⊕ **功名**

問功名，不理想，因籤詩說「貴人還在千里外」，中的機率小。但若求籤者要考軍校的話，那就另當別論了，因為卦頭提示「投軍」，所以，考軍校的贏面大。

⊕ **訴訟**

問訴訟，目前不理想，因「貴人還在千里外」。所以，想贏的話，要很拼，贏面小。籤詩又說「月中音信漸漸知」，訴訟一程過了之後，若情勢不對，能和解的話，大家就來和解，要以和為貴。

⊕家運

問家運，籤詩提示「月中音信漸漸知」，這個「月中」要解為半年，因家裡不平靜，所謂冰凍三尺非一日之寒，所以，解籤時要將時間拉長。求籤者若家裡氣氛想再進展的話，差不多要半年過後，才會較有進展。

第四十四籤——辛卯

第四十四籤	
辛卯	
客到前途多得利 君爾何故兩相疑 須知中間防進退 月出光輝得運時	蕭何月下追韓信

解曰
婚姻大吉　求財平平 功名望貴人官事和者好 耕作有收　行人月光至 行舟好　乞子少吉 致病少者月光無慮 老者拖尾 移居平平 六甲先男後女

卦頭：蕭何月下追韓信

卦頭出處：《史記・淮陰侯列傳》

卦頭故事：

韓信本來是項羽手下的小官，因為屢次獻策不被採用，於是離開項羽而投效劉邦。蕭何知道韓信有本事，答應韓信要向劉邦推薦他為大將軍；只是幾個月都過去了，劉邦卻毫無動靜。此時，心灰意冷的韓信，趁著月夜，偷偷離去，打算另謀出路。知道韓信出走的消息，蕭何來不及稟告劉邦，於是連夜快馬將韓信追回。劉邦知此事大不悅，說：我從關中出發，沿途離開的人很多，為什麼唯獨只追韓信？蕭何答說：大王若想爭得天下，除重用韓信外，別無他法。於是在蕭何建議下，劉邦下令築將臺，隆重地拜韓信為元帥；而拜將後的韓信，果然不負眾望，逼迫項羽在烏江自刎，並協助劉邦建立了漢朝。

籤詩分析：

卦頭：卦頭為〈蕭何月下追韓信〉，蕭何是漢高祖劉邦的謀臣，他在劉邦心中是有份量的。而蕭何慧眼識英雄，能看出韓信的才能，所以想盡辦法將韓信追回。而求籤者就可視為「韓信」，從卦頭知求籤者是有貴人的。

詩文：關鍵字、詞為「客到前途多得利」、「中間」、「月出光輝」。這個「中間」涵蓋的範圍很廣，像可解成腹腔內、爭吵、想法、房子的格局、管理層面等。而「月出光輝」指的是農曆十三、十四、十五日左右。

籤詩籤解：

⊕運途

問運途，籤詩指示「月出光輝得運時」，求籤者的運剛開始時不好，要過半年後，差不多七、八月過後，才會轉運。

⊕ 事業

問事業，這支籤如果做生意的話，中途會有一些出入，意指好壞參半，狀況會有似無、無似有。所以，在這段時間內，求籤者一定要忍耐。若是自己在做事業的，更要格外小心，要注意廠房內的各項零件、配件，為什麼？因籤詩指示「須知中間防進退」，這籤倒是沒有防小人的問題，但籤詩裡的「中間」可以指求籤者的管理、想法、心理……等層面。而「防進退」是指求籤者可能很懶散，雖然知道要領，但就是不去做，而這就是「退」呀！若去改善的話，就是「進」囉！譬如說：你是做汽車修理的，雖然最近工作滿檔，但就好像不太賺錢，到底怎麼了？那有可能是求籤者在管理方面出了問題，有可能是零件亂丟、工具亂丟之類的，那求籤者就好好想想，是否如此，若有的話，就改進呀！

至於合夥做生意呢？籤詩中說「君爾何故兩相疑」，合夥做生意本就不好做，這是大家都知道，求籤者要去尋求相處之道。

若要換工作，舊公司抽到這支籤呢？事實上，舊公司抽到這支籤，是不必換工作的。若是新公司抽到這支籤呢？那在新公司會好壞參半。若求籤者從來沒有工作經驗，這個新公司當然要去。若求籤者現在在舊公司，而又找到新公司的話，原則上這個新公司是可以過去的，但籤詩提示說「須知中間防進退」，有可能是人家要你過去，但求籤者捨不得離開舊公司，會有這種現象。

⊕ 感情

問感情，有一段時間會較冷淡，但還是會復合，因祂說「須知中間防進退」。這「中間防進退」是說求籤者好像會遇到某些外來的因素，但這個「進退」不是離開，有時是求籤者自身的問題；自己想要，卻又下不了決定，在那兒猶豫不決。所以，這個不要不是斷得了的，或許又會因為某種因素又復合了。何以說感情會有一段時間較冷淡呢？因籤詩提示說兩相疑，雙方互相猜忌，當然會冷淡囉！

至於婚姻，雙方不可以相互猜忌。籤詩提示「須知中間防進退」，是說求籤者夫妻雙方，若心有所疑惑，要將心裡話說出，別互相猜忌。

姻緣無方未位可看。但姻緣還不錯喔！何以見得呢？因卦頭的〈蕭何月下追韓信〉，有追到。所以，有人介紹的話，求籤者就去看看，機會不錯的。

⊕置產

問買房子，若頭籤好，尾籤是「辛卯籤」〈蕭何月下追韓信〉，可以買嗎？可以，但求籤者對要再仔細看看房子的格局，或許會發現缺點；也或許你看了不喜歡也說不定。為什麼？因籤詩提示「中間」，「中間」這個詞，就房子而論，指的是房子的格局。

若頭籤不好，而尾籤是「辛卯籤」〈蕭何月下追韓信〉呢？那就要看頭籤是怎麼個不好法？若頭籤是普通的不好，尾籤是「辛卯籤」，還是可考慮的。但話又說回來，若以尾籤是「辛卯籤」而言，在這房子住一陣子，會有一段時間好像覺得運不太好，但別因為不好就心有疙瘩，因這支籤並沒有什麼不好的事。

若頭籤普通，而尾籤是「辛卯籤」呢？那可以買，但要看內部格局合不合自己的意思，因「中間」二字。然而，求籤者也有可能去買到夾在中間的房子，要注意，買房子別買「中間」的那一間，因為會承擔不完；但蓋房子一般都會蓋偶數間，而很少人會蓋單數間的。不過，籤詩都這麼提示了，求籤者還是要謹慎一些。

⊕健康

問健康，年輕人抽到此籤較沒關係。但老者的話，可能腹腔內的問題較大，因籤詩說「須知中間防進退」，籤詩提示的「中間」指的就是腹內。至於有無危險？那當然是由醫生來判定。

若求籤者是農曆十二月抽到此籤的話，若問最近要住院，何時才能好一些呢？籤詩提示「月出光輝得運時」，待十五（元宵節）過，若沒關係的話，就可以了。因老者住院，一般都用臨急的方面去看，而臨急的話，就要用日來解，而不以月令解。譬如：現在住院，那籤詩又說「月出光輝得運時」，而「月出光輝」是不是剛好在農曆的十三、十四、十五這兩三天嗎？除非真的已經很危急了，那就要變成看日了。若這兩、三天沒有改善的話，那就要跳到明年正月十五日解。

問開刀，因籤詩提示「中間」，所以腹腔內的問題較大。至於開刀，應該可以開刀，因籤詩又指示「客到前途多得利」，這樣是有利的，但原則上也是要配合醫生的看法。醫生若說開的話，這個開還有要領，求籤者要參考較大的醫院，例如：長庚、榮總、高醫、義大，這些大醫院，若其中有三家說要開的話，那就要開刀了，求籤者就別遲疑了。

⊕功名

問功名，應該會中。因卦頭為〈蕭何月下追韓信〉，有追到韓信是沒錯，但要有貴人幫忙，而這個貴人要有權勢。

⊕訴訟

問訴訟，應該會贏。但要有個有力的貴人，因卦頭為〈蕭何月下追韓信〉。正因為蕭何有追到韓信，所以韓信才能一展長才；因此，求籤者可視為「韓信」，而「蕭何」就是「韓信」的貴人；至於「蕭何」又是漢高祖的重要謀臣，是有力的；所以，才說需要有力的貴人。但在這過程中會有一些攻防戰，因籤詩指示「須知中間防進退」，代表雙方在那兒互相角力。

⊕家運

問家運，若以家庭氣氛而言，求籤者的家人要好好反省。因籤詩提示「中間」；這「中間」二字，代表有爭執。有爭執的話，那都是自己心中的猜疑所導致，而這種猜疑是不應該有的。

若是指家庭經濟，因籤詩指示「須知中間防進退」，最近家中經濟若出狀況的話，那絕對是亂花錢的結果，要反過來想想，買的這些東西都是很必要的嗎？所以，改善之道，別亂花錢，要節流。

第四十五籤——辛巳

第四十五籤		
辛巳	花開今已結成菓 富貴榮華終到老 君子小人相會合 萬事清吉莫煩惱	董永皇都市仙女送孩兒
解曰		
婚姻少吉　求財有利 功名有望　生理大吉 官事有貴人　耕作有收 討海無利　乞男兒好 行舟不吉　建居平安 致病少者無慮老者不吉 六甲子息稀		

卦頭：董永皇都市仙女送孩兒

卦頭出處：《喻世明言》、《二十四孝》

卦頭故事：

董永，事父至孝，父死後，因家貧只好賣身葬父；其孝感動天，於是天上的仙女下凡嫁給他為妻。婚後，仙女努力織布。董永贖身後，二人更是其樂融融，幸福無比。有一天，仙女告訴董永，她本是天上的織女，因被他的孝心感動而下凡幫助他，但現在期滿，得返回天庭了，說完隨即離去。後來織女所生之子就由董永撫養。

籤詩分析：

卦頭：卦頭為〈董永皇都市仙女送孩兒〉，求籤者可視為董永；董永賣身葬父，孝感動天，天上的仙女下凡與其成婚生子，但仙女後又返回天庭，所以董永並沒有得到什麼，只得一子。因此，以整體而言，並沒有很好；而卦頭的「仙女」則提示求籤者要求神明，且是女性的神祇。

詩文：籤意看來雖不錯，但要配合卦頭；從籤詩本身來看，要掌握的關鍵字詞為「君子小人相會合」、「萬事清吉」。這個「君子小人」不是字面上的意義，它是好、壞、優、劣之別。而「萬事清吉」則不利於做生意。此外，籤意亦隱含求籤者要有包容的雅量。

籤詩籤解：

⊕ **運途**

問運途，還好，因籤詩中每一句都是好話。首先，籤詩指示「萬事清吉」。若求籤者有所求的話，因祂的卦頭為〈董永皇都市仙女送孩兒〉，董永是個貧窮子弟，為二十四孝之一；因家貧，父死只好賣身葬父，原則上這支並不是很好的籤；只因董永孝感動天，仙女下凡與之成婚生子，而後又返回天庭。事實上，董永只有得到一個孩子而已。至於籤意還不錯，但不是絕對的好。因祂後面有個「萬事清吉」，又說「君子小人相會合」，這個「君子小人」在這兒不是指真的君子、小人，而是指好、壞。籤詩中的「相會合」是指好的、壞的都出現了；若能看得開，能接納的話，那代表求籤者的心能夠靜下來，心若能靜得下來，當然就可以無所求了。

⊕事業

問事業，可以做。但祂提示「君子小人相會合」，這個「君子小人」暗示求籤者在事業上，要能接納別人的意見，但也不是要照單全收，求籤者要運用智慧去判斷。此外，「君子小人」也可以說遇到好客人或壞客人。但要做生意，就不能挑客人；所以，好客人、壞客人，都要概括承受。前人說得好，做生意就是在磨脾氣呀！所以，要懂得看開，更要懂得接納。而此籤亦出現「萬事清吉」，因「清吉」則不利於做生意；但這支籤還可以做生意，只是沒法子做大生意。

若想換工作，舊公司抽到這支籤，還能待嗎？除非新公司的籤非常好，不然舊公司還可以待。若新公司、舊公司抽中同一支籤呢？那當然是待在舊公司。

若沒有工作經驗，而抽到這支籤呢？可以去；但卦頭為〈董永皇都市仙女送孩兒〉，因董永是孝感動天的；所以，求籤者到新公司後，要像董永一樣，在自己的工作崗位上努力做、踏實做，有一天會遇到賞識你的人，且賞識你的人會以女性主管居多，因董永遇「仙女」，這個「仙女」代表女性主管。

⊕感情

問感情，就用這籤的卦頭解。事實上，此籤的籤意是不錯的，但卦頭中的「仙女」畢竟會離開，這個離開是生離的機會大。譬如：求籤者若要結婚，但婚後很可能其中一人因工作的緣故要到遠方，這樣的結果求籤者是否能承受？就要好好想想了。

問婚姻，還好，雖有得到天時，但恐怕不長久，恐怕會有分離的現象；因卦頭提示有離別，相處的機會不多。在這裡的分離應是生離而非死別，因「仙女」只是離開而已。至於婚姻中有無第三者呢？籤詩中說「君子小人相會合」，這就很難講了，可能有此現象，因籤詩又說「花開今已結成菓」，就有桃花的跡象了，因「花」代表有桃花運，不管是男生或女生，只要結了婚，有桃花的話，一般均以不正常的戀情居多，所以求籤者要小心。

問姻緣，籤詩說「花開今已結成菓」，代表緣份已到，姻緣成熟了。若有人介紹的話，就要多去走動走動。

⊕置產

問買房子，這房子可以買。因籤詩內容都不錯，籤詩說「花開今已結成菓」且「富貴榮華終到老」，又說「萬事清吉」，那就是叫求籤者不用煩惱囉！所以，可以考慮買。此外，房子內部的格局還不錯。

⊕健康

問健康，而當時正在生病的話，或許要去請佛祖幫忙，因卦頭的「仙女送孩兒」。且應求觀音佛祖，因「仙女」代表女性神祇。剛說老者抽到此籤要求佛祖保佑，那年輕人呢？一般而言，年輕人抽到此籤都比較沒關係。

問開刀，要求佛祖保佑。因卦頭提示「仙女」，而籤詩末句又是「萬事清吉」，應該沒什麼問題，但原則上要與醫生配合。

⊕功名

問功名，會中。卦頭「仙女送孩兒」，有「送」一個孩兒給他；所以有功名。

⊕訴訟

問訴訟，要以和為貴。因祂提示「君子小人相會合」，這個「君子小人」在訴訟中，表示不管什麼事，若能化解的話，就化解，不要有那種怎可放他干休的想法。所以，不管事情大小，若能和解就和解吧！

⊕家運

問家運，要多忍耐，多包容。因籤詩指示「君子小人相會合」，意思不是說大家都是小人或君子，這裡的「君子小人」指的是好或壞。而「會合」表示要互相容忍，因人多意見多，相對的爭執也就多；但既然是一家人就要有包容心，凡事看得透想得開，沒什麼好計較的，如此，才能「萬事清吉」啊！

第四十六籤——辛未

第四十六籤		
辛未	功名得位與君顯 前途富貴得安然 若遇一輪明月照 十五團圓光滿天	狄仁傑中興大唐
解曰		
六甲先女後男 病者少好　老人不吉 婚姻少吉　功名得進 生理大利　求財大吉 官事月光完局 耕作有收　討海少利 行人月光至　行舟大吉 建居大吉　乞子大吉		

卦頭：狄仁傑中興大唐

卦頭出處：《唐書》

卦頭故事：

武則天篡唐後，運用各種手段，加強掌控政治；不過，她卻非常禮遇狄仁傑，狄仁傑知唐氣數未盡，因此，他按兵不動，想法子讓武后廢武三思。有一天，武后在夢中與人下棋，無論自己如何努力布局、攻守，但始終贏不了對手；因此，武后要狄仁傑解夢，狄仁傑告訴武后說下棋必須有子，然武后無子如何贏呢？武后聽後有所覺悟，旋迎回李哲，並重立李哲（唐中宗）為太子。後來，武后病篤，在張柬之的策劃下，發動兵變；而後太子登基，改回國號，唐朝因此得以延長國祚。

籤詩分析：

卦頭：卦頭為〈狄仁傑中興大唐〉。武則天取唐代天下，而狄仁傑要從武則天手中復興唐室，所以任務艱鉅，過程是備極艱辛，但最後終於成功。在這裡，求籤者可視為「狄仁傑」，而這也意味著求籤者會歷經艱苦的考驗。

詩文：須掌握的關鍵字、詞為「功名得位與君顯」、「得安然」、「十五團圓光滿天」。這個「十五團圓光滿天」，暗示著「否極泰來」、「泰極否來」，因十五過後月亮就會開始出現缺陷，所以求籤者要有心理準備，但萬不可失志，因月缺就是下一個月圓的開始，求籤者遇到的不如意終究會過去的。

籤詩籤解：

㊉運途

問運途，會很辛苦。卦頭為〈狄仁傑中興大唐〉，狄仁傑在中興大唐的過程中，非常辛苦，他得跟武則天爭鬥，而武則天是個很厲害的人，滿朝文武她都沒有將誰放在眼裡，但唯獨就是憂心狄仁傑，因狄仁傑很忠心，他對大唐是大忠，對武周則是小忠；而狄仁傑一心只想恢復唐室，當時武則天掌大權，所以，可想而知，狄仁傑在中興大唐的過程中，備極辛勞。別看籤詩說「功名得位與君顯」，要想想他的過程是很艱辛的，所以，若問運途的話，很辛苦喔！

此外，再看籤詩「十五團圓光滿天」，想想，農曆十五日後，月亮會怎麼樣？月亮是不是會越來越小，開始有缺陷了，而當求籤者抽到這支籤時，代表已經「光滿天」，意味著漸漸要走缺陷的運了，否極泰來，泰極否來！所以，求籤者要有迎接不如意的心理準備。因此，如問運途的話，過程會很辛苦，不如意要開始了，得開始拼了。而卦頭的〈狄仁傑中興大唐〉，代表開始要付出了，不付出的話就沒戲唱了。但求籤者別喪氣，辛苦是有代價的，狄仁傑最終中興大唐，而這個辛苦是值得的。

⊕事業

問事業，和運途差不多。若現在已在經營，抽到這支籤，代表會漸漸變差，但不好歸不好，也不是以後都不好，月有陰晴圓缺！且籤詩說「十五團圓光滿天」，現在是有缺陷沒錯，但初三、四又開始有月光了，十五一到又月圓了；所以，求籤者經營生意會有起伏，但沒關係，生意本身就有起有落，求籤者抽到這支籤，別擔憂，因籤詩說「得安然」。所以起落對求籤者而言，雖不太好，但還不至於太壞，這生意還是可以做的。

若想換工作，問舊公司抽到這支籤，那繼續待著吧！若新公司抽到這支籤呢？要跳槽的話，是可以過去的。雖然籤詩說「十五團圓光滿天」，但求籤者還有個「安然」可得，為何不去呢？若想要再求更好的，可能較沒辦法，除非求籤者的能力像「狄仁傑」一樣好。因此，若是新公司挖角請你去擔任主管，那沒有關係，但原則上必須具備一個基本條件——能力要足夠，這樣才可以跳槽，否則就別說了。

⊕ **感情**

問感情，可能沒那麼順。籤詩提示「十五團圓光滿天」，十五過後月亮開始要缺陷了，表示感情會出現問題！

至於婚姻的話，認真講起來的話是不理想的，籤詩指示「十五團圓光滿天」，表示開始要出現缺陷了。而卦頭又是〈狄仁傑中興大唐〉，求籤者的婚姻會經營得很辛苦。但也不是說完全不好，因狄仁傑要從武則天手中復興大唐，那不是件簡單的事；所以，求籤者對於自己的婚姻也要付出相當的經營與努力。再說到姻緣的方位，此籤並無方位可看。所以，若有人介紹的話，求籤者就要多去看看。

⊕ **置產**

問買房子，普通。若頭籤好，但尾籤是此籤，那可以買。若頭籤普通，而尾籤是此籤，那也還可以買。若頭籤不好，而尾籤抽到這支，不要買；因頭籤不好，那尾籤就更不用說了，別買了。

⊕ **健康**

問健康，若是問老者，那他的身體會漸漸不好，籤詩說「十五團圓光滿天」，意思是說：十五一過，月亮開始有缺陷，代表求籤者的身體就像月亮一樣會漸漸走下坡。至於一般年輕人問健康，抽到這支籤的話，比較沒關係，除非像酒駕，受傷，那是外來的因素，只能怪自己。

問開刀，若醫生說機率很大的話，那就沒關係。因籤詩說「十五團圓光滿天」，表示開始有缺陷了，而開刀就是見刀面（台語），也可以說有缺陷，但沒關係。籤詩又說「前途富貴得安然」，只是過程稍有麻煩而已，應該沒什麼危險性。

⊕ **功名**

問功名，中的機會大。因籤詩說得很清楚「功名得位與君顯」，又說「前途富貴得安然」，「功名」、「富貴」既「顯」又「安然」，機會當然大囉！

⊕ **訴訟**

問訴訟，很辛苦。因卦頭為〈狄仁傑中興大唐〉。訴訟本身就代表有爭執、有紛爭了，非走到「訴訟」不可的話，那雙方必定會受傷，所以奉勸求籤者，大家以和為貴吧！彼此好好講，像這種籤都已經提示要「團圓」了，那何不講和呢！

⊕家運

問家運，家中的主事者代表「狄仁傑」，所以這支籤問家運的話，那就要看主事者的管理方式及處事手腕了。求籤者處事不見得用強硬的手段，有時懷柔政策也會奏效。因此，求籤者對於自己的家，就好比卦頭的狄仁傑在中興大唐般，要審慎思考，做事要講究方法，如此家中才能和氣、興盛。

第四十七籤——辛酉

第四十七籤		
辛酉	君爾何須問聖跡 自己身中皆有益 于今且看月中旬 凶事脱出化清吉	宋文舉中狀元玉真行路
解曰		
婚姻大吉 求財先不吉後大吉 功名得進 官事早完局　耕作有收 討海月尾好月光不吉 移居平平　行舟不吉 行人月光至 病者月光過不要 六甲先女後男		

卦頭：宋文舉中狀元玉真行路

卦頭出處：散曲《珍珠記》

卦頭故事：

宋朝有個讀書人叫高文舉，當地首富王員外非常賞識高文舉，並將女兒王玉真許配給他；後高文舉果真高中狀元，而丞相溫閣因欣賞高文舉，硬要將女兒溫金許配給他。後高文舉暗中寫了一封信，想要接王玉真一家上京享受榮華富貴，不料，家書卻被溫金竄改成為休書；當王玉真接到休書時憤恨不已，決定上京質問高文舉，後王玉真來到溫府，卻遭溫金凌虐，而高文舉無意間發現半顆珍珠乃為王玉真所有，但高文舉對溫金的惡行敢怒不敢言，於是暗示王玉真到包拯那兒申冤；後高文舉與王玉真團圓，本想報復溫金，後因神仙顯靈說其前世曾折磨溫金，故今世要受此果報，玉真醒悟，於是接回溫金，一家團圓。

有另一說法是說宋朝的高文舉進京趕考被殺害，結果有人冒用高文舉的名義考試，結果還考中狀元，後來高文舉的妻子上京找他，結果一看說：這不是我夫婿。

籤詩分析：

卦頭：這支籤有桃花。因卦頭為〈宋文舉中狀元玉真行路〉，宋朝的高文舉進京趕考被殺，後有人冒名頂替且中狀元，暗示有第三者。所以求籤者問事若求得此籤的話，表示會有人為的因素干擾。

詩文：解籤時須掌握的關鍵字、句為「于今且看月中旬」、「凶事脫出化清吉」。籤詩中出現「凶事」，在此處，「凶事」代表有麻煩的事。而「月中旬」是指每月的十一到二十日，這在求籤者問時間時會運用到的。「脫出」代表「凶事」可以解決。這支籤的「清吉」表示生意變冷清，是人為的因素。

籤詩籤解：

⊕運途

問運途，有外來因素的影響，且以人為的因素居多。若求籤者問運途何時才會變好？若是臨急的，因籤詩中提示「月中旬」，那就是指每月的十一到二十日，但要注意，不可以用月中解，因月中是指：每月的十五，而此處要用中旬解，因此求籤者要注意十一到二十日這段時間。若是看一整年，問何時才能有轉變？差不多要半年後，因「月中旬」，這個「中旬」，我們就將一年切一半；一般而言，差不多在農曆八月十五日過，漸漸地會有所改變。

抽到這支籤問一年的運途，求籤者有可能會遇到麻煩，何以如此說呢？籤詩提示有「凶事」，這個「凶事」不是指凶殺案或不好的事，而是指麻煩的事，意即求籤者將會碰上一些麻煩的事。

⊕事業

問事業，若是自己做生意，且剛開始經營，那在經營的過程中，差不多到年中的時候，會遇到一些麻煩。此外，從卦頭得知：卦頭主人翁是宋朝的高文舉，這個高文舉進京趕考時被人害死了，結果有人冒用高文舉的名義考試，還考中狀元，後來高文舉的妻子上京找他，結果一看說：這不是我夫婿。所以，由此可知有人為的因素；而剛說的年中時會遇到一些麻煩，因卦頭提示有冒名頂替的現象，求籤者會受到人為因素的影響。

想換工作，問舊公司抽到這支籤呢？可能會犯小人，且有第三者介入。若新公司抽到這支籤呢？求籤者再去找別的公司看看，因籤詩顯示會有人為因素的干擾，求籤者有可能會遇到被排擠的狀況。

再者，此籤亦出現了清吉；前面曾說過，若籤詩中有「清吉」二字者，不利於做生意，曾經有人抽到此籤，而這個求籤者經營卡拉ＯＫ店，她經營很久了，生意也還不錯，但最近不知怎麼了，就是有人會來鬧場，導致生意變差，而導致生意「清吉」之因，純粹是人為因素所造成。

⊕感情

感情方面，會有第三者介入。那婚姻呢？也會有第三者介入，因卦頭故事另一說主人翁「高文舉」是進京趕考時被人害死的，其妻前去找他，發現被殺的「高文舉」不是她的良人，因此說有第三者介入。

至於姻緣要問方位的話，籤詩中並無方位的指示。

⊕置產

問買房子，雖然籤詩詩句並沒有什麼不好，但籤詩中提示會有「凶事」，而這「凶事」在這兒是指有麻煩，而這麻煩是以人為因素為主，至於會是什麼因素？或這麻煩會歷時多久？並不清楚，說不定是產權不清楚，或者是鄰居不好相處。所以，建議不要買這間房子。

⊕健康

問健康，一般而言，年輕人抽到這支籤，較沒關係。若老者抽到此籤，因籤詩提示「自己身中皆有益」、「于今且看月中旬」，假如老人家正在住院，那就這陣子看一看，因神明指示「月中旬」了。而「中旬」是指每月的十一到二十日，若求籤者是十二日抽到這支籤，剛好昨天是十一日，而此處的「月中旬」就是指十二到二十日這段時間。所以求籤者這個禮拜觀察看看，度過這禮拜，若沒事的話，就沒關係了。

問開刀，照理而言，求籤者在這兒是有一件麻煩事，因籤詩指示「凶事脫出化清吉」，有「凶事」，代表開刀不見得會比較好；但不開刀也未必好。因籤詩指示「凶事脫出化清吉」，開了刀才能「脫出」，才能「化清吉」！因籤詩顯示求籤者確實有事，但不開刀又無法「脫出」，那又如何才能「化清吉」呢？在這樣的情況下，不可以完全用籤解，而是要詢問醫生，由醫生決定。

⊕功名

問功名，應該是會中。但又怕被人冒名頂替，因從卦頭看有此現象。

⊕訴訟

若問訴訟，一定有麻煩，因為籤詩說「凶事」。所以求籤者還是以和為貴吧！因籤都已指示有「凶事」了，有麻煩了，那求籤者又何必主動去惹麻煩。再者，籤詩提示「自己身中皆有益」，又說「何須問聖跡」，若再告下去，這樣求籤者不是自找麻煩嗎！那又何必呢！

而訴訟到一半，問何時能解脫呢？若求籤者是在農曆十二月十二日抽到此籤，因籤詩中指示「月中旬」，而每一個月都有一個「中旬」，而「月中旬」是指每個月的十一到二十日，建議求籤者這十多天多留意！即十二月二十二日左右（因抽籤日是十二月十二日了，所以就再加個十天左右），若要出庭的話，那就出完庭再看看，因已進行一半了。

⊕家運

問家運，有麻煩的事，因籤詩提示有「凶事」。但要看「家運」指的是哪一方面？因家運一般而言不是問經濟方面，不然就是問家庭氣氛，像這支籤若問經濟方面的話，應該沒什麼問題，但何以為了經濟問題而求籤呢？那有可能是將錢花在額外的人身上，也就是說求籤者是不是拿錢去把妹呢？

若是非經濟因素的話，那就要根據求籤者所問的問題去解，例如：有可能是人為因素造成，有時可能因不順遂而發脾氣，或因小孩不聽話常往外跑等等，但這些情形是可以解決的，因籤詩指示有「脫出」！且卦頭為〈宋文舉中狀元玉真行路〉，代表若有問題的話，是人為因素所造成的可能性居大。

第四十八籤——辛亥

第四十八籤

辛亥

陰世作事未和同
雲遮月色正朦朧
心中意欲前途去
只恐命內運未通

漢昭君出使和番

解曰

六甲子息晚得稀
婚姻大凶　求財不吉
生理不吉　功名無望
官事莫向前　耕作半收
行舟不吉　討海不吉
行人未日到　乞子不吉
移居不好
病者未日過不畏中人大凶

卦頭：漢昭君出使和番

卦頭出處：《漢宮秋》

卦頭故事：

王昭君因不願賄賂毛延壽，毛延壽就在昭君的畫像上動手腳。所以，昭君進宮多年，始終得不到漢元帝的青睞。昭君感傷得不到皇帝的垂愛，聽說匈奴有意與漢聯婚後，便自告奮勇上書請求漢元帝成全。臨行前，皇帝召昭君至金鑾殿前封賞，皇帝一見到王昭君的容顏，驚為天人，且有相見恨晚之憾，頓時心中無限懊悔；想留下昭君，又怕失信於匈奴，而引來匈奴侵犯，所以，漢元帝只好忍痛將王昭君送去和番。王昭君到了匈奴國後，匈奴多年未再侵犯漢的邊陲。但王昭君回國無望，又堅決不願受匈奴王之辱，最後選擇殉節而死。

籤詩分析：

卦頭：卦象顯示被設計，這是支下下籤。卦頭為〈漢昭君出使和番〉，昭君不願賄賂毛延壽而被毛延壽所陷害，最後出塞和親，結果當然有去無回。因此這支籤是有人為的因素在裡面。

詩文：關鍵字、詞為「陰世作事未和同」，這個「陰世」指的是我們看不到的那部份。而「未和同」、「運未通」的「未」字則是籤詩給予的時間指示。

籤詩籤解：

⊕運途

問運途，當然不好。因籤詩提示說「陰世作事未和同」，這個「陰世」在這裡並非指陰曹地府，而是指私下看不到的那一部份。說明白些，就是會被人設計；那這個不順什麼時才會過呢？六月看看吧！因籤詩提示「未和同」、「運未通」，所以，求籤者要忍耐一段時間。

⊕事業

問事業，不可做，會被設計。若投資下去，將會肉包子打狗有去無回！所以絕對不可做。若求籤者未投資之前抽到此籤，那就打消念頭吧！絕對不可做，因做了絕對賠錢；若硬要做的話，求籤者就要非常小心了。若已經營了很長一段時間，又抽到這支籤的話，表示求籤者最近的運必定不太好，籤詩指示「未和同」、「運未通」，所以，差不多是農曆六月過後才會有所改善。

若要換工作，問舊公司抽到這支籤呢？若以純粹工作而言，求籤者就先待在舊公司吧！除非新公司的籤比較好，那再過去。因卦頭為「昭君出塞」結果是有去無回，雖然不理想，但有工作總比沒工作好！

⊕感情

問感情，不好。這種感情會有被拖累的現象，因卦頭為〈漢昭君出使和番〉，昭君出使和番，是迫不得已的、是被設計的，且昭君出塞後就再也回不來，所以這支籤就感情方面而言是不太理想的，若問感情有沒有結果？有結果，然事實上昭君是死於塞外的。有結果是沒錯，但過程不以吉論，所以，這支籤就不能說是好籤。

若已婚了，又抽到此籤，那求籤者夫妻雙方要忍耐，這支籤顯示女方付出比較多，因卦頭為〈漢昭君出使和番〉，昭君後來又嫁給單于的兒子為妻，她的一生可說是坎坷的，所以說女方會付出較多。

那這支籤問姻緣，有方位可看嗎？籤詩指示「運未通」，因這個「未」指的是南方。

所以，大概往南方去，機會較好，不然照理說這支籤是在北方，因出塞是在北方，但還是往南方去機會較好。

⊕置產

問買房子，若求籤者有實際金錢的話，就買吧！例如：這房子是五百萬的話，求籤者正好也有五百萬，那就買吧！但千萬不要貸款，貸款的話，就買不得。

若頭籤好或普通，而尾籤是此籤的話，那這間房子的厝體（台語）還好，為什麼？因籤詩指示「昭君和番」、「運未通」、「未和同」，這樣，還沒關係。若頭籤很不好，而尾籤是此籤的話，那就不好。

而卦頭為〈漢昭君出使和番〉，那這房子會不會冷冷的？不會，因昭君和番是嫁單于又不是嫁寒窯，所以房子怎會冷冷的。

⊕健康

若老者問健康的話，很不好；因卦頭為〈漢昭君出使和番〉，最後是有去無回！若年輕人問「健康」呢？有可能會「卡到陰」，因籤詩提示「陰世作事未和同」，這個「陰世」就代表會有一些我們不知道的事。

若問開刀呢？不要開，因籤詩說「陰世作事未和同」，有可能會有一些我們不知道的情形發生。此外，卦頭為〈漢昭君出使和番〉，那是有去無回了，所以，要開刀的話，恐怕會有危險；若是非開不可的話，那就請醫生決定了。

⊕功名

問功名，不理想。但求籤者若能合年、合月、合日、合時抽的話，那當然會中，因籤詩說「運未通」、「未和同」；可是那樣的機率非常低，合月、合時、合日，那還有可能，因一年一次；但要合年、合月的話，那要十多年才會遇到一次，所以，機會難得！

⊕訴訟

問訴訟，對雙方都不好，因卦頭提示「昭君出塞」，代表有去無回。錢花下去的話，也都會賠光的，所以，求籤者自己要三思！

⊕家運

問家運，不好。而且家庭經濟方面也不好，因這支籤若問家運的話，代表求籤者家人要花錢都不先溝通，背地裡花錢，等到錢花光了才說。何以如此說呢？因籤詩說「陰世作事未和同」，這個「陰世」都代表都做一些人家不知道的事，到最後才東窗事發。而卦頭為〈漢昭君出使和番〉，亦提示求籤者容易受「外來因素」的影響。例如：當事者聽人家報明牌，然後跑去投資，結果完了，賠錢了，又不敢跟父母說；等到東窗事發後引發家庭戰爭，鬧到無法收拾的地步。若是「家中不和」的話，因籤詩指示「陰世作事未和同」，這個「陰世」代表那有外人唆使、破壞。

第四十九籤——壬子

第四十九籤	
壬子	
言語雖多不可從 風雲靜處未行龍 暗中終得明消息 君爾何須問重重	
劉皇叔三顧草蘆	
解曰	
婚姻平和　求財少利 功名後科　耕作半收 官事拖尾　行人未日到 行舟不吉　討海少利 病者未日過無慮 老者拖尾 六甲子息晚者稀	

卦頭：劉皇叔三顧草蘆

卦頭出處：《三國演義》

卦頭故事：

劉備屯兵新野，處境危殆；這時徐庶向劉備推薦了諸葛孔明。劉備對這位奇才早已有所耳聞，聽了徐庶的建議，劉備擇日準備了禮品與關羽、張飛來到臥龍崗拜訪孔明。第一次造訪時，門僮說：先生不在家，什麼時候回來也沒交代；劉備無功而返。有一回，正值隆冬時節，劉備聽說孔明已經回家，準備再前往臥龍崗拜訪；但到了臥龍崗，只見大門寫了一副對聯：淡薄以明志，寧靜而致遠。劉備二次造訪時，孔明與友人崔州平出遠門；後來關羽、張飛生氣了，張飛還揚言要將孔明綁來，但劉備以「周文王為姜子牙拉車」為由，說服關羽、張飛，於是三人又前往臥龍崗三訪孔明。這回孔明是在家了，但正在睡午覺，等到孔明睡醒，從容整理儀容後，方才出來見劉備。劉備向孔明請教創業大計，孔明一一答述，而後孔明感念劉備的盛情，終於答應為劉備效命。

籤詩分析：

卦頭：卦頭為〈劉皇叔三顧草蘆〉，過程備極艱辛，在這過程中求籤者要付出誠心和誠意。此外，這個「三」除表示多次外，亦暗示求籤者做事要三思之意。

詩文：從籤詩詩文來看，須掌握的關鍵字、詞為「言語雖多不可從」，這是提醒求籤者別拘泥小細節。此外，「未行龍」則有時間的提示。而「暗中終得明消息」，則是告訴求籤者，要明察秋毫，再做決定。

籤詩籤解：

㊉ 運途

問運途，若以一整年而論，那就要年中過，差不多是六、七月以後。籤詩提示「未行龍」，這個「未」指的是六月。且卦頭為「三顧茅廬」，表示求籤者會很辛苦的。

⊕事業

問事業，不好。因卦頭「三顧茅廬」的三，代表失敗的次數多，雖然最後劉備有請到孔明，但那是劉備有實力，那求籤者你的實力何在呢？所以抽到此籤問事業的話，代表求籤者會很辛苦，要付出很大的代價才能得到。因為此籤不是生意籤，而整支籤也都沒有財氣，那怎麼賺錢呢？若已經營的話，籤詩提示「未行龍」，那就年中再看看吧！這段期間求籤者只能努力經營了。

若想換工作，問舊公司抽到此籤呢？那求籤者請多想想，現在工作不好找，若想換工作的話，一定要先找到新工作，再來求籤比較，卦頭為「三顧茅廬」，若新公司抽到此籤呢？那就去！有總比沒有好吧！

那在職場上會不會犯小人呢？應該不會有小人，因卦頭為「三顧茅廬」，劉備三請孔明時，是孔明在考驗對方的耐心及誠心，所以應該不會有小人。至於會不會被刁難？若是一般職員還不至於被刁難，但當主管的話可就不一定了，照理說在職場上本就該付出，於此不能解釋成刁難，因「三顧茅廬」，是提醒求籤者要付出誠意。

⊕感情

問感情，不理想。若已經交往，那就要看雙方的誠意，因卦頭為〈劉皇叔三顧草廬〉，那就要看求籤者是否具備「劉備三請孔明」的誠意，若有那種誠心的話，可以。

問婚姻，此籤沒什麼凶相。籤詩提示「暗中終得明消息」，這個「暗中」是提醒求籤者要暗中觀察、仔細思考，看看這個人值得託付終身嗎？若此人小細節、大原則都做得不錯的話，那就可以考慮看看。

若已婚，又抽到這支籤，那是在提醒求籤者，有些事情知道就好，別相同的一件事情反覆問四、五次，因神明在前面已經提示「言語雖多不可從」。所以，求籤者要想想自己是否有相同的狀況。

姻緣的方位，因籤詩提示了「未行龍」，所以，求籤者不妨往南方去看看。

⊕置產

問買房子，若想買房子抽到此籤的話，因卦頭為〈劉皇叔三顧草蘆〉，基本上來講，並沒有凶相；若求籤者真的喜歡的話，那要將房子當作「孔明」，而求籤者則要多走幾趟，多觀察幾次，看看那棟房子是不是真的有那麼好？也許有其他的缺陷，若確定沒問題的話，那再回來覆籤，跟神明稟報：

當時弟子或信女，是○○時抽到這支籤「壬子籤」，因籤頭爲〈劉皇叔三顧草蘆〉，於是多走幾趟，多觀察幾次，看看那棟房子是不是眞的有那麼好，如今弟子或信女已照指示觀察過，但那棟房子迄今仍未賣出，那是不是這棟房子和弟子或信女有緣？若有，請出好籤；若無，請出壞籤。

⊕健康

問健康，生病了，怎麼看都看不好，因卦頭的「三顧茅廬」，顯示至少要看三、四次才會好。求籤者要多走幾次醫院，一次是不會好的。

若是問開刀呢？因卦頭為「三顧茅廬」，所以，也或許要開三次或三次以上喔！

⊕功名

問功名，也要考很多次。因籤詩都已經指示「三」了，怎可能一次就完成。而且籤詩又說「暗中終得明消息」，更暗示一次就要考上是不可能的。還有這首籤表面上看是好的，但是就是會出現差一點的狀況，因大環境的氣勢若不夠的話，結果也會讓求籤者失望。若運勢夠好的話或許還好，但要有人幫忙才會中。

⊕訴訟

問訴訟，要告很久。因卦頭已經提示「三顧茅廬」了，會告來告去的，沒完沒了的。所以，求籤者以和為貴吧！

若已經告了，那何時才會完結呢？那就看看年中有沒有法子解決了。因籤詩提示「未行龍」。若年中過，還無法解決的話，那就有得瞧了。若求籤者是年中過後一個月（七月）抽到這支籤呢？那就要問事情告多久了？若剛開始告，無法一次完成，因卦頭為「三顧茅廬」。若已經告很久了呢？快的話，是年底（十二月），因以「未」（六月）來說，其對沖是十二月；慢的話，那就要到明年的六月。

㊉家運

問家運，若家裡氣氛不佳的話，可能是求籤者耳根子軟或嘴巴太雜唸、囉唆的緣故，因籤詩說「言語雖多不可從」，若問何時家運可以改善呢？再看籤詩上說「風雲靜處未行龍」，因「未行龍」，當然要六月過後。

求籤者若問家中經濟，何以有錢會守不住呢？為什麼會沒財運呢？因籤詩提示說「暗中終得明消息」，這個「暗中」就是說求籤者會花一些不需要花的錢，所以，求籤者要仔細想想，以前有沒有這個問題，若沒有；那為什麼現在會出問題呢？找出問題點所在，然後去改進。

第五十籤——壬寅

第五十籤
壬寅
佛前喜誓無異心 且看前途得好音 此物原來本是鐵 亦能變化得成金
潘安遇陳姑叫合
解曰
婚姻平平　求財有利 功名有望　生理好 官事破財　耕作半收 行舟好 討海平平 病者少兒不要 老者不吉 六甲子息一男 乞子好　移居大吉

卦頭：潘安遇陳姑叫合，借用宋定伯路遇惡鬼

卦頭出處：《搜神記》

卦頭故事：

宋定伯小時候，有一天從私塾回家的途中遇到鬼。年紀小小的宋定伯就問鬼說：「你是誰呢？」鬼則回答說：「我是鬼呀！那你又是什麼呢？」這時，宋定伯說：「我也是鬼呀！」於是兩人相偕到市集。走著走著，這時鬼覺得走路實在太慢了，於是提議輪流背對方走。鬼先背宋定伯，但鬼覺得宋定伯怎麼會那麼重；還一度懷疑宋定伯不是鬼；這時宋定伯機警地回答，因為自己是新鬼呀！才會那麼重，而宋定伯又以自己是新鬼不知「鬼的禁忌」為由問鬼。結果知道鬼最忌諱被人吐口水。一到市集，宋定伯將鬼一肩扛起，順勢將鬼壓倒在地並朝鬼身上吐口水，鬼瞬間變成羊，宋定伯賣了羊，得意地離開。

籤詩分析：

卦頭：卦頭為〈潘安遇陳姑叫合〉，這支籤顯示有外來的因素。此外，籤若出現「叫合」，一定要有人幫忙。

詩文：關鍵字、詞為「佛前喜誓無異心」，這個「佛」非指佛祖、菩薩，而是指「求籤者問的事情」或求籤者認為困難的事。因這個「佛」可以指感情、雙親、考試、金錢等。再者，籤詩中「此物原來本是鐵」的「鐵」意謂著剛開始時是不好的，而這支籤亦顯示有競爭對手，也許會有「叫好不叫座」的狀況出現。

籤詩籤解：

⊕運途

問運途，不是不好，如果沒有人競爭的話，那還好。因為這支籤有提示「此物原來本是鐵」，又說「亦能變化得成金」，除無競爭對手之外，還要有人幫忙才可以。若有競爭對手的話，或許會有叫好不叫座的現象產生。因此，抽到這支籤的話，做任何事時，也許剛開始時很不錯，但實際上卻非如此，或許還會讓你失望，因籤詩提到鐵變金呀！這變化階段是快或慢？那就要看求籤者的造化了，這支籤一定要有人幫忙，顯示「叫合」的籤一定要有人幫忙。

⊕事業

問事業，這支籤若問做生意的話，是可以，但是一定要有人幫忙，而且剛開始時不好。話又說回來，做生意是長長久久的，所以說何時才會好呢？那就要看求籤者的造化了。而籤詩指示「佛前喜誓無異心」，若是做生意的，那求籤者對自己的東西品質要忠心，不可因生意好就偷工減料，到最後就自毀招牌。所以，這個「佛」在這裡就解成東西的品質，口味變差就表示有異心了。所以，求籤者自己該注意。

想換工作，若問舊公司抽到這支籤呢？別換，要待在舊公司。若新公司抽到這支籤呢？那就去吧！因籤詩已提示「佛前喜誓無異心」，又說「且看前途得好音」，這個「佛」就代表舊公司，而「無異心」就在提醒求籤者要堅持到底，因職場上不可能事事如意，所以，求籤者要經得起考驗，這樣才能得「好音」。

⊕感情

問感情，若朋友介紹的話，那就要去看看。因為籤詩提示本是「鐵」，那「鐵」要變成「金」的話，當然要一段時間，求籤者不能連時間都不願意付出！若已經交往很久了呢？那就要請人幫忙了，因卦頭為〈潘安遇陳姑叫合〉，若有「叫合」的，就是需要有人幫忙。以這支籤而言，卦頭指示「陳姑」，所以，這個幫忙者最好是個女性。

問婚姻，必有一人對感情不忠了，為什麼？因「佛」指的是感情，而籤詩中提示有「異心」了。那這支籤有沒有外遇現象呢？勉強解釋有吧！因卦頭為〈潘安遇陳姑叫合〉，「潘安」是男生，「陳姑」是女生，籤詩提示已有一個「叫合」在那兒了。若夫妻已經結婚十多年了，但最近怎麼怪怪的，或許有外遇的可能，因卦頭顯示「叫合」，好比夫妻其中一人被「合」到第三者那兒去了。所以，就婚姻而言，這個「佛前喜誓無異心」的「佛」，在這裡解為對感情的忠誠度。所以，求籤者夫妻雙方對婚姻要無異心才可以，這樣才能得「好音」。

至於姻緣，無方位可看。照理說這個姻緣是好的；這和結完婚的解法又不同了，所謂姻緣是有人在牽線才叫姻緣，但此處是求籤者不必仰仗人家牽線，而是與生俱來就具備這樣的條件了。此外，姻緣不是這一世才叫姻緣，累世積來的也叫姻緣。但籤詩說「此物原來本是鐵」，或許你們分開已久，或許還有人在牽線，雖然冥冥之中老天賦予你這個緣份，但若沒有人撮合的話，那「鐵」永遠是「鐵」而已，要如何變成「金」呢？所以，要有人幫忙才行。

⊕ 置產

問買房子，還好。若不做生意的話，是可以的。但若要做生意的話，那要先住一陣子再說。因籤詩提示「此物原來本是鐵」、「佛前喜誓無異心」，卦頭又為〈潘安遇陳姑叫合〉，在在都顯示有外來的因素。「此物原來本是鐵」，這個「本是鐵」是指求籤者買的房子還不到有做生意的行情，因人家還不認識你呀！所以要做生意的話，要經過一段時間。與其一開始貿然去做，然後賠錢，那還不如等到成熟一點之後再來做。

這間房子的厝體如何？或許剛開始不怎麼好，那時可能真的要請佛祖去鎮宅一下，籤詩提示「佛前喜誓無異心」，「佛」不是指你所問的事，而是指真的「佛」了。

若頭籤不好，平平的，但沒有顯示自刎、死、陣亡的字詞，而尾籤是這支籤呢？那還可以買。

⊕健康

問健康，若年輕人抽到此籤一般而言，都比較沒關係。但老者抽到此籤問健康的話，不好。因籤詩說「得成金」，表示可能快完了。因老者求籤問健康最怕籤詩中出現金、祿位、見太平、成仙等，都不好。若問開刀的話，老者，不好；但年輕人，是可以的。

⊕功名

問功名，若錄取的話，無法得第一。假如有競爭者的話，就沒戲唱了。因籤詩說「此物原來本是鐵」，這個「鐵」代表不如意。若求籤者有放棄心的話，那「佛」就會變成魔；因此，求籤者不可以有放棄的心。此外，求籤者對自己所做的事要有信心，不妨把「佛」當作既定的目標，好好去努力；也許當初的挫折，是你沒遇到善緣，但人家說「塞翁失馬，焉知非福」，又說「失之東吳，收之桑榆」，也許你失去那裡，也非完全失去，或許老天爺會在某些地方補償給你，只是求籤者不知道而已。再者，去那裡，真的好嗎？也許會出現意想不到的狀況喔！不然神明怎會出這支籤給你？既然神明會出這支籤給你，自有祂的道理，而且求籤者又是擲筊三次才得此籤的。

⊕ 訴訟

問訴訟，應該會贏。因籤詩說「且看前途得好音」，這支籤若是訴訟的話，因卦頭為〈潘安遇陳姑叫合〉，要注意請來幫忙的對象要為女性，效果可能會比較好；但不代表會贏，只是效果會比較好。

⊕ 家運

問家運，若求籤者說家中氣氛差，那就要先確認求籤者家中有無長輩。若有，這個「佛」就是指家中的長輩。若沒有的話呢？那就要看看求籤者是針對什麼樣的問題？舉例來說：

求籤者：我在旗津的天后宮抽到這支籤，對方解籤的拿個本子給我看，還跟我說籤不錯呀！但家中人都不和，吵吵鬧鬧的，怎麼會好？聽人介紹說代天宮有專人解籤，於是拿過來，請你們解說。

解籤者：對方叫你翻簿子，解籤簿上記載也是不錯。

求籤者：對呀！但事實就不是如此啊！他們還叫我要去拜「佛祖」，拜什麼的。

解籤者：且慢，拜不拜佛祖，都不是重點，請問你們家中有些什麼人呢？

求籤者：有公公、婆婆、先生、小叔等。

解籤者：抽到這支籤，原則上是好的，但對方（天后宮）可能說得比較不清楚。跟你說，不用去念佛，也不必去拜佛祖，但向善是應該的；因祂說「佛前喜誓無異心」，這個「佛」在這裡不是指佛祖，不是阿彌佗佛，也不是觀世音；而是你家中的長輩（公婆），你對家中的長輩要順從他們的心意呀！雖然心裡不是很高興，但籤詩提示「原來本是鐵」呀！「鐵」是不值錢的東西，這個道理就像你目前的狀況，若能順長輩的心，這樣才會「前途得好音」。你就朝著這個順長輩的心的方向走，轉個念吧！這樣，你的心裡就不會再鬱悶了，而家中又能變得融洽，那求籤者你又何樂而不爲呢？

因為籤詩提示「佛前喜誓無異心」，這個「佛」就是指求籤者問的問題。既然知道問題的根源了，那就要看求籤者願不願誠心誠意地去處理，若有心的話，「前途」才會「得好音」！

若問家中經濟呢？不太好喔！因籤詩說「原來本是鐵」，那怎麼會好！說到家中經濟，這個「佛」的解法又不同了，這個「佛」在這裡做金錢來解。所以，求籤者要好好使用金錢，不要想花就花，想賭就賭，到最後亂七八糟。因此，求籤者要好好思考。

第五十一籤——壬辰

第五十一籤

壬辰

東西南北不堪行
前途此事正可當
勸君把定莫煩惱
家門自有保安康

唐三藏往西天取經

解曰

婚姻二次成者初回不者
求財尋舊路　生理平平
官事拖尾　行舟少吉
耕作平平　討海少利
移居不吉　病者不要
乞男兒少吉
六甲先男後女

卦頭：唐三藏往西天取經

卦頭出處：《西遊記》

卦頭故事：

觀世音菩薩認為自幼為僧，德行、佛學俱佳的玄奘法師是到西天取經的最理想人選。

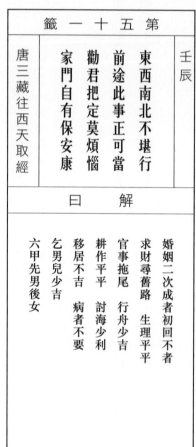

祂先暗中假扮成疥賴遊僧將佛祖所賜之袈裟、錫杖贈送給玄奘。然後在水陸法會的會場現身，要唐太宗派人到天竺國大雷寺，取回《大乘佛法》。玄奘法師知道朝廷需要人前往西天取經，就向唐太宗自我推薦。一切就緒後，玄奘風塵僕僕出發向西天取經，成為人們口中的唐三藏。唐三藏取經跋山涉水，日行夜宿苦難捱，沿途光怪陸離，怪力亂神阻撓不斷。終於，在他的三位徒弟孫悟空、豬八戒、沙悟淨降妖伏怪以及佛祖全力協助下，通過了八十一關的磨難。雖歷經波折，但終究順利取回真經，勸化世人。

籤詩分析：

卦頭：這支籤不好，很麻煩。因卦頭是〈唐三藏往西天取經〉，過程是很波折的。但根據史實，唐三藏西天取經根本就沒有孫悟空、豬八戒、沙悟淨的幫忙。據《大唐西域記》記載，唐三藏是去印度留學，當他出嘉峪關時，是西去陽關無故人，很慘的。因唐三藏沒有度牒（即通行證，是舊時官府發給佛門出家僧尼，以免地稅徭役的憑證），後鄭善果放他一條生路，且又給唐三藏一些物資與隨行人員，但半途中死的死，逃的逃，最後只剩下唐三藏一人。過程是何等的艱辛。所以，從卦象已知這籤為下下籤了。

詩文：神明開始就明示「東西南北不可行」了，而這就是解此籤應掌握的關鍵句。

籤詩籤解：

⊕運途

問運途，不好。因卦頭為〈唐三藏往西天取經〉，過程艱辛。所以求籤者做事要守一點，按部就班，謹守本份去做，別有貪念。這支籤要做生意、事業，都不行，籤詩首句已提示「東西南北不堪行」，再加上卦頭為〈唐三藏往西天取經〉；所以，事情會層出不窮，傷痕累累，一般人是無法承受的。

⊕事業

問事業，要做生意的話，不可。因為籤詩提示「東西南北不堪行」，而卦頭又是〈唐三藏往西天取經〉，中間的磨難、辛苦，不是普通人所能承受的。

若想換工作，問舊公司抽到此籤，是不是別待了？那要先問求籤者在舊公司已經待多久了？若只是待了兩、三年，那換的話還沒關係，但主要還是頭、尾籤都要比較過。若新公司抽到此籤呢？將會備極艱辛，那就別去了，去了沒意思！

⊕感情

問感情，一定不好。若交往久了，尚未結婚，但到最後或許有結婚的可能。因卦頭為〈唐三藏往西天取經〉，十七年後，唐三藏有回來呀！然他在通過天羅時，失落了一些經典，所以，也意謂著求籤者若結婚的話，有可能會失掉某些東西。但抽到這支籤，原則上，並不鼓勵求籤者結婚。

問婚姻，求籤者你們夫妻要互相忍讓，但這支籤不會有第三者，因為卦頭是三藏取經，干擾會很多，但根據正史唐三藏取經是受盡折磨，而那些干擾指的是折磨，而不是指第三者。

那問姻緣呢？籤詩都說「東南西北不可行」了，怎會好？所以，若有人介紹的話，求籤者就要努力去認識！但求籤者也別太失望，因為一支籤只有一年的運，並不能看一輩子，只是代表你當時的運氣不好而已，一年很快就過的。

⊕置產

問買房子，不可買。若頭籤好，而尾籤為〈唐三藏往西天取經〉，那也不能買，因尾籤的卦象不好，買下去的話，事情會層出不窮，不能平靜。先看卦頭「西天取經」，唐三藏所經之處，天寒地凍，這樣代表這房子冷颼颼，這種房子怎能住。再者，玄奘取經，過程艱辛，而尾籤則是看這房子未來的延展性，若買了房子，未來卻要備極艱辛，那這樣的房子還買它做什麼呢！

⊕健康

問健康，老者抽到此籤問健康的話，不好。因籤詩說「東南西北不堪行」，老者身體的併發症一定一大堆，因「東南西北」表示事情通通來。

至於年輕人抽到這支籤，雖然較沒關係，但也不好，會拖尾，暗示病不能在短時間內痊癒。譬如：若求籤者膽結石，石子會跑來跑去，或許要經過三、四次以上的處理，一次是無法處理好的。若問開刀，卦頭為〈唐三藏往西天取經〉，最好不要開刀，因為會有後遺症產生，不過，還是要經過醫生的評估。

⊕ 功名

問功名，不會中。因卦頭為〈唐三藏往西天取經〉，最後，雖有取到經典，但若求籤者的實力好的話，那還好說，但別忘了，唐三藏他歷經十七年才取到經典，所以第一次考，沒希望；要考好幾次。所以，求籤者要有耐心。

⊕ 訴訟

問訴訟，不好，會拖尾，因卦頭為〈唐三藏往西天取經〉，過程是波折重重，求籤者還是以和為貴。若已經告下去的話，何時才能終結？那也得經過一段很長的時間，若已經告了一段很長的時間了，最好別再告下去了，因為再告也沒用，只有徒增痛苦而已。

⊕ 家運

問家運，此籤若問家庭經濟呢？那求籤者家中最近的經濟狀況必定很不好，且賺錢會賺得很辛苦，從哪裡得知？卦頭的「三藏取經」代表絕對有事，而且無謂的開支很多；所以，求籤者要節流。若家中不和抽到此籤呢？那外來的因素較多，會很辛苦，因三藏取經，過程艱辛，但家人仍要努力溝通協調。

第五十二籤——壬午

第五十二籤		
壬午	功名事業本由天 不須掛念意懸懸 若問中間遲與速 際會風雲在眼前	張生長亭中探花
解曰		
婚姻少吉　求財少利 功名有望　官事不吉 生理前好後少吉 耕作半收　討海不吉 建居平平　行舟不吉 行人即至 病者要緊問神 六甲先男後女		

卦頭：張生長亭中探花

卦頭出處：《西廂記》

卦頭故事：

張君瑞與崔鶯鶯在普救寺邂逅。張君瑞對崔鶯鶯有好感，但崔鶯鶯總是擺出高姿態，爾後在紅娘的牽線下，張生終於打動了崔鶯鶯的芳心。一段時間後，東窗事發，兩人的戀情被崔老夫人得知，為維護女兒的名聲及門風，不得不答應張君瑞的求親。不過，崔老夫人提出張君瑞要進京趕考為條件，考中才能迎娶崔鶯鶯，否則，一切免談。後崔鶯鶯在十里長亭為張君瑞餞別，兩人惆悵滿懷分別；翌春，張君瑞高中探花郎，而後兩人終能常相廝守。

籤詩分析：

卦頭：從卦頭〈張生長亭中探花〉來看，考試有機會中，因祂已顯現「中」了。但此籤並無好、壞的顯示。所以，解籤時有時會借用其他的卦頭，例如：〈薛仁貴回家遇丁山〉、〈薛仁貴回家〉。籤本身不是在說好或慢，而是快跟慢。

詩文：解籤時須掌握的關鍵字、詞為「際會風雲在眼前」、「中間」。因籤詩中提示「際會風雲在眼前」，若求籤者眼前是好的，則運途就好：若眼前的狀況不好，則運勢就不好了。所以，這是一支快、慢籤，而非好、壞籤。因此，求籤者最好再抽第二支籤。

籤詩籤解：

⊕ **運 途**

問運途，這支籤只有顯示快、慢，並無好、壞的指示。籤詩末句說「際會風雲在眼前」，求籤者現在就看得見了，若目前運勢平平，那你今年的運也會平平。若最近運勢不錯的話，那今年的運也會不錯了。但求籤者要會守，別仗恃運勢好就胡作非為。若最近運勢不好的話，那代表今年的運會不好，但別因此而難過，已知狀況是如此了，那就要謹慎小心，這樣至少可以減少損失。

⊕事業

問事業或做生意的話，還要配合頭、尾籤，因這是支快、慢籤。若說快或慢的話，那很好說；反之，若要問會不會有發展？或其他的，那很難講，因籤本身並無好、壞的提示，要注意，這首籤詩的運途和事業的解法，有點雷同。若求籤者問現在做生意會賺錢嗎？若求籤者現在是平順的，那表示他現在正賺錢，那就要會守；求籤者要讓這個好維持一整年，因一支籤是指一年的運勢。

若想換工作，問舊公司抽到此籤呢？這支籤是中探花，若舊公司抽到此籤，除非是很不能待了，或者問新公司的籤很好，不然應該繼續待著。若新公司抽到此籤呢？那求籤者再求一支籤，若再求的那支籤不錯的話，那就去新公司。

⊕感情

問感情，若是人家剛介紹的，好與否，很快就會知道，因為籤詩說「若問中間遲與速」，這個「中間」是指求籤者的內心。若你認為對方好，那就再繼續；若不好的話，就別往來了。而又說「際會風雲在眼前」，所以求籤者很快就能明瞭。

若是已婚，抽到此籤，籤詩顯示並無第三者的現象，那怎還會有問題呢？因籤詩提示

「中間」，這個「中間」是指心裡的問題。求籤者夫妻雙方有事的話就要溝通，因這支籤又沒有外來的因素或什麼的，那就要開誠布公地檢討問題的癥結所在。

至於姻緣，無方位可看，不妨多認識新朋友。

⊕置產

要購屋抽到此籤的話，那要先問房子是要自己住的？或是買給小孩的？若是買給小孩住的，還可以；但若是大家要同住，那麼彼此的意見會很多。因為原卦頭看不出好、壞，因此借用〈薛仁貴回家遇丁山〉來解，因卦頭主人翁薛仁貴父子有衝突，意謂著求籤者若父子住在一起的話，會有衝突喔！

至於籤詩中提到「中間」，但此處的「中間」不一定是指房子的格局，因籤詩說「若問中間遲與速」，若解為房子內部的格局，房子隔局的快或慢，沒什麼牽連性，是沒有意義的。因此，這裡是指時間會較恰切。因這支籤並沒有什麼凶相，只有指示這東西的快或慢而已。

⊕健康

問健康，依經驗法則來說，老者抽到此籤的話，不好。請趕快去看醫生，因為籤詩提示說「際會風雲在眼前」，表示要求籤者千萬別再拖時間了，要快就醫。

但有時醫生會看不出個所以然，例如：求籤者身體沒有怎樣，籤的內容也沒有怎樣，但人就是很煩悶，去看醫生的話，醫生也只會判定你是憂鬱症或躁鬱症。但問題還是沒解決呀！若是這樣的話，那就請求籤者到廟中請教神明。

問開刀呢？最好是讓醫生決定。但也要配合頭、尾籤，這支籤並無好、壞的指示，因此，這支籤不管是頭籤或尾籤，都要再配合其他的籤。

⊕ 功名

問功名，會中。因卦頭為〈張生長亭中探花〉，已指示「中探花」了；但還有另一解法，若從籤詩來看，籤詩說「功名事業本由天」、「不須掛念意懸懸」，或許神明是在提醒你有就有，沒有就沒有，因祂說「本由天」。求籤者就順其自然了，只要盡力就好。

⊕ 訴訟

問訴訟，很快就會知道結果。何以說呢？因籤詩說「若問中間遲與速」、「際會風雲在眼前」；所以說很快就會有消息了。像這種籤就不會拖尾，至於會不會贏？那就看求籤者自己的造化了。不過，這是一支快、慢籤，並無好或壞的指示；所以，最好請求籤者再抽一籤。若求籤者第二籤抽不到的話（即神明不出籤），而要用此籤裁決的話，那代表求籤者很快就會知道結果了。至於會不會贏？那就要看看你有沒有靠山，或是敢不敢花錢了，若是敢花錢的話，也許贏面大。

⊕ 家運

問家運，這支籤若問家中經濟呢？若不是有很大的出入的話，或許求籤者父子可能有爭執，也許是為了一個較大的錢項出入，而有爭執。因此籤有另一個卦頭為〈薛仁貴回家遇丁山〉，也可以用這個卦頭去解。因原卦頭的〈張生長亭中探花〉，本身並無好、壞的指示，若「家運」會抽到這支籤，那表示在經濟方面、事情或家中和諧方面來說，可能有上下對立的關係存在。

第五十三籤——壬申

第五十三籤		
壬申	看君來問心中事 積善之家慶有餘 運亨財子雙雙至 指日喜氣溢門閭	劉元譜雙生貴子

解曰

婚姻平平　求財少吉
功名有德好　耕作好
討海少利　官事拖尾
乞子不吉　建居平平
行舟平平　行人緩到
致病老者拖尾少者大凶
六甲子息多

卦頭：劉元譜雙生貴子

卦頭出處：《今古奇觀》

卦頭故事：

宋朝劉元譜，平素仗義疏財，行善無數，然與元配結婚多年，七十歲了仍膝下無子，原配也希望劉元譜納妾。錢塘縣尹李克讓，臨終前將妻張氏與兒子李彥青託付給不相識的劉元譜，然劉元譜毅然決然幫之。後裴習因囚犯越獄逃跑，身陷囹圄，死於牢中，其女裴蘭孫賣身葬父，因而被買進劉家為妾。劉元譜知道裴蘭孫乃清官後代，隨即安排她與李彥青成親，李彥青與裴蘭孫成親之夜，劉元譜夢見兩位將神模樣的人告訴他說：感謝他對家人的照顧，將賜貴子。後來劉元譜先後與原配、婢女生下二子，取名劉文、劉武，這兩位後來都對宋朝有助益。

籤詩分析：

卦頭：卦頭為〈劉元譜雙生貴子〉，劉元譜七、八十歲才得子，所以，這是一支慢運籤，求籤者要有等的耐心。

詩文：卦相並無凶相的指示，要掌握的關鍵字、詞為「運亨財子雙雙至」、「積」，「運亨財子雙雙至」。從卦象顯示，代表求籤者須經過等待的歷程。而這個「積」字亦透露著累積、等待，因此，這是一支慢運籤。

籤詩籤解：

㊉運途

問運途。卦頭為〈劉元譜雙生貴子〉，告訴求籤者要等待。劉元譜是宋朝人，七十多歲才生子，可見這是一支慢運籤。問運途的話，求籤者照本份做就對了。若是最近不如意，也得忍耐，那要忍多久？一年而已，因這支籤並無凶相，只是提示要等而已，到年底，冬天過後就會有改善的。何以說？因籤詩提示「運亨財子雙雙至」，劉元譜到七老八十才生子；籤詩又說「積善之家慶有餘」，所以，求籤者就要慢慢地「積」，直到一年的最後年底，就會有所改善的。

⊕事業

問事業，若問做生意的話，不能做，卦頭為〈劉元譜雙生貴子〉，這是支慢運籤，要很晚才能發跡。那要等多久？若求籤者說：沒關係呀！反正我父親留了好幾億給我，那你就做吧！否則，千萬不可做生意。

若已經做下去的呢？假如求籤者已經營很久，最近才不好，那就請求籤者再忍耐一段日子。若這種狀況已經好幾個月了，那這一年內，求籤者再試試看，若能在這一年中好好拼，雖不會很賺，但也不會賠很多的話，就再做做看。但若是一開始就抽到這支籤的話，那就不可做生意。

若想換工作，問舊公司抽到這支籤呢？這是支慢運籤，卦象顯示並沒什麼囉唆的事，只是要等、積、忍而以，求籤者就待著吧！若新公司抽到這首籤呢？因卦頭為〈劉元譜雙生貴子〉，是慢運籤，所以去到新公司的話，因為要等很久，並沒什麼發展性。

⊕感情

問感情，那就好好培養，因這是一支慢運籤。問婚姻呢？卦頭為〈劉元譜雙生貴子〉，可能有婚外情，但認真說來也不是婚外情，是因為劉元譜的元配允許他納妾的，但他的小老婆生子後，他的元配後來也生了一子，所以說應會涉及異性的因素。因此，若已結婚又抽到此籤的話，或許有異性的干擾，但也非絕對，因卦頭主人翁沒有去外面亂來。

問姻緣，並無方位可看。若以姻緣來說，目前沒什麼姻緣，要等。譬如：求籤者已三十好幾了，依舊無消息，那就等到中秋過或年底時再看看。因一支籤只代表一年運，這一年中，一定有的，但不可能馬上有，因這是一支慢運籤，求籤者要耐心等。

若求籤者抽到此籤已是年底了呢？那就等明年了，且明年很快就到，一年一年的運會不同的，要有耐心。

⊕置產

問買房子，若這房子不是要做生意，而是單純住的話，那還不錯。這房子做生意的話，是不會賺錢的，只能平平的過。至於這房子的厝體應沒什麼問題，但這房子住下去，若要求子嗣，會很慢，因卦頭為〈劉元譜雙生貴子〉，這個劉元譜老來才得子，所以，這房子不利子嗣。

⊕健康

老者問健康呢？若有病的話，不可能一次就好，因卦頭為〈劉元譜雙生貴子〉，所以，這是一支慢運籤，運慢，當然就會拖尾囉！若年輕人問身體的話，那當然較沒關係。

問開刀，這支籤開刀的話也不好，因卦頭為〈劉元譜雙生貴子〉，雖然無凶相，但是支慢運籤，開刀後，傷口的癒合會較慢。

⊕功名

問功名，慢運。起初絕對不會中，卦頭為〈劉元譜雙生貴子〉，劉元譜很老時才生貴子，要多久才會有功名？那就要看求籤者的實力與造化了。

⊕訴訟

問訴訟，會拖尾。至於官司何時才能解決呢？大概年底看看，若到年底仍沒解決的話，那會再拖。何以說年底呢？因籤是以一年而論的，而根據卦頭，這支籤是到後來才有結果的，雖然籤意並無明白指示年底，但既然是慢運籤，而一支籤又代表一年，而年底就是一年的最後，所以說年底。

⊕家運

問家運，若問家中經濟呢？從卦頭得知年底，差不多秋冬時節才會有所改善。若家中不和呢？像這支籤並無家中不和的現象。所以，求籤者的家人要檢討，因這支籤並無吵鬧現象，但神明為什麼出這支籤呢？那就是在提醒求籤者，有什麼好吵的呢？要以和為貴呀！籤詩提示「積善之家慶有餘」，這個「積」字是說：求籤者家人都是累積了一些芝麻綠豆大的小事來爭吵，平常沒事就沒事，但「積」久了，就會有事了。所以，有事就要說出來，以和為貴！家和才能萬事興！

第五十四籤——壬戌

第五十四籤	
壬戌	
孤燈寂寂夜沉沉 萬事清吉萬事成 若逢陰中有善果 燒得好香達神明	王月英相國寺悞君期
解曰	
婚姻不吉　求財少利 功名不吉　生理少吉 官事平平　耕作半收 行人緩到　行舟不吉 移居不吉　乞子平平 病者不吉拖尾 六甲先男後女俱稀	

卦頭：王月英相國寺悞君期

卦頭出處：《全元曲．王月英元夜留鞋記》

卦頭故事：

王月英以賣胭脂水粉維生。有一天，郭華約她在相國寺見面，但郭華因為高興過頭喝醉了，結果醉到不醒人事，躺在相國寺；王月英見狀，只好回家，並且留下一雙繡花鞋，意思是說：我沒有爽約；郭華醒後看到那雙繡花鞋，心中滿是悔恨，結果就抱著繡花鞋自殺了，因他們是七世夫妻，這樣又過了一世。所以在此情況之下，兩個人是沒有結果的，所以才會「孤燈寂寂夜沉沉」。

籤詩分析：

卦頭：這是七世夫妻的故事，因卦頭為〈王月英相國寺悞君期〉，耽誤期待，這樣怎麼會好呢？

詩文：解籤時須掌握的字、詞為「孤燈寂寂夜沉沉」、「清吉」、「若逢陰中有善果」。籤詩開頭就說「孤燈寂寂夜沉沉」了，有這個「孤」字就很吃力了；而「清吉」更是提醒求籤者不可得意忘形。至於「若逢陰中有善果」更提示求籤者要思索更好的方法。

籤詩籤解：

㊉運途

問運途，這是支下下籤。因籤詩首句就提示「孤燈寂寂夜沉沉」，而卦頭又是〈王月英相國寺悞君期〉，耽誤期待。求籤者今年的運勢雖然不好，所以，在做任何事前就要多思考一下，因卦頭主人翁郭華就是因為喝酒誤事。所以，求籤者在做任何事時，千萬不可得意忘形。而籤詩提醒求籤者「萬事清吉萬事成」，若得意忘形，就不是「清吉」了。

⊕事業

問事業，做生意好嗎？那會累死其中一人。例如：夫妻共同經營，有可能是先生在做，老婆在一旁納涼，只出一張嘴；也可能是老婆打理一切，先生在一旁抽菸喝酒。因籤詩說「孤燈寂寂夜沉沉」，這個「孤」字，是暗示只有一人在忙碌。

若想換工作，問舊公司抽到這支籤呢？那意謂著做得辛苦就算了，還會被嫌棄，求籤者付出與回報不成比例。因籤詩說「孤燈寂寂夜沉沉」，卦頭又是〈王月英相國寺悞君期〉，在在都顯示耽誤了期待，縱使求籤者很努力工作，但命中就是遇到奇怪的上司，俗話說：「善善而不能用、惡惡是不能氣」，所謂善善而不能用是說：明知這個人很好，但就是不願賞識並重用他，無法替他嘉獎、加薪，也無法拉拔他。而惡惡是不能氣則是說：這個人很仗恃，最會偷雞摸狗了，但就是拿他沒輒，因他有靠山呀！然最悲哀的莫過於此，雖然不甘心，但這也是無可奈何的啊！這支籤就會有這樣的情形。所以，求籤者只能順其自然，再候時機吧！若新公司抽到此籤呢？那就別去了。

⊕感情

問感情，因卦頭為〈王月英相國寺悞君期〉，感情沒望了，都已經「誤」了，還談什麼感情呢。這支籤談到感情、婚姻、姻緣都不好，籤詩中的「孤」字表示只有一個；然而感情、婚姻、姻緣都要成雙才好！同樣是不好的籤，就以「壬申籤」〈劉元譜雙生貴子〉和「壬戌籤」〈王月英相國寺悞君期〉來說，雖然這兩支籤都是慢運，但「壬申籤」〈劉元譜雙生貴子〉還是好一些，因至少是個平安籤，但「壬戌籤」〈王月英相國寺悞君期〉，會失落哦！

若要問姻緣的方位，並無方位可看。所以，求籤者要順其自然，靜待姻緣。

⊕置產

問買房子，不好，因「孤燈」二字。若頭籤好，尾籤是這支壬戌籤呢？那不可以買，因這叫做一濁破九清，單一個「孤」字，就很吃力了，求籤者還買它做什麼？

⊕健康

問健康，老者抽到的話，不好。若他現在已經住院，要叫他轉院。若求籤者現在住的是甲醫院，而甲醫院抽到的是壬戌籤，因壬戌籤不好，但他若不轉院的話，走的就是壬戌籤的運，所以，要趕快轉院，或許有轉運的機會。為什麼？因籤詩第三句說「若逢陰中有善果」，這個「善果」不解成所積的陰德，在這裡解成有更好的方法或更好的醫院。因若在原醫院繼續住下去，會耽誤到你的期待。所以，求籤者還是快轉院吧！

問開刀呢？不好。求籤者快轉院。若轉院的話，要再抽另一支籤。

⊕功名

問功名，卦頭提示說「誤君期」，都耽誤了，怎會好。

⊕訴訟

問訴訟，也不好，因卦頭為〈王月英相國寺悞君期〉。若官司已經打了一半了，因籤詩提示「若逢陰中有善果」，求籤者要去探聽看看，目前用什麼方法最好？若目前用錢最好，那就用錢；但有時也不是用錢就可以解決的。而一首籤首重卦頭，卦頭是總綱，這支籤的卦頭本來就不好，若求籤者要花錢硬撐的話，那到最後會一發不可收拾，也許家中經濟會因求籤者堅持花錢訴訟而拖垮。

⊕家運

問家運，這支籤若問家中經濟呢？籤詩提示說「若逢陰中有善果」，這個「陰中」是指看不到、不知道或沒想到的那一面。所以，求籤者應尋求更好的理財方法開源節流，原本的方法並不妥當，才會耽誤了期待。

若家中不和呢？籤詩提示說「若逢陰中有善果」，同理，求籤者的家人要共同思考，尋求更好的方法。

第五十五籤——癸丑

第五十五籤
癸丑
須知進退總虛言 看看發暗未得全 珠玉深藏還未變 心中但得枉徒然
朱買臣負薪
解曰
婚姻不吉　求財無利 功名望後科　行舟不吉 耕作平平　討海無利 官事拖尾　乞男兒不吉 致病少者拖尾老者大凶 移居不吉 六甲先男

卦頭：朱買臣負薪

卦頭出處：《前漢演義》

卦頭故事：

西漢的朱買臣，只愛讀書，對治產一竅不通，因此到了四十多歲，還是一位落拓儒生。為了生活，只好每天上山砍柴賣錢度日。他的太太過怕了苦日子，且認為朱買臣不會有出息，於是要求離婚；但朱買臣勸慰她說：我五十歲時，就會富貴，現在我都已經四十多歲了，而妳也已經跟我過了一段很長的苦日子，再過個幾年吧！我就快富貴了，再忍耐忍耐吧！但她的妻子還是堅持要離婚。後因東越反叛，朱買臣乘機獻策，得到武帝的稱許，武帝命他出任會稽太守，征伐東越；當朱買臣衣錦還鄉時，其妻出面要求復合，朱買臣拒絕，其妻羞愧交集，遂自縊身亡。

籤詩分析：

卦頭：朱買臣直到七老八十才受漢武帝提拔，所以這是一支慢運籤。而人家說的覆水難收指的就是朱買臣與其妻子的故事；因當時朱買臣窮困，他的妻子瞧不起他，離開他，後來朱買臣當官後，他的妻子要求復合，朱買臣將水倒在地上，跟他妻子說：若這倒在地上的水能夠收得回來的話再說吧！

詩文：須掌握的字、詞為「看看發暗未得全」、「珠玉深藏還未變」、「枉徒然」。籤詩中的「未得全」、「還未變」中的「未」字為時間的指示。而「珠玉深藏還未變」暗示時機未到。本身所擁有的，再好都沒用，因為時機未到！

籤詩籤解：

⊕ 運途

問運途，慘啊！因卦頭為〈朱買臣負薪〉，朱買臣年紀一大把了，才被漢武帝拔擢，所以，是慢運籤，而這支籤的慢運比〈劉元譜雙生貴子〉還要慢。那何時才會有改變？大概是六月過吧！但不能說順，因這兒還有「未得全」、「還未變」，所以，差不多在六月左右，會有個轉捩點。

⊕事業

問事業，不會賺。因籤詩提示說「珠玉深藏還未變」，再好，都沒有用，因也得慢慢熬、慢慢磨。若才剛要經營的話，千萬不可做。若已經營很久，那就再做個一年半載，看看六、七月過後有沒有改善，若沒有的話，再回來請教神明。

若想換工作，問舊公司抽到此籤呢？最好要新、舊公司一起比較。若純以舊公司而言，求籤者在舊公司較沒什麼發展性；不然求籤者就要以時間換取空間；俗話不是說「戲棚下站久了就是你的」，而這支籤正是此種情況。若新公司抽到此籤呢？那就別去了，也是慢運！

⊕感情

問感情、婚姻都不好，為什麼？因卦頭為〈朱買臣負薪〉，卦頭主人翁朱買臣夫妻最後是分離的，怎麼會好。若求籤者已婚，那求籤者自己要看著辦。

問姻緣，若是剛認識的，最好別在一起。若已認識很久了，那就自己看著辦。至於方位的話，在南方，因籤詩提示「未得全」；而「未」表南方。求籤者不妨往南方找，也許機會較好。

⊕ 置產

問買房子，不可以買，這房子住下去會不理想，因卦頭為〈朱買臣負薪〉；且籤詩又說「心中但得枉徒然」，這怎麼可以買呢？若最近求籤者所住的房子覺得怪怪的，那要去求籤問神明。

⊕ 健康

問健康，老者抽到的話，不好。籤詩說「心中但得枉徒然」，都「枉徒然」了，還有什麼好說。若年輕人的話，則較沒關係。

問開刀，最好不要開刀，因籤詩提示「心中但得枉徒然」，又說「珠玉身藏還未變」，開刀也是沒用的。求籤者的運還不到那裡，那這樣開刀的話會好嗎？若是很臨急了，醫生說非開不可了，那只好請神明幫忙保佑，因這支籤要開刀的話，真的不理想。

若臨急要看日子呢？因籤詩提示「還未變」、「未得全」；那就用「未」這個字來看。譬如：今天是農曆十二月十三日，是乙丑日，若求籤者很臨急的話，那就用日來看。若已經住院很久了，好幾個月了，那就要用月來解。

假如求籤者已經病很久了，且年紀也很大了，那就到明年的三、四月再看看吧！因那時剛好有個三合（辛卯未，形成一個等腰三角形，就是三合），這時就要用三合來解了。因籤詩提示「未」，而「未」是六月，那卯是二月，從十二月到二月是三個月，這樣，三個月對照顧者而言，還好；因病人已經住院一段時間了。若是半年，那照顧者一定會手腳發軟。所以，若到正月、二月能平順的，那也要再觀察到五、六月，因真正的好要到六月才是真的好。何以如此說呢？因為是從「未」來解，但老者來到「未得全」的話，可能不祥，所以從年初到這段時間，要再多觀察，因這支籤本身就不好，而籤詩詩句說「心中但得枉徒然」，在在都顯示這支籤不是好籤，而且又白費時間。且籤詩又說「看看發暗未得全」、「珠玉身藏還未變」，只是老者走到這兒會有變化。

因這支籤的總綱不好，而總綱下來的分支籤詩也不好，而且問的又是老者的身體，這無疑是雪上加霜。

⊕功名

問功名，沒望了。因卦頭的「朱買臣」，一直到七老八十才獲提拔；所以求籤者就是要一直考，繼續拚。

⊕訴訟

問訴訟，不理想，會拖延。但話說回來，若要和對方拼的話，因籤詩提示「還未變」、「未得全」，這個「未」字代表到了某一個階段會有改變。

⊕家運

問家運，家中經濟，起初不好，差不多六、七月過後才會有所改善，但這過程會辛苦些，因卦頭提示〈朱買臣負薪〉，代表辛苦。

若家中不和抽到此籤，籤詩提示「須知進退總虛言」，「虛言」暗示求籤者家人在口角上發生不愉快的事。所以，求籤者家人要少爭吵。像這種籤若問何時會有改變？也不一定說六、七月過就會有所改善；有時真的是為了一些芝麻綠豆事在爭執，那就各自退讓一步！或許會馬上改善也說不定。因籤詩提示說「須知進退總虛言」，就是在提醒別爭吵，可以馬上解決，又何必爭執呢！

第五十六籤——癸卯

第五十六籤		
癸卯	病中若得苦心勞 到底完全總未遭 去後不須回頭看 心中事務盡消磨	武則天坐天

解曰

六甲先女	婚姻不吉
求財無利	功名無望
官事破財	行人未日至
行舟不吉	耕作無收
討海無利	生理無財
致病少兒	
未日有安不要老者拖吉尾	
乞子不吉	移居不吉

卦頭：武則天坐天

卦頭出處：《隋唐演義》

卦頭故事：

武則天坐天，朝中亂。李淳風觀天象，知唐朝將被武姓女人篡奪，於是太宗下令殺掉所有武姓女子。而武塁為太宗的才人，太宗不忍殺之，遂將之逐出宮為尼。後高宗接回武氏，武氏玩弄奸計殺掉自己的女兒，並嫁禍給皇后，後高宗改立武氏為后，武氏當上皇后後，剷除異己，逐步控管朝政，後改國號為周，成為中國歷史上第一位女皇帝。

籤詩分析：

卦頭：「武則天坐天」，朝中亂。卦頭為武則天掌大權，所以女性掌權的機會多。

詩文：再從籤意來看，須掌握的字詞為「到底完全總未遭」、「去後不須回頭看」。

詩句「總未遭」的「未」則有時間上的指示。而亥卯未會形成一個三合，在求問健康方面，會運用到。而「去後不須回頭看」則是提示：往事已成過去，放下心中的罣礙，才能得到自在。

籤詩籤解：

⊕ 運 途

籤詩提示「總未遭」，「未」指六月；差不多後半年運途才會較好。

⊕ 事 業

問事業，做不得，剛開始做就不好了。若已經營一段時間了，那就再做一陣子看看，籤詩中提示了「未」字，那差不多到六、七月後再看看，若還是不好的話，那就再來抽籤問神明，不然就收起來別做了。

工作上可能是女性主管掌權，因卦頭為〈武則天坐天〉。若想換工作，而舊公司抽到這支籤呢？那就要和新公司比較。若新公司的籤普通呢？那當然要去新公司，為什麼？籤詩提示說「去後不須回頭看」，又說「心中事務盡消磨」，表示都沒有了，神明已指示別回頭看了，意思是說去新公司吧！

若新公司抽到這支籤的話，那去不去呢？不要去，因籤詩提示「病中若得苦辛勞」，去了也沒搞頭，求籤者做得再多也沒有用。

⊕ **感情**

問感情、婚姻都不好。籤詩提示「病中若得苦心勞」，都說「苦心勞」了，尤其是那句「去後不須回頭看」，婚姻都走到這種地步了，是不是該做個了斷，至於該如何，求籤者自己決定吧！

至於姻緣何處尋，籤詩指示在「未」，所以往南方尋找吧！

⊕ **置產**

問買房子，不好，不能住。因整句籤詩中都沒有一句好話，這間房子還要住嗎？不必再探討了。

⊕ **健康**

老者問健康，不好。因籤詩說「病中若得苦心勞」、「到底完全總未遭」、「去後不須回頭看」、「心中事務盡消磨」，都沒有一句好話，這樣身體怎麼會好。且籤詩還有一個「未」字，老者若抽到這支籤，現在正在住院，若不危急的話，就以月解，「未」是指六月，假如現在是十二月，十二月到明年的六月也太久了；因此，要運用三合來解；未和亥、卯會形成一個三合，所以，到明年的二、三月看看；若危急的話，就以日解。

若年輕人抽到，除非是大病，不然是沒關係的。但話又說回來，又不是每個年輕人的病都有得醫，所以要看實際狀況，看籤怎麼指示。

問開刀，不好，因為籤詩中沒有一句好話。

⊕ 功名

問功名，沒有，因籤詩中沒有一句好話。

⊕ 訴訟

問訴訟，不好，那是要花錢的。因籤詩提示「總未遭」，那個「未」字要解成還沒有的意思。求籤者若訴訟的話，會很久，因籤詩說「病中若得苦心勞」，又說「到底完全總未遭」，神明都已經提示沒用了，沒什麼結果了。接著又說「去後不須回頭看」，過去的就不要再說了，求籤者自己心裡想的都會沒結果，這種官司還要再告嗎？還是以和為貴吧！且在還沒告前就該以和為貴了，孔子不也說：「必也思無訟」嗎！最好都不要訴訟，因為訴訟是一件麻煩的事。

⊕家運

問家運，當然不好，且家中可能是女人較有權。若問家中經濟，可能都掌握在女性手中，因卦頭為〈武則天坐天〉，武則天掌大權，而武則天是女性，相對應當然是指女性。

若這支籤是女性問家中經濟，有可能是被某種特別的開銷壓得喘不過氣；那就請求籤者想想，最近家中是否有特別的開銷，若有，那就要思索改善之道了。此外，籤詩又說「病中若得苦心勞」、「到底完全總未遭」，像這種情形，若問家運的話，有可能是女人的緣故。但籤詩又說「去後不須回頭看」，事情過去就好，往事就別再提起。

第五十七籤——癸巳

第五十七籤	
癸巳	
勸君把定心莫虛 前途清吉得安時 到底中間無大事 又遇神仙守安機	李三娘井邊遇子
解曰	
六甲先女後男 婚姻少吉　求財無多 功名有望　生理平平 耕作有收　討海少利 行舟平平　行人三日至 官事有貴人 乞男兒不吉　建居平平 致病少者不吉 老者不畏	

卦頭：李三娘井邊遇子

卦頭出處：《白兔記》

卦頭故事：

李三娘是劉智遠的太太，她和劉志遠成親不久後，劉智遠就從軍去了。後來李三娘生下一子，那個小孩就是斷臍郎。但因生活貧困，李三娘只好託人將斷臍郎送到并州讓劉智遠撫養。而李三娘則孤獨生活了十六年，有一天，斷臍郎在追兔子，跑到古井邊，他們母子才相遇，而後劉智遠接回李三娘，全家團圓。

籤詩分析：

卦頭：慢運，但屬平安籤。卦頭為〈李三娘井邊遇子〉，她是經過一段很長的時間才有結果，所以，求籤者要等待。

詩文：從籤詩詩文中，須掌握的關鍵字、詞為「清吉」、「到底中間無大事」、「神仙守安機」。從這些句子可知，這支籤的籤意都平平順順的。然因有「清吉」、「無大事」，所以，不利於做生意。而「到底中間無大事」代表平安無事，而又得神明庇佑，這是一支平安籤。

籤詩籤解：

⊕ **運途**

問運途，這支籤慢運，平平的。籤詩提示「勸君把定心莫虛」、「前途清吉得安時」，從上兩句可知此籤為平安籤。接著又說「到底中間無大事」，若做生意的話，這個「中間無大事」，那求籤者要做什麼呢？只有在那托著下巴，無事可做。所以，做生意不好。但這支籤較有仙佛緣，因籤詩指示「又遇神仙守安機」，所以，就運途而言，會有神明暗中保祐，但不能說有神明保佑，就可以為所欲為，這支籤原則上來說是個平安籤。

⊕事業

問事業，不適合做生意，因有籤詩指示「清吉」且又「無大事」，而這支籤也沒有什麼財運。

若想換工作，問舊公司抽到此籤呢？那就待著吧！但要注意，若你在舊公司想多賺一些錢的話，是不太可能，但至少會平安。那新公司抽到這支籤呢？若沒工作的話，就去吧！因這支籤是平安籤，那就先在新公司待著，等候時機。

⊕感情

問感情，只是平順而已，不好也不壞。

問姻緣，平平。那姻緣有方位可以看嗎？無方位可看，籤詩並未指示方位，所以，求籤者只能順其自然。

至於婚姻若出狀況呢？從卦頭〈李三娘井邊遇子〉來看，求籤者夫妻的爭執有可能是對孩子的教育意見不合；不然，若單純夫妻間的問題，神明是不會出這支籤的。

⊕置產

問買房子，因籤詩指示「到底中間無大事」，此處的「中間」不做任何解，因這支籤是平安籤。若是買房子的話，房子內部格局各方面，應很舒適，沒什麼要改善的，是可以買。但這房子做生意的話，不會賺錢，求籤者若不必花租金、不必花錢請人，那這房子做生意就沒關係了。

⊕健康

問健康，去求神明吧！因籤詩提示「又遇神明守安機」；但注意，若老者生大病絕對不會抽到這支籤。若真的住院的話，也應該沒什麼事，因神明都說「到底中間無大事」了。但有一種狀況是：求籤者命該終，一定得回去了，就不能說是「無大事」了。若年輕人問健康呢？沒關係，這是一支平安籤。

至於問開刀呢？沒關係。因籤詩提示「到底中間無大事」；也說不定不用開刀，因「中間」為腹內，籤詩指示「中間無大事」，腹內都沒什麼問題，那要開什麼？

⊕功名

問功名，如果求籤者以前沒有考過試，也未曾求過籤，這次來抽籤，因卦頭「井邊遇子」，有遇到，但是是很久才遇到，所以，第一次不會上，要經過幾次的考試才會有好結果。但有一種特例，若求籤者以前不信求籤，現在才相信，或許會中。

⊕訴訟

問訴訟，還好。因籤詩說「到底中間無大事」，若沒什麼的話，儘量不要走上這條路。若訴訟已經進行到一半了呢？不然雙方談談，因籤詩已說得很明白了「到底中間無大事」，求籤者不要沒事找事做，徒增困擾，能講和就講和吧！

⊕家運

問家運，抽到這支籤，那應該沒什麼事情。若有事的話，求籤者就直接了當地把事情說出來看看。因整支籤都是平安的，而籤詩也說「到底中間無大事」，這個「中間」也可以解成求籤者的家中；此外，又是「清吉得安時」，更重要的「又遇神明守安機」，都代表沒事。連神明查完後也都說沒問題了，若再有事的話，就令人匪夷所思了。

第五十八籤——癸未

第五十八籤	
癸未	
蛇身意欲變成龍 只恐命內運未通 凡事且得寬心改 言語雖多不可從	漢高祖斬白蛇
解曰	
六甲先女後女先易後男 婚姻不吉　求財不吉 功名無望　生理不冬平平 官事拖尾破財 耕作半收　行人未日到 行舟不吉　討海不吉 乞男兒不吉 病者少未日過不要 老人拖尾不吉　建居不吉	

卦頭：漢高祖斬白蛇

卦頭出處：《前漢演義》

卦頭故事：

劉邦當亭長時，奉命押解人犯到驪山築始皇之墓；到了半路，好幾名罪犯暗中逃跑，劉邦心想這一定無法交差，可能難逃一死，於是號召十幾名罪犯起而逃亡。劉邦乘著酒興夜行，改走小徑，突然前方出現一隻長約數丈的大白蛇，劉邦豪不畏懼的拿起劍就將白蛇劈成兩段，面不改色，繼續往前走。有位婦人見白蛇被砍死，哭得非常傷心說：我的孩子是白帝子投胎變成白蛇，卻被赤帝子斬死；原來劉邦是赤帝子投胎轉世，天生就具帝王命，最後劉邦建立漢朝，是為平民皇帝漢高祖。

籤詩分析：

卦頭：「漢高祖斬白蛇」，真辛苦啊！因為罪犯暗中逃跑，身為亭長的劉邦無法交差，須逃命。不代表轉機，因斬過白蛇後，時機未到，所以他繼續遊蕩，就解籤角度而言，斬白蛇於現階段並無助益。

詩文：從籤詩文句觀之，須掌握的關鍵字、詞為「蛇身意欲變成龍」、「運未通」、「寬心改」、「言語雖多不可從」。這個「蛇身意欲變成龍」是說想由不好變好。而「運未通」於此未必為時間上的指示，有時是強調「運未通」中的「未通」。而「寬心改」是提示求籤者要放下，別讓一些不必要的困擾擾亂了自己。最後「言語雖多不可從」，是告訴求籤者別道聽塗說。

籤詩籤解：

㊉ 運 途

問運途，不好。因卦頭為〈漢高祖斬白蛇〉，真辛苦。籤詩首句的「蛇身意欲變成龍」，蛇是在地上爬的，而龍是在天上飛的，意指求籤者想要由壞變好。再者，「只恐命內運未通」，想要變好，可能在這段時間中無法如願。至於何時才能有所改變呢？籤詩提示了「運未通」，大概在六月吧！過半年後再看看。

⊕事業

問事業，不好，因卦頭為〈漢高祖斬白蛇〉，那時劉邦才做亭長而已，尚未當皇帝。若想換工作，舊公司抽到這支籤呢？像現在時機那麼差，就待著。若新公司抽到此籤呢？這支籤沒什麼發展性，但求籤者目前若沒有工作，那也得待。

至於說沒有發展性，是因卦頭為〈漢高祖斬白蛇〉，劉邦當時正在四處遊蕩；當然不是叫求籤者別待新公司，是說求籤者從現在這個地方開始，雖然今年不怎麼好，但總要表現給人家看！忍著點，一支籤只看一年，熬過去就好了。

⊕感情

問感情，慢慢培養。因卦頭為〈漢高祖斬白蛇〉，漢高祖斬了白蛇，但斬過後他是逃亡的。所以說感情要慢慢培養，但原則上還是要看求籤者自己本身想不想與對方交往。何以說呢？因籤詩提示「言語雖多不可從」，旁人的閒言閒語，都不可採信，自己心中要有個定見。

若夫妻出問題，又問婚姻的話，因這支籤沒有什麼外來的因素，所以，有可能是求籤者自己本身的問題。而籤詩也提示「言語雖多不可從」，所以不要聽他人胡說，雙方也別常鬥嘴，記住，若是繼續鬥嘴或猜疑，那只會傷了和氣。

至於問姻緣的方位呢？籤詩提示「未」，求籤者不妨往南方走走。

⊕置產

買房子，不好。為什麼？因卦頭為〈漢高祖斬白蛇〉。而籤詩又指示「運未通」，這個「未」字，在這裡不做時間解，這時就要把「未」當作「原義」解。若求籤者是農曆十二月抽到此籤，那就過完年再來求籤，現在不是買房子的時機，求籤者「運未通」！

⊕健康

老者問健康，不好，因籤詩提示說「只恐命內運未通」。至於年輕人較沒關係。

若問開刀，也不好，籤詩提示「運未通」了，所以，開刀完也不好，會拖尾。

⊕功名

問功名，不好，卦頭為〈漢高祖斬白蛇〉，雖然漢高祖有斬過白蛇，但對漢高祖的這個階段沒有作用，沒有得到東西，仍繼續遊蕩。求籤者就好比「漢高祖」，雖然有參加考試，但對求籤者現階段是無助益的，所以，要再拼一下。

⊕訴訟

問訴訟，不好。因籤詩指示「運未通」，又告訴你要「寬心解」，這個「寬心解」是叫求籤者心情要放輕鬆，看開些，別再繼續下去了，為此傷腦筋很不值得的。且又提示說「言語雖多不可從」，再繼續告下去，也沒有意義，只是多花錢、多花時間而已。

⊕家運

問家運，大家要互相體諒，籤詩提示「凡事且得寬心改」，別聽人家亂講，一家人別斤斤計較，有些人自己可以占人便宜，但自己一點虧都不肯吃，這樣當然會有紛爭；所以，要有人當傻瓜，「寬心改」，心要放寬一些，爭執就會少一些。

至於問到家中經濟，目前的狀況不太好，籤詩提示「運未通」。求籤者大概半年過後，再看看會不會有所改善。

第五十九籤——癸酉

第五十九籤		
癸酉	有心作福莫遲疑 求名清吉正當時 此事必能成會合 財寶自然喜相隨	管仲遇鮑叔牙叫合

解曰
六甲先男後女高貴 婚姻大吉　求財大吉 功名得進　生理有利 官事早完局　耕作有收 討海少利　行人即日至 行舟大吉　乞子大吉 移居大吉　病者不畏 老人少吉

卦頭：管仲遇鮑叔牙叫合

卦頭出處：《東周列國誌》

卦頭故事：

管仲曾經說：「生我者父母，知我者鮑子也」。他們曾經合股經商，每次遇到要分利的時候，管仲往往多分一些給自己。為鮑叔牙謀劃事情時，管仲不僅沒幫上忙，反陷鮑叔牙於困境。管仲曾經三次任官，三次都被君王免職；三次上場打仗，三次均棄甲脫逃；但鮑叔牙始終不認為管仲貪生怕死，懦弱無能，相反地，他堅信管仲的才幹還未能發揮。然而，慧眼識英雄的鮑叔牙果然眼光獨到，在齊公子小白被立為齊桓公，公子糾被殺後，鮑叔牙向齊桓公推薦管仲出任宰相，而後管仲發揮長才，輔佐齊桓公而為春秋的霸主。

籤詩分析：

卦頭：卦頭為〈管仲遇鮑叔牙叫合〉，有「叫合」的籤，就是需要有人幫忙。因管仲本身不善理財，但他的政治眼光好，手腕高明，但理財方面還是鮑叔牙較厲害。所以，這是需要有人幫忙的籤。

詩文：從籤詩觀知，每一句都是好話；但須掌握的關鍵字、詞為「莫遲疑」、「求名清吉正當時」、「必能成會合」、「自然喜相隨」。這個「正當時」，有利於求功名。而「清吉」則不利於做生意。但配合卦頭來看的話，做生意若有人幫忙的話，那就另當別論了；而「必能成會合」則不利於健康。至於「自然喜相隨」重點在「自然」二字，這是在提醒求籤者要順其自然。

籤詩籤解：

㊉運途

問運途，還可以。因籤詩提示說「有心作福莫遲疑」、「求名清吉正當時」、「此事必能成會合」、「財寶自然喜相隨」；即使不是說很好，但至少也能得個清心！所以，沒什麼可讓人心頭煩悶的事。

⊕ 事業

問事業，要有人提拔，卦頭為〈管仲遇鮑叔牙叫合〉，若有「叫合」二字出現的話，就是需要有人幫忙。求籤者可視為管仲，管仲擅長政治，不善理財，所以，需要有人助他一臂之力。譬如：

求籤者：我要去大陸工作，抽到這支籤。

解籤者：你去大陸工作，是你自己要去的？還是人家告訴你說有這樣的機會？

求籤者：是我自己想過去的。

解籤者：若是你自己想過去的話，那不可以，會賠錢。

求籤者：可是這支籤的籤意不錯喔！

解籤者：你要看卦頭是〈管仲遇鮑叔牙叫合〉，這一定要有人幫忙才可以，而你就好比是「管仲」，需要有「鮑叔牙」相挺才會成功呀！但今天是你自己要去的，你去到那兒，要有人引導，否則，很冒險。

若想換工作，舊公司抽到這支籤呢？那還換什麼工作呢？別換了；因卦頭為〈管仲遇鮑叔牙叫合〉。求籤者在舊公司會有貴人、賞識你的人。

⊕感情

問感情，雖然籤詩並沒明說有貴人，但就是有貴人。但若男生抽到這支籤，他今天要追求一個女孩子，那最好別叫人家介紹，自己要想法子追，為什麼？因你喜歡的話，別人也許也會喜歡，且卦頭又是〈管仲遇鮑叔牙叫合〉，「鮑叔牙」是男生，要男生來「叫合」；如果是〈潘安遇陳姑叫合〉的話，這就需要有女性來撮合了，因是閨中密友，且同是女性，問題較少。

還有一種狀況是，〈管仲遇鮑叔牙叫合〉，若幫忙者是男生（同性）的話，有可能會引起一些不必要的麻煩。例如：你要追的人反被幫忙的人追走；有時也要考慮這樣的問題，因籤詩提示「自然喜相隨」，這個「自然」是提醒求籤者，追求心儀的對象，要用「自然」的方式，別摻雜人為因素在裡面；而籤詩又說「求名清吉正當時」，亦提醒求籤者要追求女孩子，要「清吉」呀！若讓別人來幫忙的話，那有「清吉」嗎？不就混濁了。所以，自己想法子吧！所以，以這支籤來說，不論男生或女生，感情的問題，不要找同性幫忙。

至於姻緣則無方位可看。若問婚姻呢？若結了婚，婚姻出了問題，那就需要別人來幫忙了，為什麼？因卦頭為〈管仲遇鮑叔牙叫合〉，都出現「叫合」了，當然就需要別人的幫忙了。

⊕置產

問買房子，可以買，因籤詩中每一句都是好話。這房子不錯，也不必看厝體。

但這支籤有「清吉」，不是不利做生意嗎？沒錯，但以這支籤來說，就像卦頭〈管仲遇鮑叔牙叫合〉的「管仲」一樣，一定要有人幫忙才能賺錢。至於「清吉」在這支籤中，那就要另當別論了。所以，求籤者要記住：若做生意的話，一定要有人幫忙，若自己做的話，是做不來的。

⊕健康

問健康，一般而言，對老者都不好，雖然籤詩中都是好話，但有時卻會卡在好話中。因籤詩提示說「此事必能成會合」，這個「必能成會合」，就指示得很清楚。但若是年輕人問的話，一般而言，都比較沒關係。

問開刀，可以開嗎？最好讓醫生決定。為什麼？籤詩中不是都是好話嗎？因為籤詩提示「此事必能成會合」，卦頭又為〈管仲遇鮑叔牙叫合〉，這個有「叫合」的籤，就是需要有人幫忙的意思，那當然是醫生才能幫，才能決定呀！

⊕功名

問功名，讚喔！因籤詩說「求名清吉正當時」，已告訴你正是時候且又有「喜相隨」，那不是很好嗎！而卦頭又為〈管仲遇鮑叔牙叫合〉，此外，管仲本身就是一位政治高手，所以，此籤有利於功名。

⊕訴訟

問訴訟，求籤者要找一個肯幫你忙的律師，若能找到一個好律師幫忙的話，就有可能勝訴；反之若找個兩光律師幫忙的話，要贏的話，就難了。再從卦頭〈管仲遇鮑叔牙叫合〉來看，有「叫合」的籤都要有人幫忙，也暗示求籤者有貴人運。

⊕家運

問家運，很好。經濟方面也沒問題。若家中經濟有問題的話，是抽不到這支籤的。若真的還有問題的話，那只好求神明幫忙保佑了，不然，怎麼辦？因籤詩提示「莫遲疑」、「正當時」，若還有問題的話，那就看有沒有什麼特別的要求了。若求籤者是因這特別的要求無法實現而鬱悶的話，那就沒話說了，問題出在你自己身上。這就好比說：求籤者想要一台平板電腦，但現在很貴，你因沒法子買而鬱悶，卻怪運氣不好，這樣不是很可笑嗎？等降價再去買呀！

若問家庭氣氛呢？應沒有不和的現象。充其量是在賺錢方面可能比較不拿手，因卦頭為〈管仲遇鮑叔牙叫合〉，求籤者可視為「管仲」，管仲拿手的是政治，那求籤者當你賺錢不拿手時，又抽到此籤，那你最需要的是一個較會理財的人來幫你的忙。

第六十籤——癸亥

第六十籤		
癸亥	月出光輝本清吉 浮雲總是蔽陰色 戶內用心再作福 當官分理便有益	黃巢試劍
解曰		
婚姻不吉　求財不吉 功名無望　求財無利 官事大凶　耕作半收 討海不吉　行人月光至 行舟不吉　乞子不吉 移居不可　病者要問神 六甲先女後男		

卦頭：黃巢試劍

卦頭出處：〈黃巢試劍〉尚未查到典故，然《舊唐書》有〈黃巢傳〉

卦頭故事：

據傳黃巢試劍是從朋友開始殺的，且是他的好朋友。黃巢要他的好朋友先跑三天，到了第三天，黃巢的朋友已不知要躲哪裡了，後來，他看到前面有一棵枯木，心想若躲進去的話就妥當了，結果，黃巢正要試劍，他想若砍石頭的話，劍會鈍掉；此時，正好看見眼前有一棵枯木，黃巢想想，那就從這棵枯木試試，看劍利不利，結果一試，卻看見一顆頭顱掉下來。

籤詩分析：

卦頭：卦頭為〈黃巢試劍〉，黃巢是從朋友開始殺的，且是他的好朋友，所以抽到這支籤就要注意交友，有可能會被朋友害，或被朋友誤了。不過，求籤者也代表「黃巢」，也有可能是求籤者誤了朋友，至於實際狀況如何，求籤者自己心裡有數。

詩文：從籤詩詩文觀之，須掌握的關鍵字、詞為「清吉」、「浮雲」、「戶內用心再作福」、「官」等字詞；說到「清吉」知其不利於做生意，而這個「浮雲」是指無形的浮雲，意即我們看不到的那一面。至於「戶內」在健康方面是指腹內有問題。而「官」字兩口，意思是說會有爭吵的事情。

籤詩籤解：

⊕ **運途**

問運途，不好。因籤詩指示「戶內用心再作福」，是說求籤者要再思考。此外，籤詩提示「月出光輝本清吉」，代表不會有小人，但從籤詩第二句「浮雲總是敝陰色」的「浮雲」、「蔽」、「陰色」得知，可能有你不知道的事。

⊕事業

問事業，不好，做生意的話也不行，因這支籤即所謂的下下籤，卦頭為〈黃巢試劍〉怎麼會好。做生意不好，但若已經做了呢？因籤詩說「戶內用心再作福」，所以，求籤者就要思考，是不是生意場的格局需要再做變化，或思考這生意的開銷是否需要開源節流，然後去改善。再從「本清吉」、「浮雲總勢蔽陰色」，也可知這支籤不利於做生意，縱使沒有「浮雲」，也不能做生意，因這支籤本就不是生意籤。

若想換工作，問舊公司抽到這支籤，那就要和新公司比較看看。若舊公司抽到這支籤，而新公司的籤普通的話，那就要過去新公司。因卦頭為〈黃巢試劍〉，本來就是下下籤了，若新公司抽到〈黃巢試劍〉的話，那就別過去了。

⊕感情

問感情，這支籤沒有第三者，但感情不好，因籤詩提示「浮雲總是敝陰色」，又說「戶內用心再作福」，這個「戶內」是指求籤者你的內心。那就看看求籤者自己願不願意改善了，若想改善的話，就像黃巢試劍一樣，把壞的都剷除，但求籤者下得了手嗎？

若婚姻出狀況，籤詩提示「戶內用心再作福」，那就看彼此願不願意改善了。至於問姻緣的方位的話，此籤並無方位可看。

⊕置產

問買房子的話，不好，因卦頭為〈黃巢試劍〉，亂糟糟，住不得呀！除了卦頭的提示外，籤詩又提示「浮雲總是𢿛陰色」，又說「當官分理便有益」，也許會惹上官司喔！

⊕健康

老者問健康的話，不好；因籤詩提示「浮雲總是𢿛陰色」，又說「戶內用心再作福」，這個「戶內」則是暗示求籤者的腹內有問題。若年輕人問健康的話，也是腹內有問題。若問開刀，年輕人開刀，可以；但老人家開刀的話，可能撐不久。

⊕功名

問功名，不會中，因卦頭為〈黃巢試劍〉。黃巢就是因為失意，才會大鬧唐朝，但除了卦頭可知不會中外，籤詩又說「浮雲總是𢿛陰色」，也是線索之一，這個「浮雲」就是指求籤者不明白、看不懂的地方，也許是求籤者對考試內容不明白、看不懂的地方很多。所以，求功名，不會中，因功名都被「浮雲」遮住了，怎麼會好。

⊕訴訟

問訴訟，不好，因卦頭為〈黃巢試劍〉。此外籤詩亦提示「浮雲」、「戶內」，都在提示有許多求籤者看不到的一面。總之，若要訴訟的話，像這種籤，再怎麼思考也沒有用，有些事情不是你想的那樣，而且也不是求籤者所能理解的。

⊕家運

問「家運」，若問「家中經濟」，因籤詩提示說「浮雲總是蔽陰色」，代表家中會為了金錢而吵架。所以，求籤者你們家人要心平氣和地把事情說清楚。

若問「家庭氣氛」，因籤詩提示「戶內用心再作福」，求籤者家人要思考一下，真的有必要吵到這種地步嗎？因這個「浮雲」就是暗示你們家人吵架的根源很多，但大家都不願溝通，這樣積在心裡久了，當然會吵呀！講出來不就好了嗎？因籤詩又提示了「官」字，因「官」一字是兩個口，若大家不心平氣和地說，那鐵定會吵吵鬧鬧的。所以，要說清楚講明白，家和才能萬事興啊！

附錄——關鍵字解籤祕笈

一、卦頭解籤關鍵——卦頭故事

解籤首重卦頭故事，因為它是一首籤詩的總綱，也是解籤的第一步。一般人抽到籤，對籤詩詩文尚未瞭解時，卦頭故事就是一個指標；它能表達故事的情節、人物遭遇、未來走向及其結果表達出來，同時也暗喻了求籤者未來的轉折。卦頭故事就具備了對應性與暗示意義；所謂對應性是指求籤者與卦頭主人翁之相應性，卦頭故事主人翁即求籤者。至於暗示意義是指卦頭故事內容、人物遭遇給予求籤者的提示。讀者可根據卦頭故事的這兩個特性來解籤，而六十甲子籤中，卦頭故事的對應性與暗示意義，整理如下：

籤序	卦頭故事	對應性	暗示意義
甲子	唐太宗坐享太平	唐太宗	•「享太平」，代表已無所事事。 •做生意，不宜。 •問健康，不利老者。
甲寅	唐太宗令武媚娘賞花	唐太宗或武媚娘	•「賞花」代表有春天之象。 •主導者有權勢。
甲辰	沈萬山姤寶與正德君作法	沈萬山	•所問之事有競爭對手。
甲午	李太白升仙	李白	•問老者健康，因「升仙」了，故不以吉論。 •「升仙」，表無罣礙。 •水邊勿近，行船不宜。
甲申	龐涓害孫臏	孫臏	•問什麼都不好，行事勿躁進 •購屋，不宜。 •手術開刀，不利；尤其是手、足動刀。

籤序	卦頭故事	對應性	暗示意義
甲戌	陸遜誤入石頭陣	陸遜	•凡事要保守，勿因衝動而誤事。
乙丑	昭君困冷宮遇漢王叫合	王昭君	•冬天，機會較佳。 •「冷」字，表行事宜冷靜處理。 •「叫合」，需有人幫忙。
乙卯	諸葛亮隴西割麥	諸葛亮	•六十甲子籤的三好籤之一。 •代表可以收成了，凡事皆宜。 •問事業，有競爭對手。 •去面試，錄取機率大。 •行事宜智取。 •問訴訟，有利。 •問老者健康，不以吉論。 •問購屋，可以買。
乙巳	宋太祖遇歐延讚	宋太祖	•有節外生枝之況。 •求籤者注定吃虧。 •處事原則：將傷害降到最低。
乙未	李干戈往武當山求嗣	李干戈	•下下籤，問什麼都不好，結果令人失望。 •購屋，不宜。
乙酉	大鵬鳥亂宋朝	宋朝	•「大鵬鳥」，指外來的干擾。 •處事原則：宜把心定，不可自亂陣腳。 •犯小人。
乙亥	梅良玉與陳春生仝落難得救	梅良玉	•做生意，可能遭設計，勿單打獨鬥，一定要有長輩幫忙才可。 •「得救」，表示有貴人；縱使遇麻煩仍能得救。

籤序	卦頭故事	對應性	暗示意義
丙子	漢李廣父子陣亡	李廣	●有「陣亡」二字，不以吉論。 ●購屋，不宜。 ●問老者健康，不以吉論。
丙寅	王太君雙生貴子	王太君	●有「貴」字，表示金榜題名。 ●會遇抉擇性的問題。
丙辰	梁灝公孫中狀元	梁灝	●慢運籤。 ●凡事要有耐心。 ●運勢平順，不會招惹麻煩。
丙午	潘安中狀元	潘安	●犯小人。 ●恐有官司，易遭人構陷。 ●要戒慎小心，勿得意忘形。 ●購屋，不宜。 ●功名，有，會因此招致麻煩。
丙申	龐涓死在馬陵道	龐涓	●不可心高氣傲。 ●要謹慎小心，切勿衝動，凡事守為上策。 ●購屋，不宜。 ●問老者健康，不以吉論
丙戌	邵良父子遇黃玉娘叫合	邵良父子	●「叫合」表示需有人幫忙。 ●幫忙者是要有權勢者，且最好是女性。
丁丑	蘇秦真不弟	蘇秦	●「不第」表示無官可做。 ●問功名，不利；求籤者宜再多自我充實。

籤序	卦頭故事	對應性	暗示意義
丁卯	朱弁上冷山	朱弁	●此籤不理想。 ●購屋，不宜，房子寒氣重。 ●暗示感情冷淡。 ●功名，有；但科系冷門。 ●「冷」字可指北方。
丁巳	觀音大士收大鵬鳥	大鵬鳥	●求籤者心猿意馬、心性不定。 ●遇事，要求佛祖幫忙。 ●「收」，代表收回去，問老者健康，不以吉論。 ●貴人以女性為宜。 ●問家運，「大鵬鳥」可代表求籤者家人的心。 ●慢運籤。
丁未	韓信拜將	韓信	●求籤者不可得意忘形。 ●功名，有，但要等待。 ●慢運籤。
丁酉	姜太公在渭河釣魚	姜太公	●需耐心靜候時機。 ●姻緣往地名有水的地方尋找，例：鹽水、西港、清水、梧棲。 ●房子，可能水氣重。 ●老者問健康，不以吉論。
丁亥	楊文廣征南閩	楊文廣	●「南閩」，暗示所問之事，意謂求籤者行事過程備嘗艱辛。 ●勿單打獨鬥，需有人幫忙。 ●購屋，不宜。

籤序	卦頭故事	對應性	暗示意義
戊子	劉文良別妻	劉文良	• 「別」字，代表有離相。 • 可能遭人設計。 • 購屋，不宜。
戊寅	呂蒙正中狀元	呂蒙正	• 六十甲子籤的三好籤之一。 • 春天籤。 • 有貴人。 • 問運勢，頗佳。 • 功名，有。
戊辰	周武吉遇太公改卦	武吉	• 「太公」指神明、年長的長輩或經驗豐富者。 • 求籤者會有意料之外的事情。 • 需尋求他人幫忙，遇事要向年紀長的長輩求援。 • 功名，不利。 • 購屋，不宜；因「改卦」二字，代表想買的房子一定有需要改善的地方。
戊午	楚項羽烏江自刎	項羽	• 「自刎」，表示無路可走，死路一條。 • 凡事不可剛愎自用。 • 死籤，購屋，不宜。
戊申	孔夫子過宋入陳除險走難	孔子	• 會有麻煩事。 • 不可意氣用事。 • 遇事仍能化險為夷。

籤序	卦頭故事	對應性	暗示意義
戊戌	李通賠金牌救出岳夫人出關	李通	• 遺失的東西與錢有關。 • 投資，要見好就收。 • 做生意，會賠錢。 • 感情，賠了夫人又折兵。 • 購屋，不宜。
己丑	彭祖三十六妻七十二子臨終無子	彭祖	• 勿得意忘形。 • 凡事明哲保身，勿管閒事。 • 運勢，前半年好；後半年走下坡。 • 會有麻煩，但終會無事。 • 購屋，不宜。 • 問健康，宜注意有併發症。
己卯	王戩入五雷陣	王戩	• 會有麻煩事，會遭排擠。 • 問經濟，須開源節流。 • 凡事要謹慎小心。
己巳	明朝海瑞安南討貢封王	海瑞	• 運途欠佳，所問之事未能如意。
己未	朱壽昌長亭尋母	朱壽昌	• 行事過程艱辛備嘗，起初雖不順遂，然有志者事竟成。 • 問功名起初不順，但須堅持到底。
己酉	乙貼金走路遇鬼	乙貼金	• 犯小人；「鬼」，指小人。 • 凡事要防微杜漸、明察秋毫。 • 凡事以和為貴。 • 有「鬼」字；購屋，不宜。 • 問老者健康，不以吉論。

籤序	卦頭故事	對應性	暗示意義
己亥	文彥博萬壽山祝壽	文彥博	• 「祝壽」，表示好處要分給他人，傷財。 • 事業，忌合夥。 • 購屋，要注意產權問題。 • 功名，有。 • 感情，有一方付出較多。 • 有「祝壽」二字，問老者健康，不以吉論。
庚子	蘇君謨作陳三詩	蘇君謨	• 凡事要仔細，做事要講求方法並知變通。 • 購屋，恐有競爭對手。 • 功名，有；但應作答仔細。
庚寅	蘇秦拜相	蘇秦	• 起初波折重重，若能堅持到底，必能漸入佳境。 • 問功名，要經過兩、三次考驗才有。
庚辰	五娘悶君想思	五娘	• 做生意、合夥，皆不宜。 • 購屋，不宜。 • 問感情，有外來介入，雙方宜開誠布公。
庚午	郭子儀夫妻拜壽	郭子儀	• 六十甲子籤，三好籤之一。 • 功名，有。 • 購屋，可。 • 問老者健康，不以吉論。
庚申	陳三過樓五娘益春托荔枝	陳三	• 事情無法一次完成，一波未平一波又起。 • 將錢借人，想要回不易。 • 婚姻、感情，易出現無可奈何的情況。 • 問購屋，不宜。

籤序	卦頭故事	對應性	暗示意義
庚戌	聞仲西征遇後逃十絕陣	聞仲	●下下籤，俗云：文太師入絕龍嶺，死路一條。 ●做生意，必賠錢。 ●問購屋，不宜；因「十絕陣」指房子為絕地，這房子買不得。 ●凡事以和為貴。 ●問老者健康，不以吉論。
辛丑	劉智遠邠洲投軍	劉智遠	●問功名，軍校為宜。
辛卯	蕭何月下追韓信	韓信	●有貴人相助，且此貴人有權勢。 ●功名，有。
辛巳	董永皇都市仙女送孩兒	董永	●遇事求女性神祇。 ●工作上易受女性主管賞識。 ●夫妻亦分隔兩地。 ●功名，有。
辛未	狄仁傑中興大唐	狄仁傑	●求籤者將歷經艱苦的考驗，但辛苦會有代價。 ●功名，中的機率大。 ●有人為因素干擾。
辛酉	宋文舉中狀元玉真行路	文舉	●有桃花，婚姻有第三者介入。
辛亥	漢昭君出使和番	王昭君	●下下籤。 ●問投資，不宜，會遭設計。 ●問購屋，不宜貸款。 ●問婚姻，女方付出較多。 ●昭君出使和番，有去無回；老者問健康不以吉論，死率大。

籤序	卦頭故事	對應性	暗示意義
壬子	劉皇叔三顧草廬	劉皇叔	●「三」表示多次，意即過程艱辛 ●用誠意可化除障礙。 ●凡事需三思而後行。
壬子	劉皇叔三顧草廬	劉皇叔	●問購屋，房子無凶相；根據卦頭指示孔明可視為想買的房子，求籤者真喜歡那棟房子，就要發揮誠意，多觀察幾次。 ●問健康，會多跑幾趟醫院。
壬寅	潘安遇陳姑叫合	潘安	●有外來因素干擾。 ●需有人相助，相助者最好是女性。
壬辰	唐三藏往西天取經	唐三藏	●下下籤。 ●行事過程困難重重。 ●問婚姻，受盡折磨。 ●開刀，不宜，會有後遺症。 ●經濟有狀況，須開源節流。 ●購屋，不宜。
壬午	張生長亭中探花	張生	●功名，有。 ●卦頭只知快、慢，看不出好、壞，求籤者要再求第二支籤。
壬申	劉元譜雙生貴子	劉元譜	●慢運籤。 ●凡事要有耐心。 ●做生意不宜。 ●求子嗣，慢。

籤序	卦頭故事	對應性	暗示意義
壬戌	王月英相國寺候君期	王月英	●下下籤。 ●購屋，不宜。 ●事業，不宜合夥。 ●感情，會失落
癸丑	朱買臣負薪	朱買臣	●慢運籤。 ●要有耐心。 ●感情、婚姻，不以吉論。 ●購屋，不宜。
癸卯	武則天坐天	武則天	●女性掌權。
癸巳	李三娘井邊遇子	李三娘	●慢運籤。 ●平安籤。 ●凡事要有耐心。 ●夫妻會因孩子教育問題起爭執。
癸未	漢高祖斬白蛇	漢高祖	●過程艱辛，對現階段並無助益。 ●購屋，不宜。
癸酉	管仲遇鮑叔牙叫合	管仲	●有貴人運。 ●需有人相助、提拔。 ●購屋，可。 ●功名，有。
癸亥	黃巢試劍	黃巢	●下下籤。 ●交友要謹慎。 ●購屋，不宜。

二、卦頭解籤關鍵——借用其它卦頭故事

全台使用〈六十甲子籤—日出便見風雲散〉系統的廟宇頗多，以王文亮在《台灣地區舊廟籤詩文化之研究》所整理的七組籤詩典故標題為例，可以知道籤詩內容雖然相同，但所採用的卦頭故事卻不只一種；而這也意謂著卦頭故事是可以互相輔佐來解籤的。因此，運用同籤序、同籤詩文但不同卦頭故事來說籤，亦是解籤的竅門之一。若遇到下列三種情形時，可運用此法來解籤。

（一）原卦頭典故資料有限，不足以解答求籤者的疑惑

有時，解籤時會有原卦頭典故資料有限，不足以解惑的狀況；這時就可另舉一卦頭加以說明。例：「己酉籤」〈乙貼金走路遇鬼〉，有另一卦頭為〈吳漢殺妻〉。〈吳漢殺妻〉又有另一卦為〈吳起殺妻〉，指吳起之妻田氏為齊國人，吳起為求當魯將，魯君雖首肯，然敵不過旁人一句「吳起之妻為齊女」，吳起為明己為魯不為齊之志，遂斬其妻田氏頭顱，後雖立功績，然最終仍死於亂箭之下。而原卦頭〈乙貼金走路遇鬼〉中的「鬼」，則暗指小人，相對的〈吳起殺妻〉的典故，不也因魯君身旁的小人進讒言，而有殺妻以明志之事產生。

所以，在找不到原卦頭典故的情形下，借用其他卦頭故事來解籤，亦是解籤的方法之一。

（二）雖熟悉典故，再搭配其他卦頭故事

以「己亥籤」〈文彥博萬壽山祝壽〉為例，籤詩內容「福如東海壽如山，君爾何須嘆苦艱，命內自然逢大吉，祈保分明得自安」，問婚姻，這支籤詩並無不好，但何以還會抽到此籤？可再參考另一卦頭故事〈薛仁貴救駕〉。〈薛仁貴救駕〉的相關典故為〈李世民落海灘薛仁貴救駕〉或〈仁貴賢

臣救駕〉，故事是說李世民在金沙灘遇難，當時已當上皇帝的李世民並不認識薛仁貴，而薛仁貴卻前往救駕化解危機。提示求籤者需有貴人幫忙才能化解婚姻上的危機。

再以「丙午籤」〈潘安中狀元〉為例，潘安雖中狀元，但他仗勢不知收斂，因此遭來危機。在解「訴訟」時，可再參考另一卦頭故事〈李世民初遊地府〉，這則故事是說唐太宗夢見魏徵要斬涇河龍王，太宗不知何故竟答應要替龍王解圍（即阻止魏徵斬涇河龍王），誰知魏徵靈魂出竅斬了龍王，太宗無法完成龍王所託，忽染怪病，群醫束手無策。後太宗的魂魄來到地府，魏徵的故舊崔玨在生死簿上添上一筆，太宗得以還陽。而〈潘安中狀元〉有被人設計的成分，但也不見得是被人設計，也有可能是自己莫名其妙允諾事情而招致麻煩，所以提醒求籤者要三思而行。

熟悉了卦頭典故，解籤時再搭配其他卦頭故事，能使籤解內容更明晰，能提供求籤者更多解決問題的方法。

（三）卦頭故事未顯現出好或壞

以「壬午籤」〈張生長亭中探花〉為例，此籤並未顯現好、壞，所以解籤時會借用〈薛仁貴回家遇丁山〉、〈薛仁貴回家〉。薛仁貴助唐立功勳的故事，一直是流傳甚廣且深受歡迎的戲曲、小說，這兩則卦頭是在說薛仁貴久未回家，不識自己的兒子薛丁山，卻誤傷自己的兒子，還好得到水濂洞王敖老祖救治並收為徒，而後成為唐朝征西的勇將。

從上述薛仁貴的典故中可知父子會有衝突，所以提示求籤者對家中經濟、家庭氣氛、夫妻感情方面可能會有上下對立的狀況發生，宜注意。因原卦頭故事只有快、慢的顯示，並無吉、凶之暗示，有時並不能提供解籤者訊息，所以借用其他卦頭故事來解籤，可以提醒求籤者須注意的事項，並知道如何防範未然。而六十甲子籤中，在卦頭解籤關鍵——借用其它卦頭故事，整理如下：

六十甲子籤借用其他卦頭故事表

籤序	卦頭故事	借用其他卦頭故事
甲寅	唐太宗令武媚娘賞花	• 趙子龍長坂坡救阿斗 • 陳東初祭梅趙子龍救阿斗 • 妙善公主招附馬 • 薛交薛葵旁州過彩樓得繡球 • 薛交薛葵得秀球 • 陳東初祭梅
丙寅	王太君雙生貴子	• 桃園三結義 • 尉遲恭掛帥 • 關雲長暫投曹操 • 曹公賜雲長公馬袍贈金銀 • 王太君生貴子 • 桃園三結義智遠得兵書 • 王太君雙生貴子
丙午	潘安中狀元	• 李世民初遊地府 • 潘安中狀元
丙午	潘安中狀元	• 夏侯純中箭 • 李世民遊地府 • 潘安在宋朝中狀元

籤序	卦頭故事	借用其他卦頭故事
己酉	乙貼金走路遇鬼	•吳漢殺妻（吳起殺妻） •乙貼金走路遇救 •乙貼金蘭路朱文魁遇鬼 •乙貼金蘭路朱文遇鬼 •吳漢殺妻為母救主 •狄皇親詐死埋名
己亥	文彥博萬壽山祝壽	•薛仁貴救駕 •文彥朴萬壽山祝壽 •宋朝文雁朴萬壽山祝壽 •李世民落海灘 •仁貴賢臣救駕 •李世民落海灘薛仁貴救駕 •文彥朴萬壽山祝生壽
壬午	張生長亭中探花	•薛仁貴回家 •薛仁貴回家遇丁山 •張生別後中狀元 •上帝公收龜蛇 •丁山當家遇白虎 •張生長亭後仲狀元探花 •蘇秦配六國相印

籤序	卦頭故事	借用其他卦頭故事
癸亥	黃巢試劍	• 薛剛踢死太子驚崩聖駕 • 王巢試劍 • 薛剛韃死太子駕崩聖駕 • 黃巢試寶劍 • 楊六婿斬子 • 姜子牙崑崙初下山 • 明朝商路中狀元

三、籤詩詩文解籤關鍵——字、詞、句

解籤除運用卦頭故事外，籤詩詩文亦是解籤的依據之一。因籤的內容大多由七言詩構成，詩句本身就具有象徵的意涵。而詩人蕭蕭在〈如何講解一首現代詩〉中曾說，詩並不是只有一種解釋而已，任何一首詩都可能有一種以上的解釋，這就是所謂詩無達詁的現象；這就好比作者寫出一篇文章後，讀者會有什麼樣的反應、如何解讀作品，作者本人根本無法預料。而語言的使用誠如索緒爾所說的，能指（語音的部分）和所指（所代表概念的部分）的結合，是一種在任意性下，約定俗成所產生的結果，它本身就具有一定的穩定性和不變性，但並非牢不可破，它們是可以被打破、重組，再產生新的組合與意義。

因此，籤詩除承繼了詩無達詁的特性外，籤解詩文不也可以視為一種語意的再創造；正由於有這種再創造之特性，因此，籤詩詩文也就具有多義性了。而根據這兩種特性，籤詩詩文的關鍵字因此產生，進而成為解籤的線索。〈六十甲子籤〉的關鍵字、詞、句，表列如下：

六十甲子籤詩關鍵字意義

關鍵字	代表意義
福、祿、壽、任期、見太平、成仙、得成金、升仙	●老者問健康，抽到的籤中出現關鍵字內的字、詞，均不以吉論；這些字、詞代表老者福壽俱全，此生將功德圓滿。 ●「見太平」除可解成死亡外，也可解成平安無事。 ●「任期」暗示結束，老者問健康，不以吉論。 ●功名有，「祿」代表有功名。
風雲	●問生意、事業，解釋成顧客。 ●問感情，表示雙方互相猜忌、有麻煩 ●問健康，解釋成病毒。
世間、門庭	●問生意、事業，解成做生意、事業的場所。
春色	●過年即逢春，代表過年這段期間。
百花開	●問健康，解成病灶蔓延、擴散，恐有併發症。
脱塵埃	●「塵埃」指婆娑世界。 ●「脱塵埃」表示要脱離紅塵俗世，老者問健康，不以吉論。
有餘	●問健康，解成有後遺症。 ●問開刀，可能要開第二次。
天註衣祿	●問功名，會高中。

關鍵字	代表意義
得明珠	• 問功名，會高中。
太白	• 即太白星君，有事要去求神明保佑。
風雲致雨落洋洋	• 問感情，姻緣路尋覓艱辛。 • 問買房子，下雨天房子會漏水，或是房子水電方面會有問題，且房子水氣重。 • 外出生活會較辛苦。
雲開月出	• 可指初四、初五。 • 也可解成正月十五或八月十五。
禾稻看看結成完	• 應徵工作，錄取機率大。 • 問老者健康，不以吉論；但年輕人較沒關係。
龍、虎、雞	• 有時間上的指示，可以指年、可以指月，也可以指日（即寅辰日）。 • 可指方位，「龍」屬東方，「雞」屬西方。
子、丑、寅（十二地支）	• 解成年、月、日，視所問之事而定。 • 問運途、事業，指年底，包括過年的那個月（因「子」、「丑」、「寅」分別為農曆十一月、十二月、一月）。 • 也可解成一段時間。 • 也可指方位，例：「子丑」在北，「寅」在東。

關鍵字	代表意義
貴人	•指長輩或有經驗之人。 •問訴訟，可解成有誠意、講義氣之人。 •可能是求籤者，也可能是解籤者。 •女性或男性，但要配合卦頭來決定。 •有權勢的人。
敝、陰色	•表示求籤者所不知道的事。
羅孛關	•「羅孛」，即慧星，又另一名為掃把星，古人視為不祥之星，逢此星則流年不利；而「孛」是國曆的元月份，因此歲末之際宜小心。 •暗指關卡。 •問老者健康，不以吉論。 •考上的學校不理想。
上高灘	•船擱淺，表示停滯不前。 •問感情、婚姻，不理想。 •問老者健康，不理想，死亡的機率高。 •有「上」、「高」二字，問功名，有。
時中	•指年中。 •事情過半方有眉目，要先觀察一陣子。 •也可解成內心。
月中桂	•指農曆八月十五。 •時令為秋天，屬金利在西方。

關鍵字	代表意義
花開花謝	•指一年。 •也可指一季。
貴	•求功名即求富貴。 •問功名，有中的機會。
姜太公、朱買臣	•慢運籤。 •目前運氣、時機未到，要耐心等候。 •「太公」也可指神明。
陽世	•指眼前看得見的事物。
陰世、陰中	•非指地獄，而是指眼前看不見的那一面。 •問運途，要防小人。 •工作上，勿輕易允諾別人事情，舉凡投資、簽文件、合夥皆不宜。 •問感情，交往的對象有陽奉陰違的狀況。 •有可能卡到陰。
心高	•可解成貪念、期望過高、野心大。
兩家	•可指身體、金錢、雙方、精神。 •求籤者可能會被設計，要防小人。
紅日	•指太陽，可解成夏天、白天、南方。
四海明	•可指正月十五或八月十五。

關鍵字	代表意義
茅屋中	●可指家裡或內心。
總未遭、運未通、未逢春、未得高、未遭風、未得安、未和同、未行龍、未得全、還未變、前途未開	●只就「未」字解，是時間上的指示，「未」字指月令（未，即六月）或時令，也可指年中。 ●「未得高」的「得高」，問老者健康，不以吉論，因可解為上供桌。 ●「未」亦可指方位。 ●「運未通」，未必是時間上的指示，而是強調在「未通」上，例：六十首籤詩中僅在解癸未籤〈漢高祖斬白蛇〉時，是強調「未通」。
絲綸	●表示藕斷絲連。 ●執著，放不下某一件事。
太平	●表示無事可做，做生意不利。
浮雲	●指囉唆的事。 ●指小人。 ●有求籤者不知道的事。 ●不適合做生意。 ●指不明白、看不懂的地方，不利考試。 ●問家運，表示家人爭吵的根源很多。 ●無形的浮雲，指看不到的那一面。

關鍵字	代表意義
春夏秋冬	●表示四季。 ●也可指方位，例：「春」指東方，「夏」指南方，「秋」指西方，「冬」指北方。 ●也可指天干、五行屬性，例：「春」指甲乙木，「夏」指丙丁火，「秋」指庚辛金，「冬」指壬癸水。
月中旬	●每月的十一至二十日。 ●若不急迫的話，可解成半年。
中間	●時間上，可指年中。 ●可指內心、心裡的問題。 ●問健康，指腹腔內。 ●問購屋，指內部、格局。 ●可能買到夾中的房子，但那種房子買不得，因會承擔不完。 ●問訴訟，指訴狀的內容。
中間	●問事業，指管理面的問題；如：管理者的想法、心理、管理方式等。
月中桂	●可指八月十五日。 ●事情已進行至一半了。
清吉	●平安籤。 ●問做生意，不會賺錢。 ●問健康，平安。 ●求籤者不可得意忘形。

關鍵字	代表意義
枯木、孤燈、古木	●問買房子，不宜。
顏色	●在工作方面，為程序、工作態度。 ●在考試方面，為所讀的科目。 ●在家運方面，為家人的想法。
綠柳蒼蒼	●指春、夏時節，水氣旺盛，樹木當然長得好，問運勢當然不錯。 ●問功名，春、夏時節較好。
黃金變成鐵	●問運途，處在良好狀態時，要戒慎小心，勿得意忘形。 ●問事業，不利，做不起來。 ●問感情，不以吉論，順其自然就好。 ●問購屋，不宜，住下去的話生活會亂糟糟。 ●問老者健康，不好。
黃金變成鐵	●問功名，希望渺茫。 ●別亂投資小心賠錢。 ●「鐵」，意謂著剛開始的狀況不好；顯示有競爭的對手。 ●會有叫好不叫座的狀況出現。
戶內	●問健康，要注意腹腔問題。 ●指求籤者的內心，提醒求籤者要多思考，多參考別人的建議、意見。 ●房子方面，指房子的格局。 ●指有些事並非所想的那樣，而且也不是求籤者能理解的。

關鍵字	代表意義
蘭桂	• 指時令，在農曆的八、九月。 • 蘭、桂為清高、不受污染之物，提醒求籤者在感情上保持清醒的心。
得和合	• 解成得人合。 • 問健康，如問開刀與否，請多看醫生，採多數意見來決定。
雍熙	• 「雍熙」：謂和樂昇平。代表興盛、吉祥。 • 指陽光，求籤者在運勢變好之前，必須經歷阻礙、犯小人的過程。
神仙路	• 指舒適、自在。 • 問感情，想找對象。
神仙路	• 問老者健康，不以吉論。 • 問健康，解成問神佛，若有神佛緣，則可渡過難關。
望高樓	• 求籤者心裡的期待更高。 • 問功名，中的機率小；要上高樓才有功名，都還在「望」高樓，機率當然小。
定光輝	• 運勢，不錯。 • 買房子，房子的光線不錯。
此中必定無損失	• 「此中」，可解成房子內部的格局，問購屋，不錯。 • 問功名，有。 • 問訴訟，贏的機率大。

關鍵字	代表意義
徘徊	• 來來去去，事情非一次能解決。 • 問功名，無法一試中第，要考兩次以上。 • 問健康，老者、青壯年同論，代表疾病會流連不斷，不以吉論。
月中	• 問運途、事業，不以月解，而以年解，運通常指一年，而事業出狀況也不可能一下變好，故以年解之。 • 問家運，半年後才會好轉。
月出光輝	• 指農曆十三、十四、十五左右。 • 問運途，要半年後才會轉運。
君子、小人	• 指好、壞、優、劣。 • 在生意上，解成好客人或壞客人。 • 在事業上，提醒求籤者要用智慧判斷事情。
花開今已結成果	• 問婚姻，「花」代表有桃花運。 • 問姻緣方面，表示緣分到了。 • 問購屋，可以買，且內部格局不錯。
十五團圓光滿天	• 問事業，「光滿天」後，表示開始走下坡；但這又是另一個月圓的開始，所以表示生意會起伏。 • 婚姻開始出現問題，求籤者要好好經營。 • 問老者健康，表示身體狀況漸漸走下坡。 • 開刀的話，沒關係，因開刀表示有缺陷。

關鍵字	代表意義
凶事	● 不指兇殺案或不好的事；而是表示有麻煩的事，且是人為的因素。 ● 房子方面，解成產權不清楚、鄰居難相處。
佛前喜誓無異心	● 「佛」可指菩薩、佛祖。 ● 「佛」也指所問的事情、認為困難的事，例：對感情的忠誠度、雙親、考試、金錢、長輩……等。 ● 「佛」也可指既定的目標。
鐵	● 表示不如意的事。 ● 做生意，指還不到做生意的行情，要再努力拓展人脈。
孤燈寂寂夜沉沉	● 事業上，「孤」字，表示只有一人在忙碌。 ● 感情上，「孤」表示只有自己一人，不以吉論，因感情要成雙才好。 ● 問購屋，不宜；因有「孤」字。
善果	● 指所累積的陰德。 ● 若要轉院，解成有更好的醫院。 ● 問訴訟，解成找更好的方法，例：若用錢解決最好，就用錢解決。 ● 問經濟，找更好的理財方法。
珠玉深藏	● 表示時機未到，要等待。 ● 問事業，還需磨練。 ● 問開刀，最好不要，因運還不到，若非開不可，懇請神明保佑。 ● 問老者健康，還會有變化，不以吉論。

關鍵字	代表意義
去後不須回頭看	•工作上有抉擇，可去新公司。 •婚姻、感情，該做個了斷。 •問訴訟，過去的就別再說了，以和為貴。
神仙守安機	•運途上，會有神明暗中保佑。 •健康上，求神明，住院的話應會沒事。 •老者生病的話，是不會抽到這支籤的。
寬心改	•解成放下，別讓不必要的困擾擾亂心。 •也可解放鬆心情、看開些，別再繼續鑽牛角尖。
正當時	•求功名，有利。 •代表時機到了。
必能成會合	•問老者健康，不以吉論。 •需他人幫忙。
官	•「官」字有兩口，表示會有爭吵的事。 •可能有官司問題。
東西南北	•問老者健康，身體併發症很多。 •問運勢，不佳，事情層出不窮。 •問姻緣，不佳；有人介紹就多認識。
際會風雲在眼前	•狀況很快就能明朗化了。 •很快會有消息。 •問老者健康，依經驗法則來說，不好；故不以吉論。

關鍵字	代表意義
交加	• 表示禍不單行。
相會合	• 問家運，請互相包容。 • 好的、壞的，都出現了。
進退	• 表示離開。 • 問感情，求籤者有猶豫的問題。
任期	• 暗示結束。 • 問老者健康，不以吉論。
依舊路	• 指照以前的方式來做。 • 問事業，重操舊業。 • 問感情，舊情人較好。 • 問健康，找之前替你看診的醫生。
祿馬	• 指農曆五月，代表此時機會較好。 • 問老者健康，不以吉論；因「馬」走在前面。 • 「祿馬」本身帶「祿」，表示有錢賺。

四、關鍵時刻——運用「籤序」解籤

有時候，求籤者所問的狀況是很危急的，諸如開刀或剖腹生產；想請求神明給予指示時，但其所求的籤詩中並無任何天干、地支的指示，甚至連月令、時令、日都沒有，但又非開刀、剖腹不可時；這時，就可用心電感應和宮廟裡的主神相溝通，求籤時誠心誠意地默禱，說詞如下：

□□神明，現在○○要問開刀的日子哪一天較好？希望□□神明能出籤，將開刀日出在六十甲子的籤序中。

將訊息經由默禱的方式，讓主神能得到訊息，但這種與神明心電感應，只能應用於求籤者實地在廟中求問。

五、特殊解籤——買房子要抽「頭、尾籤」

買房子一定要抽頭籤、尾籤。俗話說得好買房子多少要看運氣；但是一個人有沒有福運，單看外表看不出來，所以若能多幾項線索判斷，這樣準確度就會更高。因此，要請求籤者抽頭、尾籤。

若是頭籤就抽到好籤，那一定要請求籤者再抽尾籤，這樣會更容易判斷。為什麼？因頭籤（第一次求得的籤）是看現狀，占整體的三十％；尾籤（第二次求得的籤）則是看未來的延展性（發展性），佔整體的七十％。所以頭、尾籤一併解釋的話，通常會以尾籤為主。若頭籤不錯，但尾籤（第二籤）抽到不好的；這樣，第一籤就不是好籤了，因為未來的延展性不好。若有人尾籤不好，又不死心，想再求一支好籤，結果又多求了四、五支籤；此時，只要解到的第二支籤（尾籤）就可以了。

除按照一定的程序求籤外，若以購屋而言，求籤者必須將想要買的房子拿來求頭、尾籤。至於這間房子能不能購買，頭籤和尾籤必須相配合才可以。

買房子頭、尾籤的組合，說明如下：

（一）頭籤好，尾籤好

那當然可以買，而且住了之後會很不錯。

（二）頭籤好，尾籤不好

不能說好，因頭籤是看現狀，佔整體運勢的三成；而尾籤則是看未來的發展性，佔了整體的七成。所以頭籤好，尾籤不好，不能說好。因此，這房子買與否？請求籤者再三思。

（三）頭籤不好，尾籤好

若頭籤不好，尾籤好，基本上是可以買的。但有一個原則：要先看頭籤有沒有凶相；例如：

1. 若尾籤是「庚午籤」〈郭子儀夫妻拜壽〉，可是頭籤不太好，如：頭籤為「戊午籤」〈楚項羽烏江自刎〉，此為死籤，那這樣縱使尾籤再好也不可以買。
2. 若頭籤為「己未籤」〈朱壽昌長亭尋母〉（過程艱辛），「尾籤」為「庚午籤」〈郭子儀夫妻拜壽〉，那就沒關係，這房子還是可以買。
3. 若頭籤為「己亥籤」〈文彥博萬壽山祝壽〉（「祝壽」是要替人花錢），尾籤是「庚午籤」〈郭子儀夫妻拜壽〉那求籤者要確定這房子的產權清不清楚。
4. 若頭籤為「己亥籤」〈文彥博萬壽山祝壽〉，而房子是新的，大家都在買，若尾籤是「庚午籤」〈郭子儀夫妻拜壽〉的話，這樣也沒關係，可以買，但仍然要注意情況。
5. 若頭籤為「丁酉籤」〈姜太公在渭水釣魚〉（慢運籤），而尾籤為「庚午籤」〈郭子儀夫妻拜壽〉的話，也可以買。若這些籤為頭籤的話，都不壞，可以考慮買。

6.若頭籤為「辛丑籤」〈劉智遠邠州投軍〉，尾籤是「壬寅籤」〈潘安遇陳姑叫合〉，這房子也還可以買，那只是求籤者出去奮鬥，並沒有什麼罣礙。

但何以頭籤不好，尾籤卻抽到好籤呢？或許神明是要藉由這種方式指示求籤者要再去看看欲購之屋。譬如：同一系列的新房子有好多間，不同間所抽的籤必不相同，若這間神明指示說不好，那就再換別間問問看，說不定可以買。

（四）頭籤不好，尾籤不好

神明都指示說不好，也不必買了。

若問換工作也要抽頭、尾籤。新、舊公司要各抽一支籤，然後比較。這時頭籤（第一籤），表現狀，可視為舊公司；尾籤（第二籤）表未來的發展性，可視為新公司。大致與解買房子的方式同。

解籤 (2017 全新修訂版）／王儷容 著　-- 二版 . --　台北市：時報文化 , 2017.1 ；　400 面 ; 23x17 公分（生活文化 ; 37）
ISBN 978-957-13-6860-3(平裝)
1. 籤詩

292.7　　105023526

CVD0037
解籤 (2017 全新修訂版)

作者　王儷容｜**主編**　陳盈華｜**編輯**　林貞嫻｜**封面設計**　陳文德｜**執行企劃**　黃筱涵｜**董事長**　趙政岷｜**出版者**　時報文化出版企業股份有限公司　108019 台北市和平西路三段 240 號 3 樓　**發行專線**—(02)2306-6842　**讀者服務專線**—0800-231-705・(02)2304-7103　**讀者服務傳真**—(02)2304-6858　**郵撥**—19344724 時報文化出版公司　**信箱**—10899 臺北華江橋郵局第 99 信箱　**時報悅讀網**—http://www.readingtimes.com.tw｜**法律顧問**　理律法律事務所　陳長文律師、李念祖律師｜**印刷**　勁達印刷有限公司｜**二版一刷**　2017 年 1 月 13 日｜**二版二刷**　2021 年 11 月 4 日｜**定價**　新台幣 400 元｜時報文化出版公司成立於一九七五年，並於一九九九年股票上櫃公開發行，於二〇〇八年脫離中時集團非屬旺中，以「尊重智慧與創意的文化事業」為信念。